Friedrich Ludwig Neubauer

Lehrbuch der Geschichte für die oberen Klassen höherer Lehranstalten

Friedrich Ludwig Neubauer

Lehrbuch der Geschichte für die oberen Klassen höherer Lehranstalten

ISBN/EAN: 9783742813213

Hergestellt in Europa, USA, Kanada, Australien, Japan

Cover: Foto ©Paul-Georg Meister /pixelio.de

Manufactured and distributed by brebook publishing software (www.brebook.com)

Friedrich Ludwig Neubauer

Lehrbuch der Geschichte für die oberen Klassen höherer Lehranstalten

Lehrbuch der Geschichte

für

die oberen Klassen höherer Lehranstalten.

Von

Dr. Friedrich Neubauer,
Oberlehrer an der Lateinischen Hauptschule der Franckeschen Stiftungen.

III. Teil:
Vom westfälischen Frieden bis auf unsere Zeit.

Halle a. S.,
Verlag der Buchhandlung des Waisenhauses.
1898.

Vorwort.

Auch bei der Bearbeitung der neueren und neusten Geschichte habe ich mich von dem Grundsatz leiten lassen, daß die nationale Geschichte in den Vordergrund zu treten habe. Doch versteht sich von selbst, daß Thatsachen wie z. B. die englische und französische Revolution, die Staatsordnung Ludwigs XIV. oder Napoleons I. wegen ihrer allgemeinen geschichtlichen Bedeutung, viele andere Ereignisse der außerdeutschen Geschichte wegen ihres inneren Zusammenhangs mit der deutschen Entwickelung dem Schüler nahe gebracht werden müssen.

Ich zerlege das Pensum der Oberprima in zwei Zeitalter, von denen das erstere das Emporkommen Preußens, das zweite die Vernichtung des alten und die Gründung des neuen Reichs zum Inhalt hat. Das zweite Zeitalter teile ich in drei Perioden: die der Revolution und der napoleonischen Weltherrschaft; die des deutschen Bundes, welche wiederum in zwei Abschnitte zerfällt, die Zeit des Harrens auf die Einheit unter Friedrich Wilhelm III. und die Zeit der vergeblichen Versuche unter Friedrich Wilhelm IV.; und die Zeit der Erfüllung, die sich an den Namen Wilhelms I. knüpft.

Für die Darstellung der jüngsten Zeit seit 1871 schlage ich eine sachliche Anordnung vor und behandle nacheinander die äußere und die innere Politik und unter der ersteren Rubrik unsere Beziehungen zu Frankreich, Rußland, den Dreibundstaaten, England, woran sich Bemerkungen über die Geschichte dieser Länder knüpfen, unter der zweiten den Ausbau des Reichs, Heer, Recht, Wirtschaft, sodann die Verwaltungs= und Finanzreform in Preußen, schließlich die soziale Gesetzgebung. Ich glaube nicht, daß ein innerer Grund vorliegt, diese Zeit dürftiger zu behandeln als die vorangehenden Epochen; sie trifft zudem bei unseren Schülern auf ein besonders starkes Interesse, und es wäre seltsam, wenn es nicht so wäre.

Gewisse Entwickelungsreihen habe ich auch über die Zeitgrenze von 1888 hinaus verfolgt, wenn der Gegenstand es mir zu erfordern schien. Dazu gehören nicht nur die Gesetze über Invalibitätsversicherung und Arbeiterschutz, sondern auch die jüngste Reform der direkten Steuern in Preußen, deren Grundzüge meines Erachtens dem Schüler mitgeteilt werden müssen, wenn er ein einigermaßen deutliches Bild von unseren staatlichen Verhältnissen bekommen soll.

Daß ich die nationalen Kriege von 1813, 1866 und 1870 eingehender behandelt habe, wird hoffentlich Billigung finden, ebenso daß ich, besonders in der Geschichte des neunzehnten Jahrhunderts, das persönliche Element betont und bedeutsame Aussprüche hervorragender Männer im Wortlaut angeführt habe. Daß andererseits die Darstellung der sozialen und wirtschaftlichen Verhältnisse einen größeren Raum einnimmt als in den beiden ersten Bänden, liegt im Charakter der geschilderten Zeit begründet und entspricht der Lehrstufe, wie es auch von den Lehrplänen gefordert wird. Daß die eingefügten allgemeinen kulturgeschichtlichen Erörterungen an die Fassungskraft des Schülers teilweise nicht geringe Anforderungen stellen, verkenne ich nicht; immerhin hoffe ich über das Verständnis junger Leute, die vor dem akademischen Studium stehen, nicht hinausgegangen zu sein. Der Unterricht darf nicht über die Fassungskraft der Schüler hinausgehen; aber er darf auch nicht dahinter zurückbleiben. Als Anhang habe ich Übersichten über gewisse Zweige der Entwickelung des staatlichen, sozialen und wirtschaftlichen Lebens gegeben, ein erster Versuch, für dessen Beurteilung ich um besondere Nachsicht bitte. Sie sollen im wesentlichen nur solche Thatsachen zusammenfassen, die in dem geschichtlichen Unterricht der Oberstufe erwähnt worden sind. Ihre Benutzung denke ich mir so, daß der Lehrer sie entweder an bedeutsamen Wendepunkten der geschichtlichen Entwickelung heranzieht, um dem Schüler die früheren Stadien ins Gedächtnis zurückzurufen, oder sie nach Abschluß des Pensums zu Repetitionen benutzt.

Das Buch, das nunmehr fertig vorliegt, ist aus der Praxis des Unterrichts heraus entstanden; möchte es sich nutzbar erweisen!

Halle, im Februar 1898.

Neubauer.

I. Das Zeitalter des Emporkommens Preußens.
1648—1786.

Überblick.

§ 1. In der Periode der Geschichte, welche vom westfälischen Frieden bis zum Ende des achtzehnten Jahrhunderts reicht, schreitet der Verfall und die Zersplitterung des deutschen Reiches weiter fort, bis es sich schließlich auflöst. Von einer nationalen Reichspolitik ist nicht mehr die Rede. Wie das nach einer europäischen Großmachtstellung trachtende Österreich, so verfolgen auch die übrigen Einzelstaaten, durch den westfälischen Frieden souverän geworden, ihre Sonderinteressen. *Verfall des Reiches.*

Unter diesen Umständen ist für die Geschichte der Nation das bedeutendste Ergebnis dieses Zeitalters, daß der **brandenburgisch-preußische Staat** innerlich und äußerlich so erstarkt, daß seine Interessen mehr und mehr mit den allgemeindeutschen Interessen zusammenfallen und er fähig wird den Kern zu bilden für ein in Zukunft neu erstehendes deutsches Reich. *Emporkommen Preußens.*

Die Periode enthält sodann die Entstehung eines **Systems beherrschender europäischer Mächte**, deren gegenseitige friedliche oder feindliche Beziehungen den Hauptinhalt der äußeren Geschichte des Zeitalters bilden. **Spanien** tritt infolge inneren und äußeren Verfalls völlig zurück; es geht zugleich dem Hause Habsburg verloren und fällt an die bourbonische Familie. Ebensowenig sind **Schweden** und **Holland** in der Lage die künstliche Großmachtstellung zu behaupten, welche das eine als Militärstaat, das andere als Handels- und Kolonialstaat erworben hatte. Dagegen schwingt sich **Frankreich**, geleitet von bedeutenden Persönlichkeiten, denen es gelingt seine inneren Hilfsquellen in einer gewaltigen Einheit zusammenzufassen, zu einer maßgebenden, zeitweise beherrschenden Stellung empor. Ihm tritt, nachdem seine Übermacht durch den Widerstand des übrigen Europas gebrochen worden ist, einerseits **England**, seit es seine inneren Erschütterungen überwunden hat, andrer- *Die europäischen Großmächte.*

seits Österreich zur Seite: das erste gewinnt Schritt für Schritt die Herrschaft über die Meere, das andere macht Eroberungen an der Donau und in Italien. Das System der Großmächte wird vervollständigt durch die beiden nordischen Staaten Preußen und Rußland, von denen jenes, die kleinste der Großmächte, unter genialen Fürsten die beherrschende Stellung in Norddeutschland gewinnt, dieses durch Aneignung der europäischen Kultur seine großen Hilfsmittel für die Zwecke einer Eroberungspolitik auszubilden sucht, die zunächst gegen Schweden, dann gegen das völlig verfallende Polen und die ebenfalls im Niedergang begriffene Türkei gerichtet ist.

Absolutismus. Die vorwiegende Staatsform ist in dieser Periode der Absolutismus, der, außer in den aristokratisch regierten Niederlanden und in England, wo nach dem Siege des Parlamentarismus über das Königtum zwei ebenfalls aristokratische Parteien in der Regierung abwechseln, allenthalben die Herrschaft gewinnt. Der Absolutismus hat für die staatliche Entwickelung eine hervorragende Bedeutung: er hat die selbständigen Sondergewalten, die in einer Zeit geringer Entwickelung des Staatsbegriffs erstanden waren und politische Rechte erworben hatten, unterworfen und dem Staate dienstbar gemacht; er hat auf den Grundlagen eines einheitlichen Heeres und einer einheitlichen Verwaltung einheitliche, nationale Staaten geschaffen; er hat teilweise die Kräfte der Völker gemißbraucht für eine Politik der Eroberungen und der dynastischen Kriege und sie in einem luxuriösen Hofleben verschwendet; er hat aber auch, zumal in Preußen und da, wo das Pflichtgefühl und der „aufgeklärte Absolutismus" der preußischen Könige Nachahmung fand, die verschiedensten Zweige der wirtschaftlichen und geistigen Kultur in seine Fürsorge und Obhut genommen und so selbst eine Periode vorbereitet, in der das Volk die verfassungsmäßige Teilnahme an der Regierung erlangte.

Wirtschaftsleben. Dadurch, daß der Absolutismus das wirtschaftliche Leben der Nation zu fördern und zu einer Einheit zusammenzufassen strebte, vollendete sich nunmehr der Übergang von der mittelalterlichen Stadtwirtschaft zur Volkswirtschaft, der im fünfzehnten Jahrhundert begonnen hatte. Suchten früher die lokalen Wirtschaftsgebiete der einzelnen Städte sich nach Möglichkeit gegen fremden Wettbewerb sicherzustellen, so war die Wirtschaftspolitik der modernen Großstaaten darauf gerichtet nationale Wirtschaftsgebiete zu schaffen, die sich im Innern eines möglichst ungehinderten Verkehrs erfreuten, die sich nach außen gegen die Einfuhr fremder gewerblicher Erzeugnisse möglichst abschlossen, gleichzeitig aber ihrerseits auswärtige Absatzgebiete zu erobern suchten. Dem neuen wirtschaftlichen Zeitalter entsprach eine neue wirtschaftliche Betriebsform. Neben das Handwerk, das auch ferner in den überlieferten, vielfach schwerfälligen und veralteten

Formen des Zunftwesens verharrte, trat, vom Staate unterstützt, das Fabrikwesen, das erst in einem kapitalkräftigen Zeitalter möglich war, und das auf der Vereinigung einer größeren Anzahl von Arbeitern und auf einer ausgebildeten Arbeitsteilung beruhte; und an das Ende dieser Periode fallen bereits mehrere der wichtigen mechanischen Erfindungen, welche die Produktion von Grund aus umgestalten sollten.

Die sozialen Verhältnisse der Zeit werden durch eine schroffe Scheidung der Stände, durch die Herrschaft der Standesetikette und des Standeshochmuts, zugleich durch das siegreiche Eindringen französischer Sitten und Lebensformen gekennzeichnet. Der Absolutismus macht sich den Adel unterthan und bildet ihn zu einem Hof-, Offiziers-, Beamtenadel um; er läßt ihm aber seine sozialen und wirtschaftlichen Vorrechte. Erst gegen Ende des achtzehnten Jahrhunderts fühlt sich das Bürgertum, getragen durch eine geistvolle, dem Bestehenden feindliche Litteratur, stark genug, den Kampf zugleich gegen die Privilegien des Adels und die absolute Macht der Krone zu beginnen. Der Kampf bricht in Frankreich aus; und mit ihm beginnt ein neues Zeitalter. *Soziales Leben.*

Das geistige Leben Deutschlands erholte sich nur langsam von den vernichtenden Wirkungen, die der dreißigjährige Krieg auch auf diesem Gebiete ausgeübt hatte. Zuerst erstarkte und verinnerlichte sich im Pietismus das religiöse Empfinden. Und nachdem in der ersten Hälfte des achtzehnten Jahrhunderts, dem Zeitalter Johann Sebastian Bachs und Händels, die deutsche Musik einen mächtigen Aufschwung genommen hatte, erstand seit der Mitte des achtzehnten Jahrhunderts, seit Klopstock und Lessing, eine neue deutsche Poesie. *Geistiges Leben.*

---

1. Die englische Revolution und die Ausbildung der englischen Großmacht.

Jakob I. und Karl I.

§ 2. **Jakob I. 1603—1625.** Nach Elisabeths Tode hatte Maria Stuarts Sohn als Jakob I. den englischen Thron bestiegen. Er zuerst vereinigte unter dem Namen eines Königs von Großbritannien England und Schottland, wozu noch Irland hinzukam: ein gelehrter Fürst, aber ohne sittliche Würde, unzuverlässig wie fast alle Stuarts, verschwenderisch, dazu außerordentlich eitel und eigenwillig und von dem Bestreben erfüllt seiner königlichen Macht die größtmögliche Ausdehnung zu geben, während er sich zugleich von Günstlingen beherrschen ließ. *Jakob I. 1603—1625.*

**Pulver-
verschwörung
1605.**

Als die Katholiken ihre Hoffnung auf mildere Behandlung un=
erfüllt sahen, entstand in einigen Fanatikern der Plan den König
mit dem Parlament in die Luft zu sprengen, der indessen entdeckt

**Tonnen- und
Pfundgeld.**

wurde. Seine Regierung war erfüllt von heftigen Kämpfen mit
dem Parlament, das ihm das Recht bestritt die Hafenzölle, das
sogenannte Tonnen= und Pfundgeld, selbständig zu erhöhen; je
öfter es aufgelöst wurde, desto höher stieg die Erbitterung im Volke.

**Spanischer
Heiratsplan.**

Diese erhielt dadurch neue Nahrung, daß Jakob es versäumte seinem
Schwiegersohn Friedrich V. von der Pfalz und von Böhmen
thatkräftige Hilfe zu leisten und vielmehr eine engere Verbindung
mit Spanien durch Verheiratung seines Sohnes Karl mit einer
Infantin plante; freilich zerschlugen sich die Verhandlungen, und
der Prinz vermählte sich mit Henriette, der Schwester Ludwigs XIII.
von Frankreich.

**Karl I.
1625—1649.**

§ 3. **Karl I. 1625—1649. Kämpfe mit dem Parlament.** Der
neue König war begabt, hatte Sinn für die Kunst und eine ernste,
vornehme Art aufzutreten; sein Verhängnis war seine Überhebung und
seine tiefe innere Unwahrheit und Unzuverlässigkeit. Leider behielt der
verhaßte Günstling seines Vaters, der Herzog von Buckingham,
auch unter ihm seine einflußreiche Stellung.

**Kämpfe mit
dem Parla-
ment
1625—1629.
Äußere
Politik.**

Bald ergaben sich schwere Verwickelungen. Der Krieg gegen
Spanien, den bereits sein Vater begonnen hatte, wurde unglück=
lich geführt; nicht minder unglücklich war der Versuch den von
Richelieu in La Rochelle belagerten Hugenotten durch Besetzung
der Insel Ré zu Hilfe zu kommen; vielmehr mußte sich die Stadt
ergeben. Noch größere Unzufriedenheit als diese Mißerfolge rief die

**Innere
Politik.**

innere Politik des Königs hervor, der auch fernerhin das Tonnen-
und Pfundgeld willkürlich erhöhte, die Führer des Widerstandes verhaften ließ und zu Zwangsanleihen und Zwangseinquartierungen

**Kirchliche
Politik.**

schritt. Nicht geringer war die Erbitterung über Karls kirchliche
Maßnahmen: die Duldung der Katholiken — die Königin war ja
katholisch —, die immer prächtigere Ausgestaltung des Gottesdienstes,
die Zurücksetzung von puritanisch gesinnten Geistlichen. Der Unwille

**Petition of
right 1628.**

griff immer weiter um sich, als er die Petition of right, welche
eine Aufzählung aller vorgekommenen Ungesetzlichkeiten enthielt, zwar
bewilligte, aber sein Versprechen sie zu halten sofort brach. Bucking=
ham wurde bald darauf zu Portsmouth ermordet. Im nächsten
Jahre löste Karl das Parlament von neuem auf und versuchte seit=
dem ohne Parlament zu regieren, indem er zugleich mit Spanien
und Frankreich Frieden schloß.

**Absolutes
Regiment
1629—1640.**

§ 4. **Karls absolutes Regiment.** Karls erste Ratgeber waren
jetzt Thomas Wentworth, Graf von Strafford, bisher ein

Führer seiner Gegner, ein bedeutender, energischer Staatsmann, der sich insbesondere als Statthalter von Irland große Verdienste erworben hatte, und William Laud, Erzbischof von Canterbury, der Führer der hochkirchlichen Partei. Die königlichen Kassen wurden gefüllt durch die ungesetzliche Erhebung des Schiffsgeldes, einer sonst nur in Kriegszeiten und nur von den an der Küste liegenden Städten und Grafschaften erhobenen Steuer. Widerstand suchte man durch gesetzwidrige Verhaftung oder gerichtliche Anklagen zu ersticken; die Richter wagten selten dem königlichen Willen entgegenzutreten. Auch John Hampden, ein Landedelmann, der sich weigerte das Schiffsgeld zu bezahlen, wurde gerichtlich zur Zahlung verurteilt, gewann aber durch jenen Prozeß die Sympathien von ganz England. *Schiffsgeld.*

In kirchlicher Beziehung schritt die Regierung auf dem betretenen Wege fort, verschönerte die gottesdienstlichen Formen in katholisierender Weise, begünstigte katholische Einrichtungen, wie das Cölibat und die Beichte, und setzte andersgesinnte Geistliche ab. Während die Hofhaltung immer prächtiger und üppiger wurde — damals waren Rubens und van Dyck Gäste des Königs —, bemächtigte sich weiter Kreise der Bevölkerung eine dumpfe Verzweiflung; damals erhielten die „Pilgerväter", strenggläubige Puritaner, die noch unter Jakob I. sich in Neu-England angesiedelt und ein Staatswesen auf streng sittlicher, biblischer Grundlage errichtet hatten, starken Zuzug durch unzufriedene Gesinnungsgenossen. *Kirchliche Maßnahmen.* *Auswanderung.*

Ein Umschwung trat ein, als der König und Laud versuchten auch in Schottland ähnliche kirchliche Neuerungen durchzuführen, die Presbyterialverfassung durch Erweiterung der bischöflichen Machtbefugnisse und Begründung des königlichen Supremats, den Gottesdienst durch Einführung einer neuen Liturgie umzugestalten. Als die letztere in der Edinburger Kathedrale zum erstenmal angewandt wurde, entstand ein Tumult; der Aufstand ergriff bald das ganze Land, und der Covenant wurde geschlossen, ein Bund zur Bekämpfung jeder Art des Papismus. Als das schottische Heer die Grenze von England überschritt, mußte sich Karl, um seinerseits rüsten zu können, wieder an das Parlament wenden. *Der schottische Aufstand.* *1637.*

§ 5. **Die Revolution.** Das zunächst berufene, das kurze Parlament, wurde, da es die heftigsten Beschwerden vorbrachte, bald wieder aufgelöst. Aber noch in demselben Jahre sah sich Karl genötigt ein neues Parlament zu berufen: das lange Parlament. Auch dieses, geleitet von John Hampden, John Pym, Oliver Cromwell und anderen, verlangte zunächst Abstellung der Mißbräuche, und der König mußte nachgeben. Ja, als das Unterhaus seinen *Revolution 1640—1649.* *Das lange Parlament.*

Straffords Hinrichtung 1641.
ersten Ratgeber, Strafford, des Hochverrats anklagte und durch ein eigenes Gesetz zum Tode verurteilte, stimmte das Oberhaus zu, und der König selbst war schwach genug das Urteil zu bestätigen. Auch Laud wurde angeklagt und verhaftet, um einige Jahre später hingerichtet zu werden.

Irischer Aufstand.
Jetzt versöhnte sich der König mit den Schotten; aber in Irland brach ein furchtbarer Aufstand aus.

Große Remonstranz.
Indessen faßte das Parlament in der „großen Remonstranz" alle seine politischen und religiösen Forderungen zusammen; das Verlangen des Königs zur Aufstellung eines Heeres gegen die irischen Rebellen Geld zu bewilligen beantwortete es aus Besorgnis, Karl könnte auch diesmal sein Wort brechen und die Truppen zur Bekämpfung des inneren Widerstandes verwenden, mit dem Anspruch ihm einen wesentlichen Einfluß auf die Besetzung der hohen Heeresämter einzuräumen. So griff das Parlament in die Exekutivgewalt des Monarchen ein. Dieser

Versuch des Staatsstreichs 1642.
wagte einen Gewaltstreich, indem er Pym und vier andere Unterhausmitglieder zu verhaften suchte; aber diese entflohen, und die Bürgerschaft von London ergriff die Waffen zum Schutz des Parlaments. Darauf verließ Karl seine Hauptstadt und ging nach York. Weitere Verhandlungen zerschlugen sich.

Der Bürgerkrieg.
In dem nun ausbrechenden Bürgerkriege gebot der König etwa über den Norden und Westen von England, das Parlament
Die Parteien.
über den Südosten. Die Mehrheit des Adels, die anglikanische Kirche, die treuen Monarchisten hielten zur Partei der „Kavaliere", wie man die Königlichen nannte; Karls bedeutendster Heerführer war sein Neffe, der wilde, zügellose Prinz Ruprecht von der Pfalz. Zu der Partei der „Rundköpfe", ein Spottname, zu dem die Sitte der extremen Puritaner ihre Haare kurz zu schneiden den Anlaß gegeben hatte, gehörten die meisten Städte, viele der kleinen Grundbesitzer, dazu die Dissenters, d. h. einerseits die Presbyterianer,

Die Independenten.
deren Ideal die schottische Synodalkirche war, anderseits die Independenten, die auf Grund der Lehre vom Priestertum aller Gläubigen jede Staatskirche und jeden kirchlichen Zwang verwarfen, während sie zugleich mehr und mehr eine republikanische Gesinnung ausbildeten, Männer von einer fast fanatischen Einseitigkeit, aber fest in ihrem Glauben und bereit Psalmen singend für ihn in den Tod zu gehen. Zu ihnen gehörte der Dichter des „verlorenen Para-

Cromwell.
dieses", John Milton; zu ihnen auch Oliver Cromwell, der jetzt als Parteihaupt und als Heerführer eine immer größere Bedeutung erlangte. Er war der Sohn eines wohlhabenden Grundbesitzers, der von Thomas Cromwell, dem Berater Heinrichs VIII., dem „Hammer der Mönche", abstammte; ein Mann von kräftigem Körperbau, von gewaltigster Energie, ein feuriger Redner, tief durch-

drungen von religiösem Ernst; der Organisator der independentischen Reiterregimenter, deren Ansturm die Kavaliere nicht zu widerstehen vermochten. Cromwells Reiter entschieden den Sieg von Long-Marston-Moor wie den von Naseby; der letztere bedeutete die Vernichtung des königlichen Heeres. Die erbeuteten Papiere Karls wurden veröffentlicht und bewiesen seine Verbindung mit fremden Mächten. Er floh jetzt zu den Schotten; aber diese lieferten ihn an das englische Parlament aus, das ihnen dafür ihre Kriegskosten zahlte.

<small>Cromwells Siege 1644. 1645.</small>

<small>Gefangennahme Karls 1646.</small>

Jetzt suchte sich das Parlament, in dem die Presbyterianer überwogen, des independentisch gesinnten Heeres zu entledigen, das teils aufgelöst, teils nach Irland geführt werden sollte. Aber das Heer wollte auf seine Machtstellung nicht verzichten; es brachte den König in seine Gewalt und zog in London ein. Die Verhandlungen, die sowohl das Parlament als Cromwell und seine Offiziere mit Karl anknüpften, scheiterten an seiner Unzuverlässigkeit. Noch einmal erhob sich die königstreue Partei in England und Wales, während zugleich die Flotte abfiel und die mit der Gefangenhaltung des Königs unzufriedenen Schotten einrückten; aber dieser Aufstand wurde von Cromwell und anderen niedergeschlagen. Das siegreiche Heer konnte es jetzt wagen die Majorität des Parlaments auszustoßen; der nach dieser „Reinigung des Parlaments" verbleibende Rest erhielt den Spottnamen „Rumpfparlament". Dann wurde dem Könige selbst der Prozeß gemacht. Ein außerordentlicher Gerichtshof verurteilte ihn als „Tyrannen, Verräter, Mörder und Feind des Gemeinwesens" zum Tode; er wurde enthauptet.

<small>Parlament und Heer.</small>

<small>Aufstand der Royalisten 1648.</small>

<small>Reinigung des Parlaments.</small>

<small>Hinrichtung des Königs. Januar 1649.</small>

Die Republik. 1649—1660.

§ 6. **Das Rumpfparlament und das Barebone-Parlament. 1649 bis 1653.** Es war eine kleine Partei, die mit dem Säbel in der Hand ihre Herrschaft über England begründet hatte; aber sie hielt sie mit Energie aufrecht. England wurde zur Republik erklärt, das Oberhaus abgeschafft; ein Staatsrat leitete die Geschäfte. Der irische Aufstand wurde von Cromwell unter Strömen Blutes niedergeschlagen, weite Strecken Landes den bisherigen Besitzern genommen und englischen Kolonisten gegeben, die irische Nationalität und der Katholizismus mit großer Härte bekämpft und zurückgedrängt. Indessen hatten die Schotten Karls I. Sohn zu sich gerufen und als Karl II. anerkannt; aber Cromwell schlug sie zunächst bei Dunbar; und als der junge König einen waghalsigen Einfall nach England machte, vernichtete er sein Heer bei Worcester; kaum entkam Karl nach Frankreich. Der General Monk vollendete die Eroberung Schottlands.

Zu den inneren Kämpfen trat ein Krieg mit den Niederlanden, veranlaßt durch eine handelspolitische Maßregel des Parlaments, die

<small>Bartelherrschaft.</small>

<small>Cromwell in Irland.</small>

<small>Siege über die Schotten. Dunbar 1650.</small>

<small>Worcester 1651.</small>

Navigationsakte. Sie bestimmte, daß Erzeugnisse eines fremden Landes nur auf Schiffen dieses Landes selbst oder auf englischen Schiffen, daß insbesondere Erzeugnisse der englischen Kolonien in Nordamerika nur auf englischen Schiffen nach England gebracht werden dürften; sie hatte den Zweck den Zwischenhandel der Niederländer zu schädigen und die englische Handelsmarine zu heben. Die Folge war ein Krieg mit den Niederlanden, damals der ersten Seemacht der Welt; die junge englische Flotte unter Blake errang eine Reihe von Erfolgen über die niederländischen Admirale Tromp und de Ruyter; im Frieden erkannten die Niederlande die Navigationsakte an und wiesen die Stuarts aus dem Lande.

Indessen war bereits 1653 das Rumpfparlament durch Cromwell, der sich auf das Heer stützte, gesprengt worden. Er berief ein neues Parlament, das er nach den „Listen der Heiligen", d. h. aus Independenten, ernannte, und das nach einem seiner eifrigsten Mitglieder, dem Lederhändler Barebone, den Spottnamen Barebone-Parlament¹) erhielt. Aber als die rücksichtslose Art, in der die herrschende Partei ihre Ideen durchzuführen suchte, eine allgemeine Erschütterung hervorzurufen drohte, wurde auch dieses Parlament nach kurzer Frist aufgelöst; im Dezember 1653 wurde Cromwell von einer Versammlung der höheren Offiziere die Würde eines Lord-Protektors von England auf Lebenszeit übertragen.

§ 7. **Das Protektorat. 1653—1658.** Als Protektor besaß Cromwell die Rechte des Königs ohne seinen Namen, zumal nachdem er 1657 das Recht erhalten hatte, seinen Nachfolger zu ernennen; den ihm damals vom Parlament angebotenen Königstitel lehnte er mit Rücksicht auf die Stimmung des Heeres ab. Er befehligte die Land- und Seemacht; Karls I. Residenz Whitehall diente ihm als Wohnung. Ihm zur Seite stand ein Staatsrat. Die gesetzgebende Gewalt teilte er mit dem Parlament, welches zum erstenmal Abgeordnete von England, Schottland und Irland vereinigte; 1657 wurde zum Unterhaus auch wieder ein Oberhaus gefügt. Freilich führten Cromwells Versuche im Einvernehmen mit dem Parlament eine dauernde Ordnung des Staates aufzurichten zu keinem Erfolg. Zweimal löste er das Parlament auf; immer wieder sah er sich genötigt zur Militärherrschaft zurückzukehren; auf das Heer gestützt unterdrückte er jeden Widerstand und hielt die Ruhe mit Strenge aufrecht.

Diese Konzentration der Macht Großbritanniens unter einer energischen Regierung gestattete nach langer Unterbrechung wieder eine

---

1) Das Wort barebono bedeutet auch einen bis auf die Knochen abgemagerten Menschen.

thatkräftige Politik nach außen. Auf den holländischen Krieg folgte nach Abschluß eines Bündnisses mit dem von Mazarin regierten Frankreich ein Krieg mit Spanien, in dem die Insel Jamaika und die Festung Dünkirchen erobert wurden. England wurde unter Cromwell die erste protestantische Macht Europas; er bemühte sich die protestantischen Staaten einander zu nähern und trat für bedrängte Glaubensgenossen ein, z. B. für die mit blutiger Härte behandelten Waldenser in den piemontesischen Alpenthälern. Am 3. September 1658, dem Jahrestage von Dunbar und Worcester, starb Cromwell. *Spanischer Krieg. Schutz der Protestanten. 3. Sept. 1658.*

§ 8. **Die Auflösung der Republik. 1658—1660.** Richard Cromwell, der seinem Vater als Protektor folgte, ähnelte ihm weder an Geistesgaben noch an Thatkraft oder religiöser Tiefe. Er entsagte ohne Widerstreben seinem Amt, als die hohen Offiziere sich gegen ihn auflehnten. Diese beriefen das 1653 aufgelöste Rumpfparlament, trieben es aber bald wieder auseinander. Es drohte eine Herrschaft des Säbels. Da marschierte von Norden her der Befehlshaber der in Schottland stehenden Armee, Monk, heran und zog, ohne Widerstand zu finden, in London ein. Erst hier warf er die Maske ab, stellte sich auf die Seite der Mehrheit der Nation, die, der inneren Wirren müde, die Rückkehr der Monarchie wünschte, und veranlaßte die Berufung eines Parlaments. Dieses rief Karl II., der indessen Amnestie und Toleranz verheißen hatte, zurück nach England. *Richard Cromwell. 1659. Herrschaft der Offiziere. Monk. Restauration 1660.*

Die beiden letzten Stuarts. 1660—1688.

§ 9. **Karl II. 1660—1685.** Karl II., ein König ohne Ernst und Tiefe, ohne Sinn für nationale Ehre, der frivolste der Stuarts, verscherzte seine anfängliche große Volkstümlichkeit sehr schnell. Trotz seines Versprechens wurden viele presbyterianische Geistliche entlassen; die Leichen Cromwells und anderer „Königsmörder" wurden nachträglich enthauptet. Ein Krieg mit Holland verlief sehr unglücklich. Das durch Cromwell gewonnene Dünkirchen verkaufte er an Ludwig XIV. Nachdem er 1668 sich mit Holland und Schweden in der Tripelallianz gegen diesen verbündet hatte, schloß er 1670 mit ihm einen geheimen Vertrag: gegen Zusicherung eines französischen Jahrgeldes opferte er Englands Selbständigkeit nach außen. *Karl II. 1660—1685. Vertrag mit Frankreich.*

Nach innen war seine Regierung erfüllt von Kämpfen mit dem Parlament. Gegenüber dem Bestreben des Königs dem Katholizismus Duldung zu verschaffen setzte dieses die Testakte durch, welche nur Angehörige der anglikanischen Kirche zu Ämtern zuließ. Die Habeas-Corpusakte hatte den Zweck, jeden Engländer gegen *Kämpfe mit dem Parlament.*

willkürliche Verhaftung zu sichern. Durch die **Ausschließungsbill** endlich beabsichtigte man, da der König von seiner Gemahlin keine Söhne hatte und der Thronfolger, der Bruder des Königs, Herzog von York, katholisch war, diesen für unfähig zur Nachfolge zu er-

Tories und Whigs. klären. Damals bildeten sich die Parteien der **Tories** und **Whigs**: die Tories, königstreu und anglikanisch gesinnt, von dem Landadel geführt, waren aus monarchischen Rücksichten gegen eine Änderung der Thronfolge; die Whigs, zu denen vorzugsweise die großen Kaufleute und die Dissenters gehörten, und die eine parlamentarische Regierung erstrebten, setzten im Unterhause die Bill durch, aber das Oberhaus verwarf sie.

In diesen Wirren starb Karl II.; vor seinem Tode war er zur katholischen Kirche übergetreten.

Jakob II. 1685—1688.
§ 10. Jakob II. 1685—1688. Die zweite Revolution. Jakob duldete nicht nur den katholischen Gottesdienst, sondern nahm Katholiken in die hohen Beamten- und Offiziersstellen auf und blieb zugleich völlig abhängig von Frankreich. Der Herzog von Monmouth, ein unehelicher Sohn Karls II., büßte einen Einfall in England mit dem Tode. Als dem Könige, der bisher nur zwei Töchter hatte, von denen Maria mit Wilhelm III. von Oranien, Anna mit einem dänischen Prinzen vermählt war, wider Erwarten ein Sohn geboren wurde, steigerte sich die allgemeine Erbitterung gegen das katholische Königshaus zur Empörung. Tories und Whigs vereinigten sich und wandten

Wilhelm von Oranien 1688.
sich an **Wilhelm von Oranien**. Als dieser in England landete, fiel ihm alles zu, und selbst der gegen ihn gesandte Marlborough ging zu ihm über. Jakob floh nach Frankreich, wo ihm Ludwig XIV. eine Zuflucht in S. Germain anwies.

Eine „Konvention", d. h. ein nicht von der Krone berufenes Parlament, übertrug Wilhelm III., der nun England und Holland in Personalunion vereinigte, und Maria die königliche Gewalt. Zugleich stellte die Declaration of rights das englische Verfassungsrecht fest.

Ergebnisse. Das Ergebnis der langen und schweren Kämpfe, die England erschüttert hatten, war in religiöser Beziehung die Sicherung der protestantischen Gewissensfreiheit; in politischer Beziehung war es die wachsende Bedeutung des Parlaments, das sich das Recht beigelegt hatte über die Thronfolge zu entscheiden.

Wilhelm III. 1689—1702.
§ 11. Englands fernere Entwickelung. Wilhelms III. historische Bedeutung besteht vornehmlich in seiner zielbewußten und thatkräftigen Gegnerschaft gegen Frankreich. Nach innen hat er sich in langen Streitigkeiten mit dem Parlament erschöpft; ein Jahr vor seinem

Tode vereinbarte er mit ihm die Thronfolgeordnung, wonach zunächst seine Schwägerin Anna, sodann mit Umgehung der katholischen Stuarts der Kurfürst Georg von Hannover als Enkel der Elisabeth, der Gemahlin Friedrichs V. von der Pfalz, den Thron besteigen sollte. Anna regierte bis 1714; dann folgte das Haus Hannover. Im achtzehnten Jahrhundert hat sich in England die **parlamentarische Regierungsform** ausgebildet, welche darauf beruht, daß die Krone der jedesmaligen Mehrheit des Parlaments die Minister entnimmt; ihr verdanken es die Adelsparteien der Tories und Whigs, daß sie thatsächlich im wesentlichen abwechselnd die Regierung geführt haben.

Anna 1702—1714.
Georg I. 1714—1727.
Georg II. 1727—1760.
Georg III. 1760—1820.

Der Gegensatz gegen Frankreich blieb das ganze Jahrhundert hindurch und darüber hinaus für die auswärtige Politik Englands bestimmend. Er entsprang aus der Nebenbuhlerschaft beider Staaten auf dem Gebiete des Handels und der Kolonien. Das Ergebnis war der Sieg Englands, das zunächst in Nordamerika gewaltige Gebiete erwarb und darauf in Ostindien ein Kolonialreich schuf, welches ihm für die abgefallenen nordamerikanischen Kolonien ein Ersatz sein konnte; dessen Handel eine immer mächtigere Ausdehnung annahm; das schließlich zum ersten Industriestaat der Welt heranwuchs, der die ganze Erde mit seinen Erzeugnissen versorgte.

2. Die Vorherrschaft Frankreichs in Europa.

Während in England das Ergebnis der inneren Kämpfe ein verfassungsmäßig beschränktes Königtum und ein starkes Parlament war, ist in Frankreich in derselben Zeit zugleich mit der Staatseinheit eine unumschränkte Königsgewalt geschaffen worden. Ihre Begründer waren nach Heinrich IV. Richelieu und Mazarin, ihr Vollender Ludwig XIV.

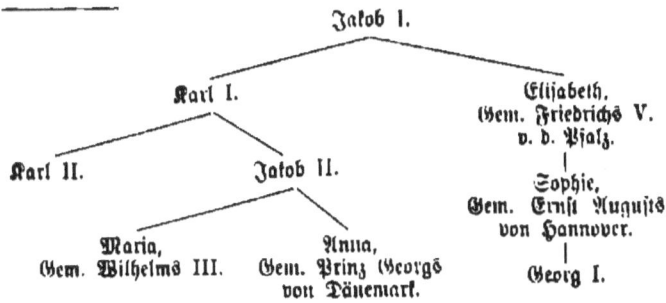

Richelieu und Mazarin.

Ludwig XIII. 1610—1643.
§ 12. Richelieu. Nach Heinrichs IV. Ermordung hatte sein unmündiger Sohn Ludwig XIII. den Thron bestiegen. Für ihn führte zunächst seine Mutter Maria Medici die Regentschaft, die ihren Günstlingen einen verderblichen Einfluß einräumte. Seit 1624 über‑

Richelieu. nahm Armand du Plessis, Herzog von Richelieu, Bischof von Luçon und Kardinal, die Leitung Frankreichs und hielt sie trotz aller Angriffe seiner Gegner bis zu seinem Tode (1642) fest in der Hand; der König, geistig unbedeutend und schwach von Charakter, vermochte es nicht sich dem Einflusse des großen Ministers zu entziehen. Richelieus Ziel war Frankreich groß und stark zu machen, nach innen durch Niederwerfung aller selbständigen und unbotmäßigen Gewalten und durch Begründung einer starken Königsmacht, nach außen durch

Innere Politik. Bekämpfung des Hauses Habsburg. Im Innern waren es zunächst die Hugenotten, die im Besitz der ihnen von Heinrich IV. zuge‑
1628. sicherten festen Plätze einen Staat im Staate bildeten. 1628 wurde La Rochelle, dem die Engländer vergeblich zu Hilfe gekommen waren, genommen; doch ließ Richelieu die religiöse Freiheit und die bürgerliche Gleichberechtigung der Hugenotten unangetastet. Mit gleicher Energie wandte er sich gegen den hohen Adel, der sich in der Zeit der Bürgerkriege zum Teil eine fast unabhängige Stellung erworben hatte; mehrere Adelsaufstände wurden niedergeschlagen, viele Mitglieder alter Geschlechter hingerichtet. Als die Königin-Mutter selbst, die einst Richelieu in das Ministerium eingeführt hatte, als seine Gegnerin auftrat, mußte sie das Land verlassen und starb in der Verbannung zu Köln. Die Generalstände wurden nicht berufen; der Widerstand der Parlamente, der höchsten Gerichtshöfe Frankreichs, welche den Anspruch erhoben eine politische Rolle zu spielen, insbesondere die königlichen Steuererlasse erst durch Eintragung in ihre Register rechtsgültig zu machen, wurde durch harte Maßregeln gebrochen. Richelieu verstärkte das Heer und die Flotte und erhöhte die Einkünfte. Er ist auch der Gründer der Académie française, der er als Aufgabe die Herstellung einer korrekten und klassischen französischen Sprache stellte.

Äußere Politik. Seine äußere Politik, in der ihm der Kapuzinerpater Joseph zur Seite stand, war durch den Gegensatz zu Spanien und Öster‑ reich bestimmt. Er schloß mit Gustav Adolf ein Bündnis, griff
1632. 1635. seit 1632 unmittelbar in den dreißigjährigen Krieg ein, erklärte 1635 Spanien den Krieg, nahm Bernhard von Weimar in seinen Sold und gewann dessen Truppen nach seinem Tode für den französischen Dienst.

§ 13. Mazarin. Als Richelieu starb, folgte ihm als Minister
Mazarin. sein Vertrauter, der Kardinal Mazarin, ein Sizilianer, der aus

dem päpstlichen in den französischen Dienst übergetreten war; er blieb an der Spitze der Geschäfte, auch nachdem Ludwig XIII. gestorben war und dessen Witwe, Anna von Österreich, für den fünfjährigen Ludwig XIV. die Regierung übernommen hatte, ja auch, nachdem dieser volljährig geworden war: ein höchst geschickter Diplomat, der, durch sittliche Rücksichten nicht gebunden, mit allen Mitteln denselben Zielen wie Richelieu nachstrebte, zugleich sich übrigens selbst in maßloser Weise bereicherte. Ludwig XIV. 1643—1715.

Gegen die wachsende Macht der Regierung erhoben sich — zum letztenmale — die selbständigen Gewalten des alten Frankreichs im Verein: der hohe Adel einerseits, verstärkt durch den Beitritt königlicher Prinzen, vor allem des berühmten Feldherrn Condé, die Parlamente andererseits, getragen von den Sympathien des über den steigenden Steuerdruck erbitterten Volkes. Diese Unruhen der „Fronde" begannen in demselben Jahre, wo durch den westfälischen Frieden das Elsaß französisch wurde, und hatten den Erfolg, daß Mazarin als Verbannter nach Köln ging und ein Preis auf seinen Kopf gesetzt wurde. Jedoch endeten sie, vornehmlich durch das Verdienst Turennes, der Condé nach den spanischen Niederlanden drängte, mit dem Siege des Königtums. Die Fronde. 1648.

Indessen wurde der Krieg gegen Spanien fortgesetzt; Cromwell stand im Bunde mit Frankreich. 1659 wurde Spanien zum pyrenäischen Frieden gezwungen, der auf der Fasaneninsel in dem Grenzflüßchen Bidassoa abgeschlossen wurde: durch ihn fielen Roussillon im Süden, Artois im Norden an Frankreich; Condé wurde wieder zu Gnaden aufgenommen. Zugleich wurde die Vermählung Ludwigs XIV. mit Maria Theresia, der älteren Tochter Philipps IV., verabredet; den Verzicht, den diese dabei für sich und ihre Nachkommen auf die spanische Erbfolge leistete, betrachteten die französischen Staatsmänner von vornherein nicht als bindend. Spanischer Krieg. Der pyrenäische Friede 1659.

Auch gegen Deutschland hatte Mazarin damals einen bedeutenden Erfolg aufzuweisen. Zwar, daß nach Ferdinands III. Tode sein Sohn Leopold I. gewählt wurde, hatte er nicht verhindern können; wohl aber schloß er mit einer Reihe deutscher Reichsstände, unter denen sich die drei geistlichen Kurfürsten, Hessen-Kassel, die welfischen Herzöge befanden, den ersten Rheinbund, der zu einem politischen Werkzeug Frankreichs wurde. Leopold I. 1658—1705. Der Rheinbund.

1661 starb Mazarin; an seiner Stelle übernahm der dreiundzwanzigjährige Ludwig XIV. selbst die Regierung. 1661.

Ludwigs XIV. innere Politik.

§ 14. Ludwig XIV. war ein König von außerordentlichen Gaben, großer Klarheit des Geistes, starker Willenskraft und Herr- Ludwig XIV. 1643—1715.

schaft über sich selbst, majestätisch in seinem ganzen Wesen; zugleich freilich von außergewöhnlichem Selbstbewußtsein, Stolz und Ehrgeiz, prachtliebend, ausschweifend. Er umgab sich mit bedeutenden Talenten, die er selbst herausgefunden hatte: unter ihnen ragten hervor der Kaufmannssohn Colbert, sein rastlos thätiger, kenntnisreicher, allerdings rücksichtslos harter Minister für das Innere, die Finanzen und den Handel, Louvois, der ebenso hervorragende Organisator des Heeres wie brutale Staatsmann, der berühmte Festungsbaumeister Vauban, die großen Feldherren Turenne, Condé, Luxemburg. So hat er die Staatseinheit und den Absolutismus vollendet und Frankreich zugleich durch eine herrische, aber glückliche Politik auf Jahrzehnte hinaus an die Spitze Europas gestellt. Andererseits hat Ludwig XIV., „le Roi Soleil", dem man das Wort zuschreibt: L'État c'est moi, indem er die Hilfsmittel seines Landes einer maßlosen Selbstsucht dienstbar machte, die militärischen und wirtschaftlichen Kräfte der Nation erschöpft und durch den furchtbaren Druck seiner Regierung die Anhänglichkeit an das Königtum zerstört, ohne doch schließlich verhindern zu können, daß sich neben Frankreich andere Staaten zu Großmächten entwickelten.

§ 15. **Verwaltung und Heer.** Was die innere Politik anlangt, so wurde die Allgewalt des Staates auf dem militärischen Gebiete, auf dem der Verwaltung und auf dem der Volkswirtschaft durchgeführt; ja, sie wurde zuletzt auf das religiöse Gebiet übertragen. Zugleich vereinigten sich Kunst und Wissenschaft, um den Glanz des Königtums zu erhöhen.

Staatsverwaltung. Es galt zunächst die Reste von Selbständigkeit zu brechen, die in Frankreich noch vorhanden waren. Die Reichsstände wurden nicht berufen, die Parlamente durch strenges Einschreiten zum Schweigen gebracht, den Städten die Selbstverwaltung genommen und königliche Beamte mit ihrer Verwaltung betraut. Ein strenges Polizeiregiment wurde durchgeführt; Widerspenstige oder Verdächtige wurden ohne gerichtliches Urteil durch lettres de cachet in die Bastille oder andere Staatsgefängnisse gebracht.

Finanzen. Die Staatseinnahmen wurden durch Colberts Verdienst beträchtlich vermehrt. Freilich wurden auch die Steuern immer drückender, zumal sie an Unternehmer verpachtet wurden, welche sie mit größter Unbarmherzigkeit eintrieben, während Adel und Geistlichkeit keine direkten Steuern zahlten.

Heer. Das Heer, die Stütze des Absolutismus im Innern, die Grundlage von Frankreichs Macht nach außen, wurde nicht nur bis zu der unerhörten Zahl von 220000 Mann verstärkt, sondern es wurde zugleich zu einem wirklich königlichen Heere gestaltet, indem die Offiziersstellen, wenn sie gleich meist auch ferner verkäuflich blieben, nur mit Genehmigung des Königs besetzt, die Offiziersgehälter nicht mehr von den Obersten, sondern aus der königlichen Kasse gezahlt wurden. Das Heer wurde zugleich in technischer Beziehung wesentlich fortgebildet: die Truppen erhielten Uniformen; das Bajonett wurde eingeführt und die Pike abgeschafft; selbständige Artillerieregimenter wurden geschaffen und der Festungsbau durch Vauban, den Erbauer der dreifachen Festungsreihe an der Nordostgrenze Frankreichs, zu hoher Ausbildung gebracht.

Durch die von Colbert geschaffene bedeutende **Kriegsflotte** trat Frankreich zugleich an die Seite der Seemächte Holland und England.

Flotte.

§ 16. Wirtschaftspolitik. Von nicht geringerer Bedeutung als die Centralisierung der Verwaltung ist der auf Colberts Ideen zurückzuführende Versuch einer staatlichen Regelung der wirtschaftlichen Gütererzeugung. Es handelte sich bei diesem System, das man das **Merkantilsystem** genannt hat, zunächst darum aus so vielen durch mangelnde Verkehrsmittel oder durch Zollgrenzen voneinander abgeschlossenen Wirtschaftsgebieten ein einheitliches, nationales Wirtschaftsgebiet zu schaffen; in diesem Gebiete teils unmittelbar durch staatliche Fürsorge, teils mittelbar durch möglichsten Ausschluß fremden Wettbewerbs eine leistungsfähige nationale Industrie und einen nationalen Handel zu schaffen; schließlich auf diese Weise zu erreichen, daß der Wert der Ausfuhr den der Einfuhr überstiege und eine „günstige Handelsbilanz" erzielt würde. Dem Zweck der Erleichterung des inländischen Verkehrs diente auf der einen Seite die Beseitigung der Binnenzölle, auf der andern der Bau von Straßen und des Kanals du midi. Um die Industrie zu heben, wurde die Entstehung von Fabriken durch Geldunterstützungen und Erteilung von Monopolen, d. h. des alleinigen Vertriebsrechts gewisser Waren, gefördert; für Rohstoffe, insbesondere Getreide, wurden Ausfuhrverbote erlassen, damit die Gewerbtreibenden sie billig einkaufen und bei billigem Brote geringe Löhne zu zahlen brauchten; es wurde andrerseits die Einfuhr gewerblicher Erzeugnisse aus dem Auslande entweder untersagt oder durch hohe Zölle erschwert. Es wurde ferner der Schiffsbau und die Rhederei unterstützt, die Kolonisation gefördert, der Kolonialhandel den französischen Kaufleuten vorbehalten und den Fremden verschlossen.

Merkantilsystem.

Diese Maßregeln haben großen Erfolg gehabt: die französische Industrie und der Handel haben sich damals zu hoher Blüte entwickelt, wenn auch mancher künstlich geförderte Industriezweig nicht Wurzel schlug; zugleich gewann Frankreich ein Kolonialreich von bedeutender Ausdehnung, insbesondere Kanada und Louisiana am Mississippi.

Ergebnisse des Merkantilsystems.

Zugleich aber wurden die Zweige der Urproduktion, Landwirtschaft und Viehzucht, ungebührlich mißachtet; und da der Steuerdruck allmählich ganz unerträglich wurde, so trat eine völlige Verarmung des flachen Landes ein.

§ 17. Kirchenpolitik. Auf kirchlichem Gebiete führte die absolutistische Politik des Königs zunächst zu einem heftigen Zusammenstoß mit dem Papste, dem gegenüber er die Freiheiten der „gallikanischen Kirche" in schroffer Weise wahrte. Andrerseits suchte er innerhalb der Kirche, besonders seitdem durch Vermittelung seiner zweiten Gemahlin, der Frau von Maintenon, die Jesuiten auf ihn Einfluß gewonnen hatten, abweichende Meinungen zu unterdrücken und wandte sich mit großer Schärfe gegen die Jansenisten, welche, von der Lehre des niederländischen Professors und Bischofs Jansen ausgehend, die Lehre Augustins von der göttlichen Gnadenwahl in ihrer ursprünglichen Strenge verfochten; viele Jansenisten wurden zur Auswanderung nach den Niederlanden genötigt, wo noch heute unter einem zu Utrecht residierenden Erzbischof eine altkatholische Kirche besteht.

Zwiespalt mit dem Papste.

Der Jansenismus.

Mit weit größerer Härte aber ging Ludwig XIV. gegen die Hugenotten vor. Zuerst wurde der Übertritt zum Protestantismus verboten, dann die Protestanten von Ämtern und dem Recht ein Handwerk zu betreiben ausgeschlossen und viele ihrer Kirchen geschlossen; als sie sich gegen gewaltsame Störungen ihrer Versammlungen wehrten, wurden sie als Aufrührer behandelt, und es erfolgten Hinrichtungen; durch andauernde Einquartierung von Soldaten, die „Dragonaden", suchte man sie mürbe zu machen und zum Übertritt zu zwingen. Endlich wurde 1685 das Edikt von Nantes aufgehoben, die Ausübung des protestantischen Gottesdienstes untersagt und die protestantischen Geistlichen des Landes verwiesen, während den Laien die Auswanderung verboten wurde. Trotz des Verbots verließen zahlreiche Hugenotten, in den Jahren 1680—1750 etwa 400000, das Land; es waren meist gewerbfleißige Leute, die wichtige Zweige der französischen Industrie in ihren neuen Wohnsitzen einbürgerten. Sie fanden in England, Holland, der Schweiz und Deutschland Aufnahme, 16000 von ihnen ließen sich auf Grund des Edikts von Potsdam in den Landen des großen Kurfürsten nieder.

Verfolgung der Hugenotten.

1685.

Die Bedrückungen, welche die zurückbleibenden Hugenotten auch ferner erdulden mußten, hatten den Aufstand der Camisarden in den Cevennen zur Folge, der während des spanischen Erbfolgekrieges ausbrach und nur mit Mühe niedergeworfen wurde.

Die Camisarden.

§ 18. Das geistige Leben. Auch das geistige Leben Frankreichs, das unter Ludwig XIV. einen hohen Aufschwung nahm und ein

„goldenes Zeitalter" erlebte, stand wesentlich unter dem Einfluß des Königs. Die Dichtung trägt zum größeren Teile den Charakter der Hofdichtung und steht unter dem Banne der Regel, hinter der die freie Entfaltung der Persönlichkeit zurücktreten muß. Dies gilt besonders von der Tragödie; ihre bedeutendsten Vertreter sind Peter Corneille (1606—1684), der Dichter des Cid, und Racine (1639—1699), der Dichter des Britannicus, der Iphigenie und Phädra, aber auch der Esther und Athalie. Der Theoretiker dieser „klassizistischen" Poesie ist Boileau, der in Satiren, Episteln und Oden Horaz nachzuahmen suchte. Der größte und freieste Dichter der Zeit ist Molière (1622—1673), der Meister des Lustspiels, der in seinen Dichtungen, den Précieuses ridicules, dem Tartufe, Misanthrope, Bourgeois-gentilhomme, den Femmes savantes, dem Avare, dem Malade imaginaire die verschiedensten Seiten des menschlichen Charakters und der Gesellschaft seiner Zeit darstellte und verspottete. Neben ihm ist als echter Vertreter des französischen Esprit der Fabeldichter Lafontaine zu nennen.

Dichtung.

Unter den Prosaikern der Zeit ragen hervor der Bischof Bossuet, ein berühmter Prediger, der Erzieher des Dauphins, für den er eine Übersicht der Weltgeschichte verfaßte und die Klassikerausgaben in usum Delphini veranstaltete; der Bischof Fénelon, der Erzieher des Enkels des Königs, des Herzogs von Burgund, dem er in seinen Aventures de Télémaque ein Fürstenideal zu entwickeln suchte, das freilich den Beifall des Königs nicht finden konnte; endlich Pascal, ein Jansenist, der geistvolle Verfasser des Buches Les Provinciales, in dem er die Jesuiten angriff, und der Pensées sur la religion.

Prosa.

Besonders die bildende Kunst mußte dazu dienen den Glanz des Herrschers zu erhöhen. Die großen Schloßbauten Ludwigs XIV. sind im Barockstil aufgeführt, der, aus der Renaissance sich entwickelnd, von Italien übernommen wurde und durch Massenhaftigkeit des gesamten Aufbaus wie der einzelnen Bauglieder, durch unregelmäßige, gebrochene und geschwungene Formen, durch überreiche, malerische Dekoration den Eindruck des Großartigen und Würdevollen zu erreichen sucht; er wurde nunmehr der herrschende Stil in Europa. Mit ihm steht in engstem Zusammenhang der jetzt aufkommende Gartenbaustil, der seine Ausbildung vornehmlich durch Ludwigs XIV. Gartenkünstler Lenôtre empfangen hat, und dessen wesentlichste Elemente Terrassen und Blumenparterres, beschnittene, symmetrisch laufende Baumgänge, dazu künstliche Grotten, Wasseranlagen und Skulpturenschmuck sind. Die bedeutendsten Maler der Zeit waren Nicolas Poussin und der nach seiner lothringischen Heimat so benannte Claude Lorrain, die Meister der heroischen Landschaft.

Bildende Kunst.

Neubauer, Lehrbuch der Geschichte. III. Teil. 2

Der Hof.
§ 19. Der Hof Ludwigs XIV. Das Hofleben, dessen beherrschender Mittelpunkt der König war, und das sich außer in Fontainebleau und St. Germain besonders in den mit ungeheuren Kosten erbauten königlichen Schlössern zu Versailles, Trianon, Marly abspielte, trug durchaus den Charakter würdevoller Repräsentation; es wird gekennzeichnet durch glänzende Pracht und strengste Etikette, hinter der sich Frivolität und Sittenlosigkeit verbargen. Der König war vermählt mit Maria Theresia von Spanien, hielt sich aber Mätressen. Als seine erste Gemahlin starb, vermählte er sich mit der Frau von Maintenon, mit der ein Geist äußerlich strenger Kirchlichkeit am Hofe einzog. Sein Sohn, der Dauphin, starb vor ihm, ebenso wie sein Enkel, der Herzog von Burgund.

Wie die Staatskunst Ludwigs XIV., so hat auch sein Hofleben Schule gemacht. Die Formen der französischen Geselligkeit, die Etikette, die Prachtliebe, die Baulust, der Luxus und die Unsittlichkeit des Hofes von Versailles fanden in Europa vielfach Nachahmung, besonders an den mittleren und kleinen deutschen Fürstenhöfen, obwohl hier die Verschwendung nur durch schwere Bedrückung der Unterthanen ermöglicht wurde und der äußere Prunk und Aufwand zu der politischen Ohnmacht und Bedeutungslosigkeit in grellem Gegensatz stand.

Die Raubkriege Ludwigs XIV. und die Türkenkriege.

§ 20. Die europäische Lage. Dem centralisierten Staatswesen, zu dem sich Frankreich unter Ludwig XIV. entwickelte, war keiner der Nachbarstaaten gewachsen. Das deutsche Reich war wirtschaftlich durch den dreißigjährigen Krieg auf das schwerste geschädigt, politisch, seit die Reichsstände souverän geworden waren, völlig ohnmächtig; im Rheinbunde hatte sich ein Teil von ihnen bereits an Frankreich angeschlossen. Leopold I. war ein Kaiser, dem es an Energie und Willenskraft gebrach. Die Finanzen Österreichs waren fast immer zerrüttet; zudem war es von den Türken bedroht, deren es sich nur mit fremder, u. a. französischer Hilfe erwehren konnte; 1664 siegte Montecuccoli über sie bei St. Gotthard an der Raab. Der einzige deutsche Fürst, der eine kraftvolle Politik vertrat, war Kurfürst Friedrich Wilhelm von Brandenburg.

Deutschland.
1664.

Spanien.
Spanien war trotz seines großen Landbesitzes schon durch dessen Zersplitterung Frankreich gegenüber im Nachteil. Dazu kam die Untüchtigkeit seiner Könige, die Verwahrlosung seiner Finanzen, die Verarmung des Volkes, der Niedergang der Industrie und des Handels; so erschien es im vollen Verfall begriffen.

England.
England, wo Cromwell eben noch eine großartige, protestantische Politik getrieben hatte, trat unter Karl II., der Dünkirchen

an Ludwig XIV. verkaufte, bald in ein Abhängigkeitsverhältnis zu
Frankreich. Schweden stand seit dem dreißigjährigen Kriege zu Schweden.
Frankreich in guten Beziehungen. In Holland endlich war seit Holland.
dem Tode Wilhelms II. von Oranien, dessen Sohn Wilhelm III.
erst nach seinem Tode geboren wurde, die kaufmännische Aristokratie
am Ruder, welche das oranisch gesinnte Heer absichtlich verfallen ließ.
So war die europäische Lage einer französischen Eroberungspolitik
im höchsten Maße günstig.

§ 21. **Der erste Raubkrieg (Devolutionskrieg). 1667—1668.** Lud= Devolutions-
wig XIV. richtete seine Waffen zunächst gegen Spanien, wo auf 1667—1668.
Philipp IV. der unmündige, geistig und körperlich schwache Karl II. 1665.
gefolgt war; er wandte das in einzelnen Teilen der Niederlande gel=
tende Devolutionsrecht, wonach das Vermögen des Vaters im Falle
einer zweiten Verheiratung den Kindern aus erster Ehe vorbehalten
blieb, auf die politischen Verhältnisse an und verlangte, da seine
Gemahlin Maria Theresia aus der ersten Ehe Philipps IV., Karl II.
aus der zweiten stammte, die Abtretung dieser Gebiete. Seine Trup=
pen fanden in den spanischen Niederlanden fast keinen Widerstand.
Da legten sich Holland, England und Schweden, zur Tripelallianz Tripel-
vereinigt ins Mittel; im Frieden von Aachen trat Spanien zwölf 1668.
niederländische Grenzplätze an Frankreich ab.

§ 22. **Der zweite Raubkrieg. 1672—1679.** Nach diesem Er= Der zweite
folg wandte sich Ludwig gegen Holland, das ihm in der Tripelallianz 1672—1679.
entgegengetreten war, dessen freie Presse ihn persönlich fortwährend
beleidigte, dessen Handel endlich er im Interesse des französischen Han=
dels zu zerstören wünschte. Er isolierte es zunächst, indem er Bündnisse Bündnisse.
abschloß mit Karl II. von England, der sich zu sofortiger Teilnahme
am Kriege verpflichtete, und mit Karl XI. von Schweden, der jeden
Reichsfürsten anzugreifen versprach, der den Niederlanden zu Hilfe
kommen würde; er gewann ferner, wenn auch der Rheinbund nicht
mehr bestand, mehrere Reichsfürsten für sich, besonders den Kur=
fürsten von Köln und den kriegslustigen Bischof von Münster. Dann
fiel das französische Heer, bei dem sich der König selbst, Condé und Einfall in
Luxemburg befanden, plötzlich den Rhein abwärts marschierend in Holland
die Niederlande ein, während die französisch=englische Flotte den 1672.
Seekrieg begann.

Holland geriet in die größte Gefahr. Da hinderte zunächst
die Durchstechung der Dämme ein weiteres Vordringen der Fran=
zosen; zugleich wurde durch eine Volkserhebung die Herrschaft der
Aristokratie gestürzt, wobei Jan de Witt, der langjährige Leiter der
holländischen Politik, nebst seinem Bruder ermordet wurde, und der

zweiundzwanzigjährige **Wilhelm von Oranien** zum Generalstatt-halter erhoben. Ferner erklärte sich der Kurfürst von Branden-burg für Holland und erreichte die Mitwirkung des Kaisers. Ein brandenburgisch-kaiserliches Heer bedrohte die Rückzugslinie der Fran-zosen. Infolge der zweideutigen Haltung des kaiserlichen Befehls-habers freilich operierte es so unzweckmäßig, daß der Kurfürst den Frieden von Vossem mit Ludwig abschloß.

Der Kurfürst von Branden-burg.

Friede von Vossem 1673.

Indessen sahen sich die Franzosen dennoch genötigt, Holland zu räumen, nachdem es auf des Königs eigenen Befehl („manger le pays") furchtbar ausgeplündert worden war. Während England vom französischen Bündnis zurücktrat, bildete sich eine Koalition zwischen dem Kaiser, dem Reich, Holland und Spanien. Der Krieg spielte sich in den spanischen Niederlanden und an beiden Ufern des Mittel-rheins ab. Auch der Kurfürst Friedrich Wilhelm nahm wieder am Kampfe teil. Der Friedensbruch der Schweden, die dem mit Frank-reich geschlossenen Vertrag gemäß in Brandenburg einfielen, nötigte ihn zwar zur Rückkehr; indessen besiegte er sie bei **Fehrbellin** und eroberte ganz Pommern. Am Rhein dagegen kämpften die Ver-bündeten, obgleich Turenne bei Saßbach den Tod fand, in den nächsten Jahren ohne rechten Erfolg. Daher schlossen zuerst Holland und Spanien, dann der Kaiser und das Reich den Frieden von **Nymwegen**, in welchem Spanien wiederum eine Reihe niederlän-discher Grenzplätze und zugleich die Franche Comté, der Kaiser Frei-burg im Breisgau an Frankreich abtrat. Allein vermochte der Kur-fürst von Brandenburg den Franzosen, deren Truppen bereits bei Minden standen, nicht zu widerstehen; er gab im Frieden von **St. Germain en Laye** seine Eroberungen an Schweden zurück.

Bündnis der Gegner 1674.

Fehrbellin 1675.

1675.

Friede von Nymwegen 1678 u. 79.

Friede von St. Germain 1679.

§ 23. Die Reunionen. Straßburg. Nachdem Ludwig diesen Krieg siegreich durchgeführt hatte, glaubte er ungestraft alles Recht mit Füßen treten zu dürfen. Er stellte den Grundsatz auf, daß die „Dependenzen und Pertinenzen" der 1648, 1668 und 1678/79 abgetretenen Landschaften, d. h. die Gebiete, die zu ihnen je in einem Abhängigkeitsverhältnis gestanden hätten, ebenfalls rechtlich der Krone Frankreich gehörten, und setzte in Metz, Breisach und Besançon so-genannte Reunionskammern ein, welche diese Verhältnisse unter-suchen sollten. Auf Grund dessen wurde eine Reihe von Gebieten von französischen Truppen besetzt, unter anderem Zweibrücken, das Ludwigs bisherigem Bundesgenossen Karl XI. von Schweden gehörte. Im September 1681 wurde darauf die Stadt **Straßburg** mitten im Frieden von französischen Truppen umstellt und trotz der deutschen Gesinnung des größten Teiles der Bürgerschaft — der Bischof Fürsten-berg freilich stand auf französischer Seite — Frankreich einverleibt.

Die Reunionen.

Straßburg 1681.

Trotzdem sich Ludwig gleichzeitig Übergriffe in den spanischen Niederlanden und in Italien erlaubte, wagte es niemand ihm mit den Waffen entgegenzutreten. In Deutschland wurden die Versuche zum Widerstand schon dadurch vereitelt, daß einerseits der Kurfürst von Brandenburg seit dem Frieden von St. Germain sich mit Ludwig in ein Bündnis eingelassen hatte, andrerseits ein großer — der letzte — Angriffskrieg der Türken Österreich in die größte Gefahr brachte. So wurden in dem Waffenstillstand von Regensburg 1684. die Reunionen nebst Straßburg Ludwig überlassen.

§ 24. **Die Türken vor Wien. 1683.** Die Ungarn, welche in- Ungarn-
folge des Versuches der kaiserlichen Regierung ihnen ihre politischen aufstand.
Rechte und religiösen Freiheiten zu verkürzen bereits seit mehreren
Jahren im Aufstande waren, riefen die Hilfe der Türken an; und
1683 erschien der Großvezier Kara Mustapha mit einem Heere Die Türken
von mehr als 200000 Mann vor Wien. Aber mit außeror- vor Wien
dentlicher Tapferkeit leistete Besatzung und Bürgerschaft unter Ernst
Rüdiger von Starhemberg Widerstand; dann erschien ein Ent-
satzheer von etwa 84000 Mann, das zu zwei Dritteln aus Kaiser-
lichen unter Karl von Lothringen, bayrischen Truppen unter dem
Kurprinzen Max Emanuel, Sachsen unter dem Kurfürsten Johann
Georg und anderen deutschen Hilfstruppen, zu einem Drittel aus
Polen unter dem König Johann Sobieski bestand. Am Kahlen- Schlacht am
berge wurde der Feind völlig geschlagen und das Lager mit reicher Kahlenberge.
Beute erobert.

Daran schloß sich ein siegreich geführter Angriffskrieg Österreichs, das von deutschen Reichsständen, seit 1686 auch von Brandenburg[1]) unterstützt wurde und mit Polen, Rußland und Venedig[2])
im Bunde stand.

§ 25. **Der dritte Raubkrieg. 1688—1697.** Den Anlaß zu einem
neuen Kriege mit Ludwig gaben wiederum Übergriffe des Königs. Der pfälzische
Als 1685 das kurfürstlich-pfälzische Haus ausstarb und die katholische Erbfolgestreit
Linie Pfalz-Neuburg, die bereits Jülich und Berg besaß, die Pfalz 1685.
erbte, erhob er auf bedeutende Teile derselben Anspruch im Namen
seiner Schwägerin Elisabeth Charlotte, freilich wider ihren Willen;
diese, die „Liselotte", war die Schwester des letzten Kurfürsten und
Gemahlin seines Bruders, des Herzogs von Orleans, und ist berühmt

---

1) Brandenburgische Truppen nahmen damals an der Erstürmung von Ofen ruhmreichen Anteil.
2) Bei der Belagerung von Athen durch die Venetianer 1687 fiel eine Bombe in das Pulvermagazin, das sich im Parthenon befand, und zerstörte dieses.

durch die wahrhaft deutsche Gesinnung, die sie am französischen Hofe bewahrte und in vielen uns erhaltenen Briefen ausgesprochen hat. Während über Ludwigs Forderung im Reichstage verhandelt wurde, schlossen der Kaiser, die bedeutendsten Reichsfürsten, u. a. der große Kurfürst, Spanien und Schweden das Augsburger Bündnis. Da entstand ein neuer Streitfall: um die Kölner Kurwürde bewarben sich nach dem Tode des letzten Kurfürsten ein bayrischer Prinz und der Kardinal-Koadjutor Fürstenberg, der seinem verstorbenen Bruder als Bischof von Straßburg gefolgt und, wie jener, ein Parteigänger Ludwigs XIV. war. Als die Wahl zweifelhaft ausfiel und sich der Papst für den bayrischen Prinzen entschied, ließ Ludwig das Kurfürstentum Köln und die Pfalz durch französische Truppen besetzen.

Damit brach der Krieg aus, der dadurch eine für Ludwig unerwartete Wendung nahm, daß seinen treuen Bundesgenossen Jakob II. von England eben damals Wilhelm III. von Oranien stürzte, welcher nunmehr die Seele des Widerstandes gegen ihn wurde. Kaiser und Reich, England und Holland, Spanien und Savoyen vereinigten sich gegen Frankreich; unter den Reichsfürsten zeichnete sich der junge Kurfürst Friedrich III. von Brandenburg durch eifrige Teilnahme am Kriege aus. Der Krieg, ein Weltkrieg, spielte sich an den verschiedensten Schauplätzen ab. Am Rhein mußte Ludwig die Pfalz räumen, aber erst nach furchtbarer Verwüstung, der Heidelberg mit seinem herrlichen Schlosse, Mannheim, Speier und zahllose andere Ortschaften zum Opfer fielen; nachher verteidigte Ludwig von Baden als Reichsfeldherr die Rheinlinie. In den spanischen Niederlanden siegte der Marschall Luxemburg mehrmals, so über Wilhelm von Oranien selbst in der blutigen Schlacht von Neerwinden, ohne doch entscheidende Erfolge zu erreichen. In Oberitalien kämpfte Viktor Amadeus von Savoyen gegen die Franzosen. In Katalonien benutzten diese die alte Feindschaft zwischen Katalanen und Kastilianern, um einen Aufstand zu entzünden. Auch in Irland wurde gekämpft; denn hier organisierte der gestürzte Jakob II. mit französischer Hilfe eine Erhebung der katholischen Bevölkerung, wurde aber 1690 von Wilhelm III. selbst am Boynefluß völlig geschlagen. Endlich tobte der Kampf zur See; 1692 wurde die französische Flotte von der englisch-holländischen bei dem Vorgebirge La Hogue an der normannischen Küste vernichtet.

Indessen hatte Ludwig erst Louvois, dann Luxemburg durch den Tod verloren. Die Steuerlast in Frankreich war, zumal schlechte Ernten dazukamen, in solchem Maße gestiegen, daß die Not eine furchtbare Höhe erreichte. Ludwig litt trotzdem Mangel an Geld. Die Münze wurde verschlechtert und das in Frankreich hergebrachte

Der spanische Erbfolgekrieg. 1701—1713. 23

System des Ämterverlaufs in unerhörtem Maße ausgedehnt. Dazu kam die Notwendigkeit sich auf einen plötzlichen Tod Karls II. von Spanien und den Kampf um das spanische Erbe einzurichten. So begann Ludwig, nachdem er zunächst den Herzog von Savoyen zum Abfall von der Allianz vermocht hatte, Friedensunterhandlungen, die unter Schwedens Vermittlung zu dem Frieden von Ryswick, einem Dorfe bei dem Haag, führten. Dieser bedeutete einen Rückgang der Macht Frankreichs, das die reunierten Lande an Deutschland und Spanien zurückgab, das Herzogtum Lothringen wieder herstellte und Wilhelm III. als König von England anerkannte. Straßburg freilich blieb französisch. *Friede von Ryswick 1697.*

§ 26. **Der Türkenkrieg und die Eroberung von Ungarn.** Während des französischen Krieges hatte der Türkenkrieg fortgedauert. 1691 siegte Markgraf Ludwig von Baden bei Salankemen unweit Belgrad; nachher mußte er am Rhein den Franzosen Widerstand leisten. Später übernahm der damals vierunddreißigjährige Prinz Eugen von Savoyen den Oberbefehl. Er stammte aus einer Nebenlinie des Hauses Savoyen und war der Sohn eines französischen Generals und einer Nichte Mazarins; da er keine Neigung zur geistlichen Laufbahn hatte und ihm Ludwig XIV., bei dem seine Mutter in Ungnade gefallen war, den Eintritt in den französischen Heeresdienst versagte, hatte er sich nach Österreich gewandt, zeichnete sich im Türkenkriege aus und wurde einer der größten Feldherrn und Staatsmänner Österreichs. Bei Zenta an der Theiß brachte er den Türken eine vernichtende Niederlage bei. 1699 schlossen sie den Frieden von Karlowitz, in dem sie fast ganz Ungarn, Siebenbürgen und Slavonien an Österreich, Morea an Venedig, Asow an Peter von Rußland abtraten. *Türkenkrieg 1683—1699. 1691. Prinz Eugen. 1697. Friede von Karlowitz 1699.*

So hat die Regierung Leopolds I., desselben Kaisers, der Straßburg in französische Hände fallen ließ, das Ergebnis einer außerordentlichen Machtverstärkung des Hauses Habsburg gehabt. Ungarn wurde als Erbreich organisiert und durch Personalunion mit den übrigen habsburgischen Landen verbunden; an der Donau war eine Großmacht entstanden. Und bereits winkte den deutschen Habsburgern ein noch größerer Gewinn: Spanien. *Ungarn.*

Der spanische Erbfolgekrieg. 1701—1713.

§ 27. **Vorgeschichte.** Man erwartete längst mit Spannung das Ende des kränklichen und kinderlosen Karl II. von Spanien. Auf sein Erbe erhob einerseits Kaiser Leopold I. als Gemahl der verstorbenen jüngeren Schwester Karls, Margarete Theresia, und als *Erbansprüche.*

Vertreter der deutschen Linie des Hauses Habsburg, für seinen zweiten Sohn Karl Anspruch; andrerseits Ludwig XIV. als Gemahl der älteren Schwester Karls, Maria Theresia, trotzdem diese Verzicht geleistet hatte, für seinen zweiten Enkel Philipp von Anjou; endlich aber auch Kurfürst Max Emanuel von Bayern, der die einzige Tochter Leopolds I. und der Margarete Theresia geheiratet hatte, für seinen Sohn, den Kurprinzen.

Die Seemächte. Zu diesen dynastischen Interessen aber traten die politischen und kommerziellen Interessen hinzu, welche die unter der Regierung Wilhelms III. vereinigten Seemächte England und Holland geltend machten: sie fürchteten, wenn das spanische Erbe an einen französischen Prinzen fiele, nicht nur eine gefährliche Verschiebung des europäischen Gleichgewichts, sondern auch, daß Frankreich den gewinnbringenden Handel mit dem spanischen Amerika und die Versorgung des industriearmen spanischen Mutterlandes mit gewerblichen Produkten sich vorbehalten und andere Nationen davon ausschließen würde.

Die Teilungsverträge. Wilhelm von Oranien begann infolgedessen Verhandlungen mit Ludwig XIV. und bewog ihn zu einem ersten Teilungsvertrage, nach welchem der Kurprinz von Bayern als Haupterbe anerkannt werden, die italienischen Besitzungen Spaniens aber teils an Frankreich, teils an Österreich fallen sollten. 1699. Als der Kurprinz plötzlich starb, kam es zu einem zweiten Teilungsvertrage, wonach der Habsburger Karl Spanien nebst den Kolonien und den Niederlanden, Frankreich aber die italienischen Besitzungen erhalten sollte.

Karls II. Testament. Dem gegenüber war in Spanien Hof und Volk gegen jede Teilung des Reiches. Karl II. bestimmte zuerst zum Erben des Reiches den Kurprinzen von Bayern; nach dessen Tode aber ließ er sich von der französischen Partei an seinem Hofe bestimmen Philipp 1700. von Anjou als Erben einzusetzen. Als er 1700 starb und das Testament bekannt wurde, entschied sich Ludwig XIV. für Annahme

```
                        Philipp IV.
                         † 1665.
         ┌─────────────────┴─────────────────┐
   Maria Theresia,              Margarete Theresia,        Karl II.
   Gem. Ludwigs XIV.            Gem. Leopolds I.           † 1700.
         │                              │
   Ludwig, Dauphin.              Marie Antonie,
         │                       Gem. Max Emanuels
         │                       von Bayern.
   ┌─────┴─────┐                        │
 Ludwig,    Philipp V.,          Kurprinz Joseph Fer-
 Herzog von Herzog von Anjou.    dinand, † 1699.
 Burgund.
    │
 Ludwig XV.
```

der spanischen Krone; Philipp V. ging nach Spanien und fand überall Anerkennung.

Infolge dieser Ereignisse bildete sich allmählich die große Allianz. An ihr nahm zunächst Kaiser Leopold I. teil, auf den 1705 sein ihm sehr unähnlicher, feuriger und energischer Sohn Josef I. folgte; ferner Holland und England, wo die Whigs um ihrer Handelsinteressen willen von vornherein für den Krieg waren, die Tories aber deshalb ihre Zustimmung gaben, weil Ludwig XIV. eben damals nach dem Tode des bei ihm lebenden Jakob II. dessen Sohn als König Jakob III. anerkannte; auch die Königin Anna, die 1702 auf Wilhelm III. folgte, blieb dem Bündnis treu. Dazu traten Friedrich III. von Brandenburg, der dafür die Anerkennung seiner preußischen Königskrone erhielt; der auf die englische Nachfolge hoffende Georg von Hannover, das seit 1692 Kurfürstentum war; das deutsche Reich; endlich Portugal und Viktor Amadeus II. von Savoyen. Die hervorragendsten Feldherrn der Verbündeten waren der Türkenbesieger Eugen von Savoyen und der Herzog von Marlborough, einst Jakobs II. Page, den er aber verraten hatte, ein bedeutender Feldherr, zugleich ein gewandter Parteiführer und Höfling, dessen Gemahlin als erste Hofdame der Königin Anna auf diese einen außerordentlichen Einfluß ausübte. An Frankreich dagegen schlossen sich Kurfürst Max Emanuel von Bayern und sein Bruder, der Kurfürst von Köln, an.

So entstand ein Krieg, der wie der dreißigjährige als ein Weltkrieg, der zugleich im allgemeinen als ein Krieg zwischen dem germanischen und dem romanischen Europa bezeichnet werden darf. Frankreich war zunächst im Vorteil, da es im Besitze Spaniens war, das die Verbündeten erobern mußten. Die wichtigsten Schauplätze waren Oberdeutschland, die spanischen Niederlande, Oberitalien, die Pyrenäenhalbinsel.

§ 28. **Der Erbfolgekrieg.** Während anfangs weder die Unternehmungen Eugens, der von Tirol aus Mailand zu erobern suchte, noch die Marlboroughs, der aus Holland in die spanischen Niederlande eindrang, wesentliche Erfolge hatten, gelang es beiden vereint in Oberdeutschland einen großen Erfolg zu erringen. Hier hatten sich die Franzosen mit den Bayern vereinigt; aber ihr Einfall nach Tirol wurde durch eine Volkserhebung vereitelt; und 1704 wurden sie von Prinz Eugen und Marlborough bei Höchstädt und Blindheim (engl. Blenheim) besiegt und Bayern von den Kaiserlichen besetzt.

Während 1705 die Verbündeten keine Fortschritte machten, gelang es ihnen 1706 sowohl Italien als die Niederlande zu erobern. Eugen trug den großen Sieg von Turin davon, wohin er dem belagerten Herzog von Savoyen durch einen kühnen Marsch zu Hilfe gekommen war, und wo sich die von Leopold von Dessau geführten Brandenburger ebenso auszeichneten wie schon bei Höchstädt. Die Folge der Schlacht war, daß die Feinde Mailand und im nächsten Jahre auch Neapel räumten. Indessen siegte Marlborough bei Ramillies, nahm eine ganze Reihe von Festungen und brachte so die Niederlande in seine Gewalt. 1707 stockten die kriegerischen Unternehmungen wiederum, da damals Karl XII. von Schweden in Sachsen stand und man sein Eingreifen in den Krieg befürchtete. Nachdem sich aber 1708 die beiden Feldherrn der Verbündeten in den Niederlanden vereinigt hatten, wurde ein großer Angriff des französischen Feldherrn Vendôme und des Herzogs von Burgund durch den glänzenden Sieg von Oudenarde und der Versuch Villars' in die Niederlande einzubringen in der mörderischen Schlacht bei Malplaquet zurückgeschlagen. Bereits hatten die Verbündeten die Grenzen Frankreichs überschritten.

Dagegen gelang es ihnen nicht Philipp V. Spanien zu entreißen. Zwar hatte Karl, als König von Spanien Karl III., der mit englischer Hilfe in Katalonien gelandet war, in dieser Landschaft Anerkennung gefunden; zweimal wurde Philipp aus seiner Hauptstadt vertrieben, das zweite Mal von Karl selbst, der in Madrid einzog; aber beide Male mußte diese Stadt wieder geräumt werden, und Karl behauptete sich nur in Barcelona, während zugleich die Engländer das von ihnen eroberte Gibraltar und die Insel Menorka festhielten.

Immerhin waren Ludwigs XIV. Hilfsquellen so völlig erschöpft, daß er 1709 und 1710 Friedensanerbietungen machte: er wollte nicht nur auf das spanische Erbe verzichten, sondern versprach sogar Hilfsgelder zur Vertreibung seines Enkels zu zahlen. Die Forderung dagegen seine eignen Truppen gegen ihn marschieren zu lassen lehnte er ab. Da trat plötzlich ein Umschwung ein. Einerseits wurde in England das Regiment der Whigs und ihres Verbündeten Marlborough gestürzt, dieser und seine Gemahlin ihrer Ämter entsetzt, und ein Torykabinett unter St. John (nachher Lord Bolingbroke) kam ans Ruder, das dem Frieden zuneigte. Andrerseits starb plötzlich Josef I. kinderlos, und die habsburgischen Lande fielen an seinen Bruder Karl, der als Karl VI. zum deutschen Kaiser gewählt wurde; die Seemächte wünschten aber nicht, daß durch ihn das Reich Karls V. wieder hergestellt würde.

So zerfiel die Allianz. 1713 wurde der Friede von Utrecht geschlossen, an dem nur Kaiser und Reich nicht teilnahmen. Diese setzten den Kampf am Rheine fort. Erst 1714 schloß der Kaiser zu Rastatt, das Reich zu Baden im Aargau Frieden. Es wurde folgendes bestimmt: Spanien und die Kolonien sollten Philipp V. verbleiben, die Kronen von Frankreich und Spanien aber für immer unvereinbar sein. Dem Kaiser wurden die Niederlande, Mailand, Neapel und Sardinien zugesprochen. Der Herzog von Savoyen erhielt Sizilien als Königreich, wurde aber 1718 vom Kaiser genötigt dafür Sardinien einzutauschen. England gewann in diesem Kriege Gibraltar und Menorka, ferner die Länder an der Hudsons-Bai, Neufoundland und Neuschottland; die Erbfolge des Hauses Hannover wurde von Frankreich anerkannt. Holland erhielt zum Schutz gegen französische Angriffe eine „Barriere", d. h. das Besatzungsrecht in einer Reihe von Festungen der nunmehr österreichischen Niederlande. Preußen wurde mit dem Oberquartier Geldern abgefunden; das deutsche Reich mußte auf die Rückgabe von Straßburg und Landau verzichten; den Kurfürsten von Bayern und Köln wurden ihre Länder und Würden zurückgegeben.

Die wesentlichsten Ergebnisse des gewaltigen Krieges waren, außer daß jetzt ein Bourbone auf dem spanischen Throne saß, einerseits der große Machtaufschwung Österreichs, das nach der Eroberung von Ungarn nun auch die Niederlande und die Herrschaft über Italien gewonnen hatte, andrerseits die koloniale Ausbreitung Englands, dem gegenüber Holland an politischem Einfluß durchaus zurücktrat. *Ergebnisse.*

Ludwig XIV. starb 1715; die Krone Frankreichs ging an ein Kind über, den zweijährigen Ludwig XV., für den zunächst sein Oheim, der ebenso begabte wie sittenlose Philipp von Orleans, die Regentschaft führte. *Tod Ludwigs XIV. 1715.*

3. Die Entstehung der russischen Großmacht.

Vorgeschichte Rußlands.

§ 29. Der russische Staat ist gegründet worden durch Normannen schwedischer Herkunft, die im neunten Jahrhundert unter Führung des Fürsten Rurik Großnowgorod eroberten und nachher immer weiter nach Süden vordrangen, bis sie Kiew besetzten. Ruriks Geschlecht herrschte bis 1598; doch entstanden eine Reihe von Teilfürstentümern, deren bedeutendstes das Großfürstentum Moskau war. Seit dem Ende des zehnten Jahrhunderts wurden die Russen durch Missionare der griechischen Kirche zum Christentum bekehrt. *Rurik. 9. Jahrh.*

Im dreizehnten Jahrhundert kam Rußland unter die Herrschaft der Mongolen, der „goldenen Horde". Erst Iwan III., Großfürst von Moskau, befreite es gegen Ende des fünfzehnten Jahrhunderts wieder und einigte es. Im sechzehnten Jahrhundert war es Iwan IV. der „Schreckliche", der durch Unterdrückung des Adels und durch Gründung des stehenden Heeres der Strelitzen die fürstliche Macht bedeutend stärkte. Er erweiterte zugleich sein Reich durch Eroberung von Kasan und Astrachan; bereits begann damals die Eroberung von Sibirien. Endlich suchte er sein Volk kulturell zu heben, indem er deutsche Handwerker kommen ließ und mit den Engländern über Archangelsk Handelsverbindungen anknüpfte. Er nannte sich zuerst Zar, d. h. Kaiser. Nach dem Aussterben des Rurikschen Mannsstammes folgten innere Wirren, während deren die Polen durch Einsetzung des „falschen Demetrius" Rußland von sich abhängig zu machen suchten, bis Michael Romanow zum Zaren gewählt wurde.

Peter der Große und der nordische Krieg.

§ 30. **Peter der Große.** 1689 bestieg Peter I. den Thron, indem er seine Halbschwester Sophia stürzte, die ihn widerrechtlich von der Regierung hatte ausschließen wollen. Er hat die Großmachtstellung Rußlands geschaffen. Seine Mittel dazu waren nach innen Einführung von Reformen nach europäischem Muster, nach außen die Gewinnung der Küsten des schwarzen Meeres und der Ostsee im Kampfe mit den Türken einerseits und den Schweden andrerseits. Die Einführung von Reformen betraf vornehmlich die Errichtung eines europäisch organisierten Heeres und einer Kriegsflotte, die Förderung des Handwerks und des Verkehrs, die Schaffung einer besseren Verwaltung. Auf zwei mehrjährigen Reisen machte er sich mit der Kultur Europas bekannt; auf der ersten arbeitete er als Schiffsbauer in Zaandam bei Amsterdam. Er hatte bei diesen Bestrebungen den Widerstand der altrussischen Partei zu überwinden; die Strelitzen, die sich während seiner ersten Reise nach Europa erhoben, wurden besiegt und vernichtet; sein Sohn Alexei, der während der zweiten Reise eine Verschwörung gegen ihn anstiftete, starb im Kerker. Die Geistlichkeit machte er sich dadurch unterthan, daß er das Patriarchat aufhob und die Leitung der Kirche dem heiligen Synod übergab, der völlig von ihm selbst abhängig war.

Nach außen beteiligte er sich an dem österreichisch-venetianischen Kriege gegen die Türken und erwarb im Frieden von Karlowitz Asow und damit einen festen Punkt an der südlichen Küste. Um die Schweden aus den Ostseeprovinzen zu verdrängen, verband er sich mit August dem Starken, dem Kurfürsten von Sachsen und König von Polen, und mit Friedrich IV. von Dänemark.

§ 31. **Der nordische Krieg. 1700—1721.** In Schweden war auf Gustav Adolf seine Tochter Christine gefolgt, eine eifrige Gönnerin der Wissenschaften, unter deren Regierung Schweden im westfälischen Frieden einen bedeutenden Machtzuwachs erfuhr. Sie entsagte 1654 dem Throne, trat in Innsbruck zum katholischen Glauben über und lebte später in Rom, wo sie auch gestorben ist. Auf den schwedischen Thron stieg nunmehr ihr Vetter Karl X. Gustav von Pfalz-Zweibrücken. Dieser begann 1655 einen Krieg gegen Polen (s. § 36), in welchem er, mit dem Kurfürsten Friedrich Wilhelm von Brandenburg vereinigt, den Sieg von Warschau davontrug, wandte sich aber, als Dänemark ihm den Krieg erklärte, gegen dieses Land und zwang es zum Frieden von Roeskild und zur Abtretung der bisher dänischen Südspitze von Skandinavien. Bald darauf brach er diesen Frieden wieder; die Ruhe im Norden wurde erst nach seinem Tode durch die Friedensschlüsse von Oliva und Kopenhagen wiederhergestellt.

Christine 1632-1654.

Karl X. 1654-1660.

1656.

1658.

1660.

Sein Nachfolger Karl XI. herrschte bis 1697. Unter ihm erlitt der schwedische Waffenruhm eine starke Einbuße durch die Niederlage bei Fehrbellin. Dagegen gelang es ihm durch rücksichtslose Einziehung der Krongüter, die zu einem großen Teil der schwedische Adel an sich gebracht hatte, den Staatshaushalt zu ordnen und die königliche Macht zu befestigen. Ihm folgte Karl XII., der mit fünfzehn Jahren den Thron bestieg: wie sich bald herausstellen sollte, ein hervorragender Feldherr, feurig und entschlossen, zugleich aber von unüberwindlichem Starrsinn.

Karl XI. 1660-1697.

Karl XII. 1697-1718.

Nunmehr glaubten die Nachbarstaaten die Zeit gekommen, um Schweden die beherrschende Stellung an der Ostsee, das so oft umkämpfte dominium maris Baltici, zu entreißen. Peter von Rußland und August von Polen hofften die Ostseeprovinzen zu erobern; August rechnete besonders auf seine Verbindungen mit dem durch die Gütereinziehungen erbitterten livländischen Adel, dessen Führer Patkul sich als Verbannter an seinem Hofe befand. Friedrich von Dänemark gedachte nicht nur die an Karl X. abgetretenen Gebiete wiederzugewinnen, sondern zugleich dem Herzog von Holstein-Gottorp, dem Schwager Karls XII., seinen Anteil an Schleswig-Holstein abzunehmen.

Ursachen des nordischen Krieges.

Die Hoffnungen der Verbündeten erfüllten sich anfangs keineswegs. Karl XII. griff zuerst die Dänen an, die in die gottorpschen Besitzungen eingefallen waren, und zwang Friedrich IV. zum Frieden von Travendal. Dann landete er in Estland und schlug mit 8000 Schweden 40000 Russen bei Narwa. Darauf wandte er sich gegen August den Starken, eroberte Warschau und Krakau und ließ durch einen Teil des polnischen Adels August absetzen und einen

Friede von Travendal 1700.

Narwa 1700.

Eroberung Polens.

Polen wählen, Stanislaus Leszczynski. Die besiegten sächsischen Truppen verfolgte er bis nach Sachsen, wobei er Schlesien durchzog und den kaiserlichen Hof durch Drohungen zwang den schlesischen Protestanten ihre bürgerlichen Rechte, ihre Kirchen und Schulen wiederzugeben. Im Frieden von Altranstädt bei Lützen nötigte er August der polnischen Krone zu entsagen und u. a. Patkul auszuliefern, der auf dem Rade starb.

<small>Friede von Altranstädt 1706.</small>

Ein Jahr blieb Karl in Sachsen, das Land aussaugend und sein Heer verstärkend; dann zog er durch Polen gegen Peter von Rußland, der seine Abwesenheit benutzt hatte, um die Ostseeprovinzen zum größeren Teil zu erobern, St. Petersburg und Kronstadt zu gründen und eine Ostseeflotte zu schaffen. Anstatt seinen Marsch auf Moskau fortzusetzen, ließ sich Karl durch das Versprechen des Kosakenhetmans Mazeppa, die Kosaken würden ihm zufallen, in die Ukraine locken. Aber er fand bei ihnen nicht die gehoffte Unterstützung; ein zu Hilfe ziehendes schwedisches Heer wurde geschlagen; bei Poltawa wurde Karl selbst völlig besiegt und sein Heer vernichtet.

<small>Poltawa 1709.</small>

Karl fand eine Zuflucht bei den Türken, die er sogar zu einem Kriege mit Rußland bestimmte. Peter kämpfte unglücklich; er wurde am Pruth geschlagen und sah sich genötigt den Frieden durch die Abtretung des vor kurzem eroberten Asow zu erkaufen. Trotz des Friedensschlusses blieb Karl hartnäckig in der Türkei; sein Lager in Bender am Dnjestr wurde endlich von den Türken gestürmt und er selbst gefangen nach Adrianopel geführt. Erst 1714 entschloß er sich zur Rückkehr und kam nach sechzehntägigem Ritt in dem belagerten Stralsund an.

<small>Türkenkrieg. 1711.</small>

Während seiner Abwesenheit hatte August der Starke Polen wiedergewonnen und Stanislaus Leszczynski vertrieben; ebenso hatte Dänemark den Kampf wieder begonnen. Russen, Sachsen, Polen und Dänen fielen in die schwedischen Besitzungen in Norddeutschland ein und nahmen Stettin; die Gefahr lag nahe, daß sich die Russen in Pommern festsetzten. In dieser Lage faßte Friedrich Wilhelm I., der eben den preußischen Thron bestiegen hatte, den Gedanken Vorpommern zu erwerben, das der große Kurfürst einst nicht hatte erlangen können. Er schloß mit den kriegführenden Mächten einen Vertrag, wonach ihm gegen eine Geldsumme Stettin und das Land bis zur Peene in „Sequester" übergeben wurde; als der zurückgekehrte Karl XII. alle Zugeständnisse von sich wies, erklärte er ihm den Krieg. Stralsund und Rügen wurden von Preußen, Dänen und Sachsen vereint genommen. Auch Kurfürst Georg von Hannover, seit 1714 König von England, beteiligte sich am Kriege, um die Herzogtümer Bremen und Verden zu erwerben.

<small>Verlust der schwedischen Besitzungen.</small>

<small>Teilnahme Preußens am Kriege.</small>

Erst als 1718 Karl XII. bei der Belagerung der norwegischen Festung Frederikshalb gefallen war, kam es mit Schweden, wo Karls Schwester Ulrike Eleonore und ihr Gemahl Landgraf Friedrich von Hessen-Kassel folgte, zu den **Friedensschlüssen** von Stockholm und Nystad (in Finnland). Während Dänemark den Anteil des Hauses Gottorp an Schleswig erwarb, erhielt Hannover Bremen und Verden, Preußen Vorpommern bis zur Peene, beide gegen eine Geldentschädigung; Rußland gewann Livland, Esthland und Ingermanland.

Tod Karls XII. 1718.

Friedens-schlüsse 1719, 1720 u. 1721.

Das Ergebnis des nordischen Krieges war die Vernichtung der künstlichen Großmachtstellung, die Schweden seit Gustav Adolf inne hatte; durch die Adelsherrschaft, der es nachher zum Opfer fiel, wurde sein Verfall besiegelt. An Schwedens Stelle traten als Großmächte des Nordens Rußland und Preußen.

Ergebnis.

---

4. Die Neugründung des brandenburgisch-preußischen Staates durch den großen Kurfürsten.

Vorgeschichte des brandenburgisch-preußischen Staates.

§ 32. Die älteste Geschichte der Mark und die Zeit der Askanier. Die ältesten bekannten Bewohner der Lande zwischen Elbe und Oder, von denen später die Bildung des preußischen Staates ausgehen sollte, waren die germanischen **Semnonen**. Als nebst den anderen ostelbischen Germanenstämmen auch sie ihre Sitze aufgaben, um den Kern der nachherigen Alamannen zu bilden, zogen allmählich slavische Völker, die **Wenden**, in die verlassenen Gebiete ein. Unter **Karl dem Großen** wurden die ersten Versuche gemacht die Wenden zurückzudrängen; er selbst drang bis zur Peene vor, und sein Sohn **Karl** legte die Grenzfeste Magdeburg an. Nachher fiel die Aufgabe der Grenzverteidigung dem sächsischen Herzogsgeschlecht der **Liudolfinger** zu, die auch als deutsche Könige dieser Politik treu blieben. **Heinrich I.** eroberte Brennabor, die Burg der Heveller; zwei seiner Grafen siegten bei Lenzen. Unter **Otto dem Großen** wurden die Bistümer **Havelberg und Brandenburg** gestiftet. Damals war Gero Markgraf jener Gebiete; nach seinem Tode wurde seine Mark in drei Stücke zerlegt, die **Nordmark**, die **Lausitz** und die **Mark Meißen**. Aber der große Slavenaufstand, der 983 ausbrach, vernichtete die Ergebnisse der bisherigen Eroberungspolitik und zugleich die An-

Die ältesten Zeiten der Mark.

928.

929.

983.

fänge, welche in der Bekehrung der Bevölkerung zum Christentum gemacht worden waren.

Die Askanier 1134—1320. Seitdem bestand die Nordmark nur aus den linkselbischen Gebieten, die heute Altmark heißen; ihre Hauptstadt war Salzwedel. *Albrecht der Bär 1134.* Da belehnte 1134 Lothar von Supplinburg mit ihr **Albrecht den Bären** von Ballenstädt, aus dem Geschlecht der Askanier (von Askania, d. i. Aschersleben), der die Priegnitz eroberte und durch Erbschaft das Havelland gewann. Er begann sofort die Germanisierung und Christianisierung des Landes. Die Bistümer Havelberg und Brandenburg, zu denen später Lebus kam, wurden wiederhergestellt; die Cisterzienserklöster Lehnin und Chorin und andere wurden gegründet und zu Ausgangspunkten nicht nur des Christentums, sondern zugleich einer bessern und intensiveren Bodennutzung; deutsche Bauern, vornehmlich Niederdeutsche, unter anderen Flamländer, an die noch der Fläming erinnert, wurden in Dörfern angesiedelt, wo sie als freie Leute, dem Markgrafen zur Zinszahlung und zum Kriegsdienst verpflichtet, saßen; eine Reihe von Ortschaften, so Stendal, Brandenburg und Havelberg, wurden mit dem Stadtrecht ausgestattet. Die Nachfolger Albrechts schritten auf diesen Bahnen fort; unter ihnen erhielten unter anderen Kölln und Berlin das Stadtrecht. So wurde allmählich die wendische Bevölkerung zum größten Teil verdrängt oder germanisiert und das Land urbar gemacht. Zugleich wurden durch Eroberung, Kauf oder Erbschaft das Land Barnim und Teltow, die Uckermark, die Neumark und die Niederlausitz der Mark hinzugefügt, dazu die Lehnshoheit über Pommern erworben. Die Markgrafen gehörten zu den bedeutendsten und reichsten Fürsten Deutschlands. Ihre wichtigste Einnahmequelle war der Zins der angesiedelten Leute; dazu traten die Einkünfte aus den Domänen und Forsten, den Regalien und der Bede, einer Vermögenssteuer.

Otto IV. Unter den späteren Askaniern ragen **Otto IV. mit dem Pfeile** und **Waldemar** hervor; der erstere ein Zeitgenosse Rudolfs von Habsburg, ein Minnesänger, ein tapferer und kriegerischer Fürst; *Waldemar.* der andere berühmt durch den Krieg, den er gegen Polen, Dänen, Schweden und mehrere deutsche Fürsten zu führen hatte und trotz *1319.* seiner Niederlage bei Gransee ehrenvoll beendete. Er starb 1319 *1320.* kinderlos, sein minderjähriger Neffe Heinrich 1320.

Die Wittelsbacher 1324 bis 1373. § 33. **Die Wittelsbacher und Luxemburger.** 1324 übertrug Ludwig der Bayer Brandenburg an seinen damals noch unmündigen Sohn Ludwig. Unter den Wittelsbachern wurde die Mark verkleinert, da wichtige Teile in die Hand der Grenznachbarn gerieten; ein großer Teil der Einnahmen wurde verschleudert, verpfändet oder *1348.* veräußert. Dazu kam ein Bürgerkrieg; 1348 nämlich erschien ein falscher Waldemar, den Karl IV. als echt anerkannte, und dem der größte Teil des Landes zufiel. Erst als sich Ludwig mit Karl IV. versöhnt hatte, gelang es ihm des Abfalls Herr zu werden; doch verzichtete er bald darauf zu Gunsten seiner beiden Brüder auf die Mark. 1356 wurden durch die goldene Bulle die Markgrafen von Brandenburg zu Kurfürsten erhoben, während ihnen die Erzkämmererwürde bestätigt wurde. 1373 trat Otto der Faule das Land gegen eine Geldsumme an Karl IV. ab.

Die kurze Regierung Karls IV. war dadurch für die Mark bedeutsam, daß die Ordnung wiederhergestellt, Handel und Wandel gefördert und der Versuch gemacht wurde der Verschleuderung der Einkünfte zu steuern. Aber unter seinem Sohne Sigismund, der Brandenburg erbte, sich aber wenig um das Land kümmerte, und unter Jobst von Mähren, an den er es verpfändete, verschlechterte sich seine Lage außerordentlich. Es fehlte an einer anerkannten Regierungsgewalt; die einheimischen Adelsgeschlechter, vor allem die Brüder von Quitzow, beherrschten von ihren Schlössern aus das flache Land, das unter Fehden und Raubzügen schwer litt; nur die größeren Städte, die zum Teil der Hansa angehörten, erwehrten sich ihrer und verwalteten ihre Angelegenheiten mit nicht geringerer Selbständigkeit.

§ 34. **Die Hohenzollern.** Da sandte Sigismund, der durch seines Vetters Jobst Tod die Mark wiedergewonnen und zugleich die deutsche Krone erhalten hatte, den Burggrafen Friedrich VI. von Nürnberg 1411 als seinen „vollmächtigen gemeinen Verweser und obristen Hauptmann" nach Brandenburg. Die Hohenzollern, deren Stammburg auf dem Jura stand, zerfallen seit dem dreizehnten Jahrhundert in eine fränkische Linie, welche die Burggrafschaft Nürnberg inne hatte, und eine schwäbische Linie, welche die Stammgüter des Hauses besaß. Friedrich III. von Nürnberg hatte die Wahl Rudolfs von Habsburg unterstützt, Friedrich IV. sich als treuer Anhänger Ludwigs des Bayern bewiesen. Friedrich VI. wurde, nachdem es ihm gelungen war die Burgen der Quitzows und anderer Edelleute mit Hilfe schweren Geschützes einzunehmen und den Adel zur Huldigung zu zwingen, 1415 von Sigismund mit der Mark und der Kur belehnt; der feierliche Akt der Belehnung fand am 18. April 1417 auf dem Marktplatz zu Konstanz statt.

Kurfürst Friedrich I., der das Verdienst hat durch Bezwingung des Adels die Mark aus anarchischen Zuständen gerettet zu haben, ist später selten dort gewesen. Er weilte gewöhnlich in seinen fränkischen Besitzungen und beteiligte sich eifrig an der Reichspolitik, wie er denn als Reichsfeldherr auf mehreren allerdings unglücklichen

Feldzügen gegen die Hussiten befehligt hat. Wie er seine fürstlichen Pflichten auffaßte, geht daraus hervor, daß er sich „Gottes schlichten Amtmann am Fürstentum" nannte.

Friedrich II. 1440—1470. Sein Sohn Friedrich II., der Eiserne, ein Fürst von ernstem und tief religiösem Charakter, der eine Wallfahrt nach Jerusalem machte und durch Gründung des Schwanenordens Sittlichkeit und Frömmigkeit in dem Landabel zu fördern suchte, nahm den märkischen Städten die Selbständigkeit, welche sie im vorigen Jahrhundert sich erworben hatten; insbesondere bezwang er Berlin und Kölln, nötigte sie zum Austritt aus der Hansa und erbaute auf der Insel zwischen beiden Städten ein kurfürstliches Schloß. Er war ferner mit Erfolg bemüht verlorene Gebietsteile wiederzugewinnen; insbesondere erwarb er die von Sigismund an den deutschen Orden verpfändete Neumark zurück. Er überließ 1470 die Regierung an seinen Bruder Albrecht, den Besitzer der fränkischen Lande, und starb im nächsten Jahre in Franken.

Albrecht Achilles 1470—1486. Albrecht, der sich in zahlreichen Fehden, unter welchen die große Fehde gegen Nürnberg hervorragt, den Namen Achilles erworben hat, war nur ausnahmsweise in der Mark anwesend. Trotzdem ist seine Regierung in doppelter Beziehung bedeutsam. Erstens erließ er ein Hausgesetz (Constitutio Achillea), welches, um die Unteilbarkeit der Mark zu sichern, bestimmte, daß immer der älteste Sohn die Mark erben, ein zweiter und dritter Sohn sich in die fränkischen Lande teilen, Töchter mit Geld abgefunden werden sollten. Andrerseits haben er und sein um seiner humanistischen Neigungen *Johann Cicero 1486—1499.* willen Cicero benannter Sohn Johann, der zu seines Vaters Lebzeiten als Statthalter die Mark verwaltete und ihm dann als Kurfürst folgte, sich besondere Verdienste um die Finanzen des Landes erworben. Die wichtigsten Einnahmequellen waren die Domänen, deren Verwaltung und Rechnungswesen Albrecht Achilles ordnete, die direkte Vermögenssteuer der Bede, welche unter dem ersten Hohenzollern wieder eingeführt worden war und bald erhöht wurde, die von Johann durchgesetzte indirekte Steuer der Bierziese, endlich das Zollregal. Den bisher festgehaltenen Ansprüchen auf die Lehnshoheit über Pommern entsagte Johann, wogegen das brandenburgische Erbfolgerecht von den pommerschen Herzögen anerkannt wurde.

Joachim I. 1499—1535. Joachim I., der sehr jung Kurfürst wurde, hatte wieder mit der Aufsässigkeit des Landabels zu kämpfen. Er trat dem Raubrittertum mit Strenge entgegen und hat das Verdienst das oberste Gericht, das Kammergericht, organisiert zu haben. Er vollzog ferner die von seinem Vater vorbereitete Gründung der Universität Frankfurt. Auch er war ein guter Verwalter; seine jährlichen Einkünfte beliefen sich auf 80000 Goldgulden, d. h. etwa auf 560000 Mark.

Unter ihm nahm das Haus Hohenzollern eine mächtige Stellung in Deutschland ein. Sein Bruder Albrecht wurde Erzbischof von Magdeburg und Mainz; sein Vetter Albrecht trat als Hochmeister des deutschen Ordens zur Reformation über und machte Preußen zum weltlichen Herzogtum. Der Kurfürst dagegen blieb einer der heftigsten Gegner der neuen Lehre; seine lutherische Gemahlin Elisabeth mußte vor ihm aus dem Lande fliehen. *1526.*

Bei seinem Tode teilte er die Mark im Widerspruch zu dem achilleischen Hausgesetz unter seine Söhne Joachim II., der die Kur und den größten Teil des Landbesitzes, und Johann (Hans von Küstrin), der die Neumark erhielt. Der letztere trat sofort nach seines Vaters Tode zur Reformation über; Joachim II. nahm 1539 mit seiner Gemahlin zu Spandau das Abendmahl unter beiderlei Gestalt. Dem schmalkaldischen Bunde schloß er sich aber nicht an, suchte vielmehr eine vermittelnde Politik zwischen Kaiser Karl V. und den Schmalkaldenern zu beobachten. Von großer Bedeutung war es, daß er mit dem Herzog von Liegnitz, Brieg und Wohlau einen Erbvertrag abschloß und nach dem Tode Albrechts von Preußen die Mitbelehnung mit dessen schwachsinnigem Sohne Albrecht Friedrich vom Könige von Polen erhielt. *Joachim II. 1535–1571. Hans von Küstrin. 1539.*

Seine Finanzverwaltung war schlecht, da er im Gegensatz zu seinem sparsamen Bruder Hans von Küstrin Pracht und Verschwendung liebte und Schulden machte, deren Bezahlung die Stände des Landes erst dann übernahmen, wenn ihnen wesentliche Zugeständnisse, insbesondere das der eigenen Verwaltung der neu aufgelegten Steuern, gemacht worden waren. So trat neben die kurfürstliche eine ständische Kassenverwaltung, und es kam zu einer Zersplitterung des Finanzwesens; zugleich aber wurden die neuen Steuern, die jetzt in der Form des Hufenschosses, des Horn- und Klauenschosses, des Kopfgeldes u. s. w. erhoben wurden, von den Ständen möglichst auf die ärmeren Volksschichten abgewälzt.

Johann Georg, der die Mark, da Hans von Küstrin kinderlos gestorben war, wieder unter seiner Herrschaft vereinigte, war ein sparsamer Herrscher, der die Schulden seines Vaters tilgte, den Ständen große Zugeständnisse machte, von den Verwickelungen der äußeren Politik aber sich möglichst fern hielt. Joachim Friedrich ist der Schöpfer des geheimen Rates, in dem neben Hofbeamten und abligen Herren auch bürgerliche Rechtsgelehrte saßen, und der sich zu einem Mittelpunkt der Landesverwaltung entwickelte. *Johann Georg 1571–1598. Joachim Friedrich 1598–1608.*

Johann Sigismund erwarb in dem Vertrage von Xanten, der dem clevischen Erbstreit einen vorläufigen Abschluß gab, die Lande Cleve, Mark und Ravensberg (vgl. Bd. II, § 148); auch wurde er, als sein Schwiegervater Albrecht Friedrich von Preußen *Johann Sigismund 1608–1619. 1614.*

nach langer Regierung starb, vom König von Polen mit dem Herzogtum Preußen belehnt. Er war es, der 1613 zur reformierten Kirche übertrat und sich bemühte dem reformierten Bekenntnis Gleichberechtigung mit dem lutherischen zu verschaffen.

Georg Wilhelm 1619—1640.

Sein Nachfolger Georg Wilhelm war ein schwacher, kraftloser Regent. Zu einer thatkräftigen Politik während des dreißigjährigen Krieges konnte er sich nicht entschließen; gezwungen schloß er sich 1631 an Gustav Adolf an; 1635 trat er auf den Rat seines Ministers, des Grafen von Schwarzenberg, dem Prager Frieden bei, konnte aber nicht verhindern, daß die Schweden unter Banér nunmehr die Mark furchtbar verheerten. Er hinterließ bei seinem Tode das Land, die Verwaltung und die Finanzen in völlig zerrüttetem Zustande.

Friedrich Wilhelm der große Kurfürst.

Jugend.

§ 35. **Friedrich Wilhelms Anfänge.** Friedrich Wilhelm war am 16. Februar 1620 zu Kölln an der Spree geboren und hatte trotz der Kriegeswirren eine gute Erziehung erhalten; vier Jahre brachte er in den Niederlanden zu, teils in Studien an der Leydener Hochschule, teils im Lager seines Oheims, des Statthalters Friedrich Heinrich von Oranien, in der Anschauung eines Volkes von außerordentlicher politischer, geistiger und wirtschaftlicher Reg-

1638.
1640.

samkeit und Leistungsfähigkeit. 1638 zurückgekehrt, wurde er auch ferner den Geschäften ferngehalten; da starb plötzlich sein Vater, und

Regierungsantritt.

der Zwanzigjährige übernahm die Regierung seines Landes unter den schwierigsten Verhältnissen. Von den befreundeten Kaiserlichen wurde es nicht minder verwüstet wie von den schwedischen Feinden; die Truppen hatten nicht nur dem Kurfürsten, sondern zugleich dem Kaiser den Eid geleistet; der Minister Graf Adam von Schwarzenberg leitete die Politik völlig im kaiserlichen Sinne; die Finanzen endlich waren durch Verfall, Verkauf oder Verpfändung der Einnahmequellen zerrüttet. Seine ersten Maßnahmen waren, daß er die Truppen zum größten Teil entließ, Schwarzenberg keinen Einfluß mehr gestattete — dieser starb 1641 — und mit den Schweden einen Waffenstillstand schloß, der bis zum Friedensschluß gedauert hat; so begann er eine Politik, deren nächstes Ziel der allgemeine Friede, deren letztes die Selbständigkeit und Größe Brandenburgs

Vermählung 1646.

war. 1646 vermählte er sich, nachdem sich die Pläne einer Heirat mit Christine von Schweden zerschlagen hatten, mit Luise Henriette von Oranien, Friedrich Heinrichs Tochter, und trat so in noch engere

Westfälischer Friede 1648.

Beziehung zu dem glaubensverwandten Holland. Im westfälischen Frieden, an dessen Herbeiführung er einen wesentlichen Anteil hatte, erlangte er zwar nicht ganz Pommern, sondern nur Hinterpommern,

Friedrich Wilhelm der große Kurfürst. 37

und selbst dies räumten die Schweden erst fünf Jahre später; aber dafür wurden ihm die früheren Bistümer Cammin, Halberstadt, Minden und die Anwartschaft auf das Erzbistum Magdeburg zugesprochen, das nach dem Tode des damaligen Administrators, eines sächsischen Prinzen, 1680 an Brandenburg fiel. 1680.

§ 36. **Der schwedisch-polnische Erbfolgekrieg. 1655—1660.** 1655 begann Karl X. von Schweden einen Krieg mit Johann Kasimir von Polen (s. § 31). Den Vorwand gab, daß dieser auf Grund seiner Abstammung von dem Hause Wasa gegen Karls X. Nachfolge Einspruch erhoben hatte; der wirkliche Grund war neben dem kriegslustigen Sinn des neuen Königs der Umstand, daß ein armes Land wie Schweden sein Heer und damit die neuerworbene Großmachtstellung nur durch einen Krieg aufrecht erhalten konnte, und zugleich die Hoffnung dem zerrütteten Polen seinen Anteil an der Ostseeküste abnehmen zu können. Gründe des Krieges.

Die anfänglichen großen Erfolge des schwedischen Königs nötigten Friedrich Wilhelm Ostpreußen anstatt von Polen nunmehr von Schweden zu Lehen zu nehmen. Als dann das schwedische Heer wieder zurückgehen und das eroberte Warschau wieder aufgeben mußte, schloß er mit Karl X. ein Bündnis, ließ 8500 Brandenburger zu den 9500 Schweden stoßen, und beide Fürsten errangen in der dreitägigen Schlacht von Warschau einen glänzenden Sieg über das viermal so starke, aber zum allergrößten Teil aus unausgebildeten Truppen bestehende polnische Heer. Bald darauf gestand Karl dem Kurfürsten im Vertrage von Labiau den souveränen Besitz des Herzogtums Preußen zu. Schlacht von Warschau 1656. Vertrag von Labiau 1656.

Als aber 1657 Dänemark, der alte Nebenbuhler Schwedens, Karl den Krieg erklärte und sich dieser gegen den neuen Gegner nach Holstein wandte, gab der Kurfürst, der nun allein den Polen gegenüberstand, das schwedische Bündnis auf und schloß mit Johann Kasimir den Vertrag von Wehlau, worin ihm auch von Polen die Souveränität über Preußen zugestanden wurde, und ein Bündnis ab. Indessen zwang Karl X. durch seine kühne Überschreitung der gefrorenen Belte die Dänen zum Frieden von Roeskild. Als er diesen Frieden plötzlich wieder brach, nahm Brandenburg im Bunde mit dem Kaiser, dem eben gewählten Leopold I., Polen und den Niederlanden am Kriege gegen Schweden teil; dieser wurde in Schleswig-Holstein, wo schon damals brandenburgische und kaiserliche Truppen Alsen erstürmten, und in Pommern geführt. Die Hoffnung freilich durch diesen Krieg Schwedisch-Pommern zu gewinnen erfüllte sich nicht; dagegen wurde in dem Frieden von Oliva (bei Danzig), der nach Karls X. plötzlichem Tode unter Dänischer Krieg. Vertrag von Wehlau 1657. 1658. Krieg gegen Schweden. Frieden von Oliva 1660.

Frankreichs Vermittlung abgeschlossen wurde, die Souveränität des Kurfürsten in Preußen bestätigt.

§ 37. Friedrich Wilhelm im Kampfe mit Ludwig XIV. und die Schweden.

Wie Friedrich Wilhelm während des polnisch=schwedischen Erbfolgekrieges die Partei gewechselt hatte, so war er auch später, indem er versuchte sein zerstückeltes Land inmitten mächtiger, übel=wollender Nachbarn zu politischer Selbständigkeit und europäischer Bedeutung emporzuheben, zu einer Politik des vorsichtigen Lavierens und zu öfterem Bündniswechsel genötigt. Eine Zeitlang war er auch Mitglied des Rheinbundes.

Krieg gegen Ludwig XIV. 1672.

Als aber 1672 Ludwig XIV. über Holland herfiel, war er es, der zuerst Hilfe leistete, zum Schutze der Freiheit deutscher Fürsten, der „Freiheit der Commercien", der Freiheit des Protestan=

1673. tismus. Zwar schloß er 1673 den Frieden von Vossem, nahm
1674. aber 1674 von neuem am Kampfe teil und erschien mit 20000 Mann im Elsaß, wo es freilich an Einverständnis zwischen ihm und dem

Einfall der Schweden.

kaiserlichen General fehlte; da kam die Nachricht, daß die Schweden in Brandenburg eingefallen seien.

Der Kurfürst brach sofort auf und zog in Eilmärschen bis Magdeburg. Derfflinger überfiel Rathenow; dadurch wurden die in Havelberg und Brandenburg stehenden schwedischen Truppen gezwungen sich zurückzuziehen, um sich zu vereinigen. Der Landgraf Friedrich von Hessen=Homburg holte sie mit der Vorhut in dem moorigen Gelände

Fehrbellin 28. Juni 1675.

bei Fehrbellin ein und nötigte sie zum Kampf: der Kurfürst hatte 6400 Mann und zwar nur Kavallerie, der Feind etwa 11000 Mann; die Schlacht wurde dadurch gewonnen, daß ein Sandhügel in der feindlichen Flanke mit Geschützen besetzt und glücklich behauptet wurde. Es war der erste selbständig errungene Sieg der jungen branden=

Eroberung von Pommern.

burgischen Armee. Der Kurfürst ergriff nun die Offensive; er er= oberte nach längerer Belagerung Stettin und die anderen Städte des Festlandes, im Verein mit den Dänen auch Rügen. Ein

Schwedischer Einfall in Preußen 1678/79.

Einfall des schwedischen Feldmarschalls Horn nach Preußen im Winter 1678/79 wurde schnell zurückgewiesen; der Kurfürst führte seine Truppen auf Schlitten über das Eis der Haffs, und seine Reiter folgten dem Feind bis tief nach Kurland hinein. Jedoch der

Friede von St. Germain 1679.

Friede von St. Germain en Laye kostete ihm alle seine Er= oberungen [1]).

Bündnis mit Frankreich.

Erbittert ergriff der Kurfürst seitdem die Partei Frankreichs und schloß mit Ludwig einen Subsidienvertrag ab, zumal noch

---

1) Damals ließ der Kurfürst eine Medaille prägen mit der Umschrift: Exoriare aliquis nostris ex ossibus ultor.

eine zweite Streitfrage ihn vom Kaiser trennte: er erhob Erbansprüche auf die seit 1675 erledigten Herzogtümer Liegnitz, Brieg und Wohlau, die vom kaiserlichen Hofe zurückgewiesen wurden. Bis 1685 dauerte das französische Bündnis; damals, als Ludwig das Edikt von Nantes aufhob, erließ der große Kurfürst das Edikt von Potsdam, wodurch er die Réfugiés in seine Lande einlud. Er schloß sich jetzt an den Kaiser an, der ihm gegen Verzicht auf die schlesischen Ansprüche den Kreis Schwiebus abtrat, zugleich freilich mit dem damals mit seinem Vater zerfallenen Kurprinzen Friedrich ein geheimes Abkommen traf, in welchem dieser Schwiebus nach seiner Thronbesteigung zurückzugeben versprach.

1685.

Einvernehmen mit dem Kaiser.

§ 38. Innere Politik des großen Kurfürsten. Die Mittel zu einer energischen äußeren Politik gewann der Kurfürst durch kräftige Zusammenfassung und sorgfältige Entwicklung der inneren Hilfsquellen seines Staates.

Das stehende Heer (miles perpetuus), die Stütze der kurfürstlichen Macht im Kampfe gegen äußere Feinde und innere Gegner, wurde allmählich bis fast auf 30000 Mann verstärkt und trefflich ausgebildet. Die Reiterei führte der Generalfeldmarschall von Derfflinger, ein Bauernsohn aus Oberösterreich, der im dreißigjährigen Kriege unter schwedischen Fahnen gefochten hatte und nachher in brandenburgische Dienste getreten war. Die Artillerie befehligte der Generalfeldmarschall von Sparr.

Das Heer.

In der Landesverwaltung war es des Kurfürsten stetes Bemühen den Widerstand der Landstände seiner verschiedenen Staaten zu brechen und zugleich mit dem fürstlichen Absolutismus die Staatseinheit zu begründen, so viele disiecta membra in membra unius capitis zu verwandeln. Den Gegenstand des Streites bildeten vornehmlich die schweren Kosten des Heeres; am trotzigsten pochten auf ihre Unabhängigkeit die preußischen Stände, welche sogar die Wiederherstellung der polnischen Lehnshoheit verlangten und mit Polen in hochverräterische Verbindung traten. Hier griff der Kurfürst energisch durch, ließ den Schöppenmeister von Königsberg, Hieronymus Roth, verhaften und bis zu seinem Tode gefangen halten und später den Obersten von Kalckstein in Warschau aufheben und enthaupten.

Kampf mit den Ständen.

Die Finanzen wurden neu geregelt. Bei seinem Regierungsantritt hatte der Kurfürst die direkten Steuern in demselben Verfall wie die indirekten, die Domänen und Zölle zum großen Teil verschleudert oder verpfändet gefunden. Unter seiner Regierung wurde ein Teil der Domänen zurückgekauft. Die direkte Steuer, auf der die Erhaltung des Heeres beruhte, die vom Vermögen, vornehmlich

Finanzen.

vom Grund und Boden erhobene Kontribution, wurde erhöht und
geregelt, zugleich aber auf das flache Land beschränkt, während für
die Städte die Accise eingeführt wurde, eine indirekte Verbrauchs=
steuer, die den Vorteil hatte von den Steuerzahlern weniger schwer
empfunden zu werden als die direkte Steuer und zugleich den Kur=
fürsten von der Bewilligung der Stände unabhängig machte. Endlich
wurden die Regalien ausgebildet, z. B. das Zoll= und das Post=
regal. So hoben sich die Einnahmen des Staates bis auf mehr
als 3 Millionen Thaler.

Volks=
wirtschaftliche
Maßnahmen.

Wenn mit den Aufgaben, die der Staat sich stellte, auch die
Anforderungen wuchsen, die er an die Steuerkraft der Unterthanen
stellte, so war der Kurfürst zugleich bemüht als guter Volkswirt
den Volkswohlstand durch soziale Maßnahmen zu heben. Indem er
im allgemeinen den Grundsätzen des Merkantilsystems folgte, war

Landwirt=
schaft.

er doch von der Mißachtung der Landwirtschaft weit entfernt;
vielmehr siedelte er fremde Bauern, insbesondere Niederländer an,
die ihre hochentwickelte Viehwirtschaft und ihren Gartenbau mit=
brachten; er förderte den Obstbau, und seine Gemahlin Luise Hen=

Gewerbe.

riette zog die ersten Kartoffeln in der Mark. Dem Gewerbe kam
er zu Hilfe, indem er teils selbst Fabriken anlegte wie Glashütten
und Eisenwerke, teils die Unternehmungen von Privatleuten durch
Geldzuschüsse und Erteilung von Monopolen förderte und zugleich
eine große Zahl fremder Produkte durch Einfuhrverbote ausschloß.
Von besonderem Vorteil war es, daß die Réfugiés, wie überhaupt
höhere Bildung, so insbesondere industrielle Fertigkeit mitbrachten.

Handel.

Dem Handel kam es zu gute, daß er Straßen anlegte, daß
er den Mülroser Friedrich=Wilhelms=Kanal baute, wodurch er den
schlesischen Handel über Berlin zu leiten suchte, und daß er eine Post
begründete, die von Memel bis Duisburg ganz Norddeutschland durch=
querte. Zugleich suchte er aber Brandenburg am Welthandel zu
beteiligen. Er schuf eine Kriegsflotte, und nachdem seine Kaper=
schiffe zuerst im schwedischen Kriege feindliche Kauffahrer aufgebracht
hatten, nahmen seine Fregatten später, als sich Spanien weigerte
die geschuldeten Subsidien zu zahlen, ein spanisches Kriegsschiff fort.
Er gründete eine afrikanische Handelsgesellschaft, deren Sitz
er bald nach Emden verlegte, und legte an der Küste von Guinea

Kolonien.

mehrere Forts an, deren wichtigstes Groß=Friedrichsburg war.
Trotz der Anfeindungen der Holländer blühte die Kompagnie eine
Zeitlang; nachher sank sie, und Friedrich Wilhelm I. hat den Kolo=
nialbesitz an Holland verkauft.

Der große
Kurfürst.

Unter dem großen Kurfürsten spielte Brandenburg zum ersten=
mal eine selbständige Rolle in den Händeln der europäischen Staaten.
Seine Politik diente allein den brandenburgischen Interessen; aber

seine Gegner, Polen, Franzosen und Schweden, waren doch zugleich die Gegner der nationaldeutschen Entwickelung. Er hat das Staatsgebiet bedeutend vergrößert und die Souveränität über Preußen gewonnen; er ist der Begründer eines stehenden Heeres und des brandenburgisch-preußischen Waffenruhms; der Begründer einer starken Fürstenmacht und damit der Staatseinheit; der Neuschöpfer eines geregelten Finanzsystems, zugleich der erste Volkswirt unter den Hohenzollern. Er war ein großer Diplomat und zugleich ein bedeutender Feldherr; hoheitsvoll in seinem Äußeren, so wie ihn Schlüter gebildet hat; entschlossen, stolz und selbstbewußt, dabei von herzlicher, duldsamer Frömmigkeit[1]; trotz alles Selbstbewußtseins sich dem Staate, nicht den Staat dem eigenen Interesse unterordnend[2]).

Er war zuerst vermählt mit Luise Henriette von Oranien, dann mit Dorothea von Holstein. Den Kindern aus zweiter Ehe wandte er in seinem Testament gewisse Landesteile unter der Oberhoheit des ältesten Sohnes zu, eine Bestimmung, die dieser umstieß. Er starb am 9. Mai 1688, mitten in den Gedanken an die englische Unternehmung seines Neffen Wilhelm von Oranien.

---

5. Die ersten beiden preußischen Könige.

Friedrich III. (I.) 1688—1713.

§ 39. Die Regierung Friedrichs III. hat den brandenburgisch-preußischen Staat mehr äußerlich gehoben, als daß sie ihn innerlich gekräftigt und fortentwickelt hätte.

Er hat die Königskrone erworben, ein Gewinn, der nicht nur in einer Zeit, die Rang und Titel höher als jede andere schätzte[3]), von großer Bedeutung, sondern zugleich ein wesentliches Mittel zur Festigung der Staatseinheit war. Der Kaiser gab 1700 in dem Krontraktat seine Zustimmung gegen das Versprechen ihn

Erwerbung der Königskrone.

---

1) Durch ein Edikt verbot er den Geistlichen der beiden evangelischen Konfessionen sich gegenseitig von der Kanzel aus zu bekämpfen und forderte von ihnen die Unterschrift eines Reverses, in dem sie sich zum Gehorsam verpflichteten. Paulus Gerhardt, der sich dessen weigerte, wurde damals seines Amtes entsetzt.

2) Seinen Söhnen diktierte er die Worte in die Feder: Sic gesturus sum principatum, ut sciam rem populi esse, non meam privatam.

3) 1692 war Hannover zum Kurfürstentum erhoben worden; zudem hatte Georg von Hannover Aussicht auf die englische Krone. 1697 war August der Starke, Kurfürst von Sachsen, nach seinem Übertritt zum Katholizismus zum König von Polen gewählt worden.

in dem bevorstehenden Krieg um die spanische Erbfolge mit 8000 Mann zu unterstützen. Das neue Königtum wurde gegründet auf das souveräne Herzogtum Preußen; Friedrich nahm den Titel „König in Preußen" an — erst Friedrich der Große nannte sich nach der Erwerbung Westpreußens König von Preußen — und setzte sich am **18.Jan.1701.** 18. Januar 1701 zu Königsberg die Krone auf das Haupt, nachdem er am 17. den Orden vom schwarzen Adler (mit der Devise Suum cuique) gestiftet hatte.

Kriege. Friedrichs Beteiligung am Kampfe gegen Ludwig XIV. im dritten Raubkriege und im Erbfolgekriege hat seinen von Leopold von Dessau befehligten Truppen, die sich bei Höchstädt, Turin und Malplaquet auszeichneten, neuen Waffenruhm erworben. Aber einerseits entblößte er dadurch sein eigenes Gebiet von Truppen zu derselben Zeit, wo an dessen Grenzen der nordische Krieg tobte und ein thatkräftiges Eingreifen in diesen von Vorteil gewesen wäre; andrerseits bestand der einzige Gewinn, den Preußen im Utrechter Frieden — bereits unter Friedrich Wilhelm I. — erhielt, in Obergeldern. **Landerwerbungen.** Dazu erwarb Friedrich als Enkel Friedrich Heinrichs von Oranien aus der Erbschaft Wilhelms III. die Grafschaften Mörs, Lingen und das ferne Neuenburg in der Schweiz; er kaufte die Grafschaft Tecklenburg; den Kreis Schwiebus mußte er nach längerem Zögern an den Kaiser zurückgeben, womit freilich die Ansprüche Brandenburgs auf Schlesien wieder auflebten.

Wissenschaft und Kunst 1794. Friedrich hat seinen Hof mit dem Glanze der Wissenschaft und Kunst umgeben. Die Universität Halle wurde gegründet, an der damals August Hermann Francke, der Gründer des Waisenhauses, und der Jurist Thomasius wirkten. In Berlin stiftete er die Sozietät (jetzt Akademie) der Wissenschaften. Seine Gemahlin Sophie Charlotte aus dem Hause Hannover lebte vornehmlich in diesen Bestrebungen; Leibniz, der große Philosoph, Mathematiker und Polyhistor, war der erste Präsident der Akademie. Dazu trat die Pflege der Kunst. Schlüter schuf das Standbild des großen Kurfürsten und das Zeughaus; unter seiner und Eosander von Göthes Leitung wurde das Berliner Schloß ausgebaut.

Aber neben dem äußeren Glanz machten sich innere Schäden bemerkbar. Zwar Eberhard von Danckelmann, der frühere Erzieher des Königs, nachher sein Vertrauter, war ein tüchtiger Leiter der Verwaltung; unter ihm ist u. a. der Unterlauf der Saale reguliert worden. **1697.** Aber er wurde durch eine Hofintrigue gestürzt, und es folgte ein Regiment von unfähigen Günstlingen, die sich bereicherten. **Schäden der Verwaltung.** Die Folge war Korruption des Beamtentums; andrerseits reichten trotz der Erhöhung der Steuern die Einnahmen des Staates für den höfischen Prunk nicht aus, und der Staatshaushalt geriet in Zerrüttung.

Friedrich Wilhelm I. 1713—1740.

§ 40. Friedrich Wilhelms I. äußere Politik. Friedrich Wil- *Persönlich-*
helm war völlig von seinem Vater verschieden, allem Prunk und *keit.*
allem Äußerlichen ebenso wie einer feineren Bildung abgeneigt, vielmehr auf das Nützliche gerichtet und von außerordentlich praktischem
Blick und großer organisatorischer Begabung; zugleich erfüllt von
tiefstem Pflichtgefühl und rastlos thätig, „sein eigener Finanzminister
und Feldmarschall", und von ungestümer Kraft des Willens, ein
Fürst, der immer an sich wie an seine Untergebenen die höchsten Anforderungen stellte, dessen Rücksichtslosigkeit freilich öfter bis zu furchtbarer Härte ging.

Nach außen hin hat er, nachdem er im Utrechter Frieden *Äußere*
Obergeldern, im Stockholmer Frieden (s. § 31) Pommern bis zur *Politik.*
Peene erworben hatte, keine aktive, selbständige Politik befolgt; die
Feinheiten der diplomatischen Intrigue lagen ihm bei seinem ehrlichen
und zugleich leidenschaftlichen Charakter fern. Seine Politik wurde
vornehmlich durch das Bestreben bestimmt nach dem demnächst zu
erwartenden Aussterben der Pfalz-Neuburger Berg zu erhalten. Die
anfänglich ablehnende Haltung des Kaisers Karl VI. brachte ihn dazu
im Vertrag von Herrenhausen (bei Hannover) sich mit Frankreich 1725.
und England gegen den Kaiser und Spanien zusammenzuschließen;
aber schon 1726 ergriff er im Vertrag von Wusterhausen die 1726.
Partei des Kaisers und erkannte die pragmatische Sanktion (s. § 43)
an, wofür jener ihm in der bergischen Frage Versprechungen machte.
Seitdem blieb er „gut kaiserisch", während sich zwischen ihm und
seinem Schwager Georg II. von England-Hannover eine starke Spannung ausbildete. Im polnischen Erbfolgekriege (s. § 43) schickte
er dem Kaiser ein Hilfscorps. Als dieser freilich trotzdem im Widerspruch zu seiner früheren Haltung zusammen mit Frankreich, England und Holland das preußische Erbrecht auf Berg anfocht, entstand
zwischen beiden Höfen von neuem eine tiefgehende Entfremdung.

§ 41. Friedrich Wilhelms I. innere Politik. Während Friedrich
Wilhelm nach außen hin wenig Erfolge aufzuweisen hat, hat er im
Inneren Außerordentliches geleistet. Fortbauend auf den vom großen
Kurfürsten gelegten Grundlagen, hat er zwei Grundpfeiler des preußischen Staatswesens aufgerichtet, das Heer und die Verwaltung; er
hat als Volkswirt den nationalen Wohlstand in jeder Weise gehoben;
er hat endlich die allgemeine Schulpflicht eingeführt.

Das Heer wurde von Friedrich Wilhelm bis zu der außer- *Heer.*
ordentlichen Stärke von mehr als 80000 Mann gebracht. Es
wurde ferner — und hier stand dem König besonders sein Freund

Leopold von Dessau zur Seite — durch fortwährende Übung, strengste Disziplin, Einführung des eisernen Ladestocks, des Gleichschritts und anderer Verbesserungen auf die höchstmögliche Stufe technischer Durchbildung erhoben. Es erhielt sodann ein geschlossenes, oft wenig gebildetes, aber diensttüchtiges, ehrenhaftes, unbedingt königstreues Offizierkorps, das mit wenigen Ausnahmen dem preußischen Abel entstammte, und um dessen Erziehung der König selbst die größten Verdienste hatte. Das Heer hatte bisher zumeist aus geworbenen Leuten bestanden, die zum großen Teil Ausländer waren; Friedrich Wilhelm hat den wesentlichen Schritt gethan, daß er die jungen Leute unter seinen Landeskindern für „schuldig und verpflichtet ihm mit Blut und Gut zu dienen" erklärte. Er gestattete den Regimentern junge Leute zu „enrollieren", d. h. für das Regiment in Pflicht zu nehmen und wies zu diesem Zwecke jedem Regiment einen Rekrutierungs=Kanton zu. Die Heerespflicht lastete allein auf den niederen Klassen, vornehmlich auf dem Bauernstande; ihr Druck wurde dadurch verringert, daß ein großer Teil der Soldaten jährlich auf längere Zeit beurlaubt wurde.

Verwaltung. Was die Verwaltung betrifft, so hat er selbst die Instruktion entworfen, durch welche in Preußen eine einheitliche Verwaltung der Staatseinkünfte und eine höchste Centralbehörde für alle inneren Angelegenheiten, das Generaldirektorium, geschaffen worden ist. Dessen Präsident war er selbst; die Organisation war kollegialisch; es zerfiel in Departements, die von je einem Minister geleitet wurden. Dem Generaldirektorium unterstanden die Kriegs= und Domänenkammern, welche die Verwaltung der einzelnen Landesteile leiteten. Für die Prüfung sämtlicher Belege über Einnahmen und Ausgaben wurde die Oberrechenkammer geschaffen. Die Finanzen des Staates wurden durch die sorgsamste Verwaltung und größte Sparsamkeit auf einen hohen Stand gebracht. Von den sieben Millionen Thalern, die damals etwa in die Centralkasse flossen, entstammte ungefähr die Hälfte den Domänen, die vom Könige durch Ankäufe stetig vermehrt wurden, die andere Hälfte aus der auf dem Lande erhobenen Kontribution und der städtischen Accise. Etwa eine Million Thaler wurde für die Verwaltung und den Hof gebraucht, eine Million diente zu außerordentlichen Ausgaben oder floß in den Staatsschatz, der sich bei dem Tode des Königs auf zehn Millionen Thaler belief; die andern fünf wurden für das Heer verwandt.

Absolute Regierung. Während Friedrich Wilhelm so durch sein eigenes Vorbild, durch unermüdliche Aufsicht und Erziehung zu eiserner, selbstloser Pflichterfüllung der Begründer des preußischen Beamtentums geworden ist, vollendete er zugleich den königlichen Absolutismus. Die Stände mußten jetzt immer „Dero Ordres parieren"; ihnen gegenüber „ſtabilierte" der König „die souveraineté wie einen rocher von Bronse", wie er ſich gegen die oſtpreußiſchen Stände vernehmen ließ. Auch die Städte, deren Magiſtrate die ihnen zuſtehende Selbſtverwaltung vielfach in der eigenſüchtigſten Weiſe ausnutzten, wurden einer ſcharfen ſtaatlichen Aufſicht unterſtellt. Für Selbſtverwaltung war unter dieſem Regimente kein Raum.

Auch in wirtſchaftlicher und ſozialer Hinſicht trat Friedrich Wilhelm I. in die Fußſtapfen des großen Kurfürſten. Der Landwirtſchaft wandte er die größte Sorgfalt zu: die Domänen wurden Muſterwirtſchaften; er ließ Brüche austrocknen und beförderte den Anbau von Kulturpflanzen. Beſondere Sorge wandte er auf das „Retabliſſement" von Oſtpreußen und Litauen, wo die Peſt furchtbar gewütet hatte; hier ſiedelte er auch über 15 000 lutheriſche Salzburger an, die von dem Erzbiſchof Firmian ihres Glaubens wegen vertrieben worden waren. Er plante bereits auf ſeinen oſtpreußiſchen Domänen „die Leibeigenſchaft von den Bauern abzuſchaffen", ein Gedanke, deſſen Ausführung damals freilich an den Verhältniſſen ſcheiterte. Wie er auf ſtetige Vermehrung der Bevölkerung bedacht war und z. B. Auswanderung als Deſertion verbot, ſo war er andrerſeits bemüht das Geld im Lande zu behalten; Waren, die in Preußen erzeugt werden konnten, ſollten nicht aus dem Auslande bezogen werden. So ſchloß er denn zum Schutze des einheimiſchen Gewerbes eine Reihe fremder Fabrikate aus; andere belegte er mit hohen Einfuhrzöllen; zum Beſten der märkiſchen Tuchinduſtrie verbot er die Einfuhr von Baumwolle ebenſo wie die Ausfuhr von Wolle; zugleich ſuchte er fremde Handwerker auf alle Weiſe ins Land zu ziehen. Den Binnenhandel, z. B. auf Elbe und Oder, beförderte er, während er die Kolonie Groß-Friedrichsburg verkaufte.

Höhere Bildung blieb ihm ebenſo fremd, wie der Gedanke der Freiheit der Wiſſenſchaft; den halliſchen Philoſophen Wolff wies er aus Preußen aus, weil ſeine Lehre ſtaatsgefährlich ſei. Dagegen erkannte er den Nutzen des elementaren Unterrichts: er hat die Schulpflicht für die Kinder vom ſechſten bis zum zwölften Jahre eingeführt und eine Menge von Volksſchulen auf dem Lande gegründet.

Am 31. Mai 1740 ſtarb der König, der ſchon ſeit Jahren an der Gicht gelitten hatte, zu Potsdam.

6. Das Zeitalter Friedrichs des Großen.
1740—1786.

Friedrichs des Großen Jugend.

Jugend.
24. Jan. 1712.
§ 42. Friedrich wurde am 24. Januar 1712 im Berliner Schlosse geboren. Seiner Erziehung, die einem wegen seines hugenottischen Glaubens aus seinem Vaterlande ausgewanderten Franzosen, Duhan de Jandun, und zwei Offizieren, dem bejahrten General Grafen Finckenstein und dem Obersten von Kalckstein, anvertraut wurde, legte der königliche Vater eine Instruktion zu Grunde, wonach er zu einem guten Christen, zu einem guten Wirte und zu einem tüchtigen Soldaten erzogen werden sollte. Indessen entwickelte sich in dem Kronprinzen bald eine seinem Vater sehr unerwünschte Neigung zur schönen Litteratur, zur Musik, besonders dem Flötenspiel, und zum verfeinerten Genuß des Lebens, während er gegen die militärischen Übungen einen entschiedenen Widerwillen an den Tag legte. Verhängnisvoll wurde ein Besuch in Dresden,
1728.
den er 1728 mit seinem Vater unternahm, und der ihn mit dem glanzvollen, aber auch frivolen und unsittlichen Leben jenes Hofes bekannt machte. Der König war in hohem Grade unzufrieden mit seinem „effeminierten", eigensinnigen und verstockten Wesen und glaubte eine harte Behandlung, ja Schläge anwenden zu müssen, um ihn auf den rechten Weg zurückzuführen. Als von England aus der Vorschlag einer Doppelheirat gemacht wurde, lehnte er eine
Fluchtversuch
1730.
Verheiratung seines Sohnes für jetzt ab. Da faßte dieser den Entschluß ins Ausland zu fliehen, um sich von der strengen Zucht des Vaters zu befreien. Auf einer Rheinreise wollte er ihn ausführen. Aber der Plan wurde von einem der Mitwisser in Mannheim dem Könige verraten; dieser ließ den Prinzen zunächst nach Wesel und dann nach Küstrin bringen und berief zur Aburteilung über ihn und seine nächsten Vertrauten ein Kriegsgericht. Dieses verurteilte den Lieutenant Katte zu lebenslänglicher Festungshaft, ein Spruch, den der König in Todesstrafe umwandelte. Dem Kronprinzen, über den zu urteilen das Kriegsgericht sich nicht für berechtigt erklärte, wurde der Offiziersdegen genommen; er trat als Auskultator bei der Kriegs- und Domänenkammer in Küstrin ein.
Küstrin.
In Küstrin lernte er die preußische Staatsverwaltung im einzelnen kennen; damals beschäftigte er sich bereits mit dem Gedanken der Vergrößerung Preußens und entwarf einen „Plan wegen des Commercii nach Schlesien". Nachdem er sich mit seinem Vater

wieder versöhnt hatte, erhielt er zu Anfang 1732 als Oberst ein Regiment, das in Ruppin seine Garnison hatte. Im nächsten Jahre heiratete er auf Befehl des Königs die Prinzessin Elisabeth Christine von Braunschweig-Bevern; das Verhältnis der beiden Ehegatten blieb freilich ein äußerliches. Im polnischen Erbfolgekriege nahm er 1734 im Lager des Prinzen Eugen an den Kämpfen teil, die sich am Rhein abspielten. Seit 1736 residierte er in dem Schlosse Rheinsberg bei Ruppin. Hier führte er ein Leben, das gleichzeitig der Sorge für sein Regiment, der Beschäftigung mit Wissenschaft, Poesie und Musik und dem Verkehr mit seinen Freunden gewidmet war. Er studierte die Schriften des Philosophen Wolff und führte einen regen Briefwechsel mit dem von ihm bewunderten Voltaire; in französischer Sprache schrieb er den „Antimacchiavell", in welchem er sein Ideal von den Pflichten eines Herrschers entwickelte. Jetzt lernte er auch seines Vaters Größe schätzen, dessen Fürsorge für Litauen ihm bewundernswert erschien, und dem er später in den Mémoires de la maison de Brandebourg ein ehrendes Denkmal gesetzt hat.

Ruppin 1732.

1734.

Rheinsberg 1736.

Die ersten beiden schlesischen Kriege und der österreichische Erbfolgekrieg.

§ 13. Die Lage Österreichs und der Ausbruch des Krieges. Die allgemeinen politischen Verhältnisse Europas hatten seit dem Utrechter Frieden dadurch besonders eine Veränderung erfahren, daß es Karl VI. nicht gelungen war die erworbene Machtstellung Österreichs festzuhalten. Der polnische Erbfolgekrieg war daraus entstanden, daß nach dem Tode Augusts des Starken der eine Bewerber um den polnischen Thron, Kurfürst August III. von Sachsen, von Österreich und Rußland, der andere, Stanislaus Leszczynski, der Schwiegervater Ludwigs XV., von Frankreich unterstützt wurde, mit dem sich Spanien verbündete. Er wurde vornehmlich am Rhein und in Italien geführt. Im Frieden wurde August III. als König von Polen anerkannt; aber Stanislaus erhielt das Herzogtum Lothringen, das nach seinem Tode an Frankreich fallen sollte und so ebenfalls, wie 1648 der Elsaß, dem deutschen Reiche verloren ging. Ferner verzichtete Karl VI. auf Neapel und Sizilien zu Gunsten eines spanischen Infanten und erhielt dafür nur Parma und Piacenza; dem Herzog Franz von Lothringen, dem Gemahl von Karls VI. Tochter Maria Theresia, wurde nach dem Aussterben der Mediceer Toskana als Großherzogtum zugewiesen.

Gegen die Türken hatten die Kaiserlichen in einem von 1716 bis 1718 dauernden Kriege unter Prinz Eugens Führung, der da-

Karl VI. 1711—1740.

Polnischer Erbfolgekrieg 1733-1735(8).

Türkenkriege 1716—1718.

mals Belgrad eroberte, glücklich gefochten und sogar Teile Serbiens und der Walachei erobert. Aber in einem späteren Türkenkriege gingen diese Erwerbungen zum größten Teile wieder verloren.

Das Bestreben Karls VI., der keine Söhne hatte, war hauptsächlich darauf gerichtet gewesen die europäischen Staaten zur Anerkennung der pragmatischen Sanktion zu veranlassen, welche bestimmte, daß nach seinem Tode die habsburgischen Lande in ihrer Gesamtheit auf seine älteste Tochter Maria Theresia übergehen sollten. Als aber der Kaiser 1740 starb, wurde die Nachfolge Maria Theresias auf das stärkste angefochten. Insbesondere erhob Kurfürst Karl Albert von Bayern Erbansprüche[1]), neben ihm auch August III. von Sachsen-Polen. Karl Albert rechnete dabei auf die Unterstützung Frankreichs und Spaniens. Frankreich, dessen Politik der hochbejahrte Kardinal Fleury, ein äußerst schlauer und gewandter Diplomat, leitete, hatte zwar die pragmatische Sanktion anerkannt, wünschte aber trotzdem die Gelegenheit zu benutzen, um Österreichs Großmachtstellung zu vernichten; Spanien gedachte weitere Erwerbungen in Italien zu machen und schloß 1741 mit Karl Albert einen Subsidienvertrag. Diesen Gegnern gegenüber konnte Österreich allein auf die Bundesgenossenschaft Englands zählen, das zu Frankreich von je im Gegensatz stand, mit Spanien aber damals in einem Seekrieg begriffen war, und dessen König Georg II. dem Gedanken einer kriegerischen Festlandspolitik sehr zugetan war.

Unter diesen Umständen erneuerte Friedrich II., indem er zugleich die Hoffnung auf den Erwerb von Berg fallen ließ, die preußischen Ansprüche auf Schlesien. Diese bezogen sich zunächst auf die Herzogtümer Liegnitz, Brieg und Wohlau. Mit deren Herzogsgeschlecht hatte Joachim II. 1637 einen Erbvertrag abgeschlossen; doch waren die Lande nach seinem Aussterben 1675 von Leopold I. eingezogen worden, und auch der Kreis Schwiebus, den der Kaiser 1686 an den großen Kurfürsten gegen Aufgabe seiner Erbansprüche abtrat, hatte von Friedrich III. wieder zurückgegeben werden müssen. Es handelte sich ferner um das Fürstentum Jägerndorf, das im Besitze Johann Georgs, des Bruders des Kurfürsten Johann Sigismund, gewesen, aber nachdem dieser als Bundesgenosse Friedrichs V. von der Pfalz die Acht getroffen hatte, von Ferdinand II. eingezogen worden war. Auf diese Ansprüche gestützt, begann Friedrich II. eine Eroberungspolitik. Zu Ende des Jahres 1740 ließ er seine Truppen in Schlesien einrücken; zugleich bot er Maria Theresia gegen Ab-

---

[1]) Er stützte sich dabei auf den gefälschten Wortlaut des Testaments Ferdinands I., von dessen ältester Tochter er abstammte. Außerdem hatten er und August III. die beiden Töchter Josefs I. geheiratet, des älteren Bruders Karl VI.

tretung des Landes ein Bündnis und seine Hilfe gegen alle übrigen Feinde an, ein Antrag, der abgelehnt wurde.

§ 44. **Der erste schlesische Krieg. 1740—1742.** Friedrich besetzte ohne Schwierigkeit ganz Schlesien mit Ausnahme weniger Festungen; von den Protestanten des Landes, die unter hartem Druck gestanden hatten, wurde er mit Freuden aufgenommen. Im Frühjahr 1741 rückte der österreichische Feldmarschall Neipperg über die Gebirgspässe nach Schlesien ein. Bei Mollwitz, wo die Heere mit verkehrter Front fochten, wurde zwar die preußische Reiterei von der österreichischen in die Flucht geschlagen, und der König verließ auf den dringenden Rat des Feldmarschalls Grafen Schwerin das Schlachtfeld, aber die unerschütterliche Disziplin und Feuerfertigkeit der preußischen Infanterie errang den Sieg. Zu weiteren kriegerischen Zusammenstößen kam es zunächst nicht; Friedrich, der nunmehr ein Bündnis mit Frankreich schloß, verwandte den Sommer auf die bessere Ausbildung seiner Reiterei; im Herbst räumte Neipperg Schlesien.

1740—1742.

Mollwitz 10. April 1741.

Indessen war der österreichische Erbfolgekrieg ausgebrochen; Bayern und Franzosen fielen in Oberösterreich und Böhmen ein, wo sich Karl Albert huldigen ließ. Zu Beginn des Jahres 1742 wurde dieser auch zu Frankfurt zum deutschen Kaiser gewählt und gekrönt. Gleichzeitig aber trat ein Umschwung ein. Maria Theresia hatte sich an die Ungarn gewendet, die ihrer Königin in feuriger Begeisterung ihr bewaffnetes Aufgebot zur Verfügung stellten; jetzt eroberten ihre Truppen nicht nur Oberösterreich wieder, sondern auch Bayern.

Österr. Erbfolgekrieg 1741—1748. Karl VII. 1742—1745.

Nunmehr brach Friedrich II. im Frühjahr 1742 in Mähren ein; da es aber zwischen ihm und den französischen Feldherren zu keinem Einvernehmen kam, trat er durch Böhmen den Rückzug an; hier besiegte er den Prinzen Karl von Lothringen, den Schwager Maria Theresias, bei Chotusitz. Jetzt wurde unter englischer Vermittelung der Friede von Breslau abgeschlossen. Österreich trat Schlesien mit Ausnahme der Gebiete von Teschen und jenseits der Oppa und die Grafschaft Glatz an Preußen ab.

Chotusitz 1742. Breslauer Friede.

§ 45. **Der zweite schlesische Krieg. 1744—1745.** Im Fortgang des Erbfolgekrieges wurden die Franzosen nicht nur aus Böhmen hinausgedrängt, sondern durch die von Georg II. von England aufgestellte und befehligte „pragmatische Armee" bei Dettingen am Main unterhalb Aschaffenburg geschlagen und über den Rhein getrieben. Sachsen schloß Frieden und ein Bündnis mit Österreich; Kaiser Karl VII. befand sich, ohne Land, ohne Geld, in völliger Abhängigkeit von den Franzosen. Friedrich hatte eben auf Grund

Dettingen 1743.

einer früher an Brandenburg erteilten Anwartschaft das Fürstentum
Ostfriesland erworben, dessen Fürsten ausgestorben waren. Jetzt
entschloß er sich, da er bestimmte Nachrichten über Maria Theresias
Absicht Schlesien wiederzuerobern erhalten hatte, zu einem neuen
Kriege. Er schloß mit Ludwig XV. ein Angriffsbündnis und
fiel im Sommer 1744 mit 80000 Mann „kaiserlicher Hilfsvölker"
in **Böhmen** ein.

Ostfriesland 1744.

Die Folge war, daß Prinz Karl von Lothringen seine
Stellung am Rhein aufgab und sich nach Böhmen wandte. Die
Erwartung Friedrichs, daß auch die Franzosen wieder in Deutsch=
land erscheinen würden, erfüllte sich nicht. Die Schwierigkeiten der
Verpflegung, die ihm die feindselig gesinnte Bevölkerung bereitete,
und die geschickten Manöver des Feindes, der keine Schlacht an=
nahm, nötigten ihn mit seinem durch Krankheiten und Desertion ge=
lichteten Heere den Rückzug anzutreten. Friedrichs Lage war gefahr=
voll: Karl VII. starb in München, wohin er endlich hatte zurückkehren
können, und sein Nachfolger entsagte bald darauf allen Erbansprüchen
auf österreichische Gebiete; auf Frankreich war nicht zu zählen; Sachsen
ließ seine Truppen zu der österreichischen Armee stoßen; Friedrichs
Gegner suchten bereits die Kaiserin Elisabeth von Rußland zur Teil=
nahme am Kriege zu bestimmen.

Böhmischer Feldzug 1744.

1745.

1745 überschritt Karl von Lothringen das Gebirge, um Schlesien
wiederzuerobern. Da griff ihn Friedrich bei **Hohenfriedberg** an.
Die Schlacht begann um 4 Uhr früh; zuerst wurden die auf dem
linken Flügel stehenden Sachsen besiegt, dann die österreichische Reiterei
geschlagen; der harte Infanteriekampf, der darauf folgte, wurde durch
den Angriff des von General Geßler geführten Dragonerregiments
Bayreuth entschieden, das 66 feindliche Fahnen erbeutete. Friedrich
rückte darauf nach Böhmen ein; dort wurde er von Karl von Loth=
ringen bei **Soor** angegriffen, errang aber trotz der Übermacht der
Feinde und ihrer starken Stellung einen neuen Sieg.

Hohenfried= berg 4. Juni 1745.

Soor.

Als die Gegner trotzdem einen neuen Angriff von Sachsen
her planten, ließ Friedrich trotz Rußlands Einspruch seine Truppen
in Sachsen einrücken. Zieten zwang durch den Sieg, den er bei
Katholisch=Hennersdorf, östlich von Görlitz, über ein feindliches
Truppencorps davontrug, den Prinzen Karl von Lothringen wieder
nach Böhmen zurückzugehen, während der greise Leopold von Dessau
von Halle aus nach Sachsen einrückte und das sächsisch=österreichische
Heer bei **Kesselsdorf** westlich von Dresden schlug. Darauf wurde
der **Friede von Dresden** abgeschlossen, in welchem der Breslauer
Friede bestätigt wurde und Friedrich den im Herbst zum deutschen
Kaiser gewählten Franz I., den ersten Kaiser aus dem Hause Loth=
ringen=Habsburg, anerkannte.

Kath.=Hen= nersdorf.

Kesselsdorf.
Friede von Dresden Dez. 1745.
Franz I. 1745—1765.

Das Ergebnis der beiden schlesischen Kriege war die Begründung der europäischen Machtstellung Preußens. In Deutschland gab es von nun an zwei Großmächte. *Der deutsche Dualismus.*

§ 46. Fortgang und Ende des österreichischen Erbfolgekrieges. 1745 hatten die Franzosen den Sieg von Fontenoy in Belgien davongetragen. In demselben Jahre landete Karl Eduard Stuart, der Enkel Jakobs II., in Schottland, wurde aber nach anfänglichen Erfolgen geschlagen und vertrieben. Außerdem wurde in Italien gefochten. 1748 wurde der Friede von Aachen geschlossen, in welchem Österreich auf Parma und Piacenza zu Gunsten eines spanischen Infanten verzichten mußte. *1745. 1746. Friede von Aachen 1748.*

Der siebenjährige Krieg. 1756—1763.

§ 47. Vorgeschichte des Krieges. In den Jahren, welche dem Dresdener Frieden folgten, war Friedrich II., schon jetzt „der Große" benannt, in gleicher Weise darauf bedacht die Hilfsquellen seines Landes durch eine gute Verwaltung zu entwickeln und sein Heer stark und kriegstüchtig zu erhalten, wie durch eine kluge und wachsame Diplomatie Preußens neu errungene Stellung in Europa zu behaupten. Seine Lage war andauernd gefährdet. Maria Theresia gab den Gedanken nicht auf Schlesien wiederzuerwerben, durch dessen Verlust Österreichs ererbter Einfluß in Deutschland offenbar stark erschüttert war; sie wurde in diesen Plänen durch den Grafen, später Fürsten Kaunitz unterstützt, der ihr seit 1753 als Staatskanzler zur Seite stand. Verhängnisvoll waren die ungünstigen Beziehungen Preußens zu Rußland, das in dem aufstrebenden norddeutschen Staat einen Nebenbuhler sah, und dessen bestechlicher Großkanzler Bestuschew auf der Seite der Gegner Preußens stand. Zweimal drohte in jener Zeit ein Krieg mit Rußland auszubrechen; der diplomatische Verkehr wurde völlig abgebrochen. Zu England kam es zu keinem näheren Verhältnis. Dagegen blieben die guten Beziehungen zu Frankreich im allgemeinen bestehen. Die Versuche, die Kaunitz machte, um Frankreich für ein Bündnis mit Österreich zu gewinnen, scheiterten; freilich war sich Friedrich über die Schwäche und Unzuverlässigkeit dieses von einem unfähigen König und seiner Mätresse, der Marquise von Pompadour, beherrschten Hofes völlig klar. *Preußens Beziehungen zu den Großmächten.*

Da brach 1755 ein englisch-französischer Kolonialkrieg in Nordamerika aus; es handelte sich dabei um den Besitz des Ohiobeckens. Um das Kurfürstentum Hannover gegen einen französischen Einfall sicher zu stellen, schloß England mit Rußland einen Vertrag, der ihm für diesen Fall gegen Subsidienzahlung ein russisches Heer *1755.*

4*

zur Verfügung stellte. Da entschloß sich Friedrich, um das Erscheinen seiner russischen Feinde in Norddeutschland zu verhindern und womöglich durch ein gutes Verhältnis zu England den Frieden mit Rußland zu sichern, mit der englischen Regierung den Vertrag von Westminster abzuschließen, durch den sich beide Mächte zur Sicherung der Neutralität Norddeutschlands vereinigten. Damit übernahm Friedrich den Schutz von Hannover.

Vertrag von Westminster Jan. 1756

Dies verstimmte aber in hohem Grade den Hof von Versailles. Jetzt erst kam unter dem Einfluß der Marquise von Pompadour zwischen Frankreich und Österreich ein Bündnis zu stande; allerdings war es zunächst auf die Verteidigung beschränkt, doch versprach Österreich schon jetzt für den Fall der Erwerbung Schlesiens die Abtretung eines Teiles der Niederlande. Schlimmer noch war es, daß Elisabeth von Rußland sich bereit erklärte diesem Bündnis beizutreten; sie wünschte sogar den sofortigen Beginn des Krieges und forderte die Erwerbung von Kurland, wofür Polen Ostpreußen erhalten sollte.

Die Bündnisse.

Erst allmählich gewann Friedrich, u. a. durch die Nachrichten, die er durch Bestechung von einem sächsischen und einem österreichischen Sekretär erhielt, über die gefahrvolle Lage Klarheit. Er begann sofort seine Rüstungen, um den Gegnern zuvorzukommen. Zwei Anfragen, die er an Maria Theresia über die österreichischen Truppenzusammenziehungen in Böhmen und Mähren richtete, wurden unzureichend beantwortet. Da begann er den Krieg durch einen Einfall nach Sachsen, das sich unter der Leitung des verschwenderischen, gewissenlosen Grafen Brühl, des Günstlings August III., ohne dem Bündnis seiner Gegner förmlich beigetreten zu sein, auf das stärkste an den diplomatischen Intriguen gegen Preußen beteiligt hatte, und dessen Besetzung aus militärischen Gründen unbedingt geboten erschien.

Einfall nach Sachsen August 1756.

In dem darauf folgenden Winter und im nächsten Frühjahr sind dann die endgültigen Bündnisse zwischen Österreich, Rußland, Frankreich und dem sich ihnen anschließenden Schweden abgeschlossen worden. Ihr Endzweck war die Teilung der preußischen Monarchie. Auch das deutsche Reich erklärte 1757 gegen Friedrich den Reichskrieg. Dieser konnte nur auf die Bundesgenossenschaft Englands, sowie einiger deutschen Staaten, Hannover, Hessen-Kassel, Braunschweig, Sachsen-Gotha zählen. England, wo 1757 William Pitt Minister wurde, versprach ihm Subsidien und stellte eine Hilfsarmee gegen die Franzosen auf.

Friedrich selbst konnte, von den Garnisontruppen abgesehen, etwa 150000 Mann ins Feld stellen. Die Truppen bestanden teils aus geworbenen, teils aus im Inland ausgehobenen Leuten; vorzüglich bei ersteren lag immer die Gefahr der Desertion vor, wes-

Friedrichs Heer.

halb besonders auf dem Marsche eine stete Beobachtung nötig war. Im übrigen waren die Mannschaften auf das beste ausgebildet, und ihre Tapferkeit ist vom König selbst vielfach anerkannt worden. Die Strategie jener Zeit wurde einerseits dadurch bestimmt, daß sie im Interesse der Erhaltung der Disziplin und im Geiste einer methodischen Kriegführung die Verpflegung der Truppen möglichst durch Zufuhr aus Magazinen und nur im Notfall durch Requisitionen bestritt, was freilich bei der Langsamkeit des Transports die kriegerischen Unternehmungen vielfach lähmte; andrerseits dadurch, daß man sich scheute ein Heer, das freilich im Zeitalter der geworbenen Armeen schwer zu ersetzen war, durch das Wagnis einer Schlacht aufs Spiel zu setzen und lieber durch geschickt angelegte Manöver dem Feinde Boden abzugewinnen suchte. Der Kriegführung jener Zeit kam es mehr darauf an die Kräfte des Feindes zu erschöpfen und zu ermatten, als sie durch kräftige Schläge zu vernichten, worauf es die heutige Kriegführung anlegt. Friedrich hat weit öfter Schlachten geschlagen, als die Methodiker seiner Zeit für gut hielten; immerhin hat er sich in seinen späteren Lebensjahren, zumal in der Not des langen Verteidigungskrieges, den er führen mußte, und der ihn zu vorsichtiger Schonung seiner Streitkräfte zwang, den Anschauungen der überlieferten Strategie wieder bedeutend mehr zugeneigt als in seinen Jugendjahren.

Die Taktik der Zeit war die der dichtgeschlossenen Massen. Durch Auflösung der Schlachtreihe hätte man geglaubt die Wucht des Angriffs zu schwächen und zugleich die Disziplin zu gefährden; auch war die Feuerwirkung der damaligen Schußwaffen viel geringer als die der jetzigen Gewehre und Geschütze, die eine solche Taktik von vornherein unmöglich machen würde.

§ 48. **Die ersten drei Kriegsjahre.** Als Friedrich in Sachsen einfiel, zog sich das sächsische Heer in ein festes Lager bei Pirna zurück, wo es eingeschlossen wurde. Dem zum Entsatz heranrückenden österreichischen Feldmarschall Browne ging Friedrich entgegen und schlug ihn bei Lobositz. Darauf kapitulierten die Sachsen; die Mannschaften wurden in das preußische Heer eingestellt, desertierten freilich in Menge; das Land wurde in preußische Verwaltung genommen und ein großer Teil der Kriegskosten darauf abgewälzt.

Im Jahre 1757 begann Friedrich den Angriff auf Böhmen[1]). Den Russen konnte er in Ostpreußen nur 30000 Mann unter dem

---

1) In der Instruktion, die er damals dem Minister Graf Finckenstein erteilte, gab er ihm Anordnungen für den Fall ungünstiger Kriegsereignisse, insbesondere für den Fall seines Todes oder seiner Gefangennahme.

Feldmarschall Lehwaldt gegenüberstellen; den Befehl über die englisch-hannöversche Armee führte der Herzog von Cumberland, Georgs II. zweiter Sohn. Der König selbst marschierte, nachdem er die feindlichen Magazine großenteils weggenommen hatte, auf Prag los und schlug dort Karl von Lothringen, obwohl dieser auf dem Ziskaberge eine starke Stellung inne hatte; freilich waren seine Verluste sehr groß; u. a. war der Feldmarschall Schwerin gefallen. Da jetzt eine zweite österreichische Armee unter dem Feldmarschall Daun herannahte, so ging er ihr mit einem Teil seiner Truppen entgegen, während der andere Prag blokierte. Mit etwas über 30000 Mann griff er den 54000 Mann starken Feind bei Kolin an. Er hoffte durch Anwendung der schiefen Schlachtordnung zu siegen, indem er nur mit dem linken Flügel angriff und den rechten zurückhielt; aber dieser beteiligte sich gegen sein Verbot am Kampfe, und schließlich mangelte es dem König an Reserven, um den durch die feindliche Übermacht erschütterten linken Flügel zu verstärken. So ging die Schlacht und mit ihr der Feldzug verloren. Friedrich trat den Rückzug über das Gebirge an, der wiederum mit starken Verlusten verbunden war.

Prag 6. Mai.

Kolin 18. Juni.

Indessen waren zwei französische Heere in Norddeutschland erschienen. Das nördliche hatte unter d'Estrées bei Hastenbeck in der Nähe von Hameln den Herzog von Cumberland geschlagen, welcher sich nach Norden zurückzog und mit Richelieu, der an d'Estrées' Stelle getreten war, die Konvention von Kloster Zeven abschloß; danach sollte sein Heer sich teils auflösen, teils nicht ferner am Kampfe beteiligen. Das südliche französische Heer, welches der Prinz von Soubise führte, hatte sich mit der von dem Prinzen von Hildburghausen befehligten Reichsarmee vereinigt und stand in Thüringen. Gegen sie wandte sich jetzt Friedrich. Bei Roßbach stand er mit 22000 Mann 33000 Franzosen und 10000 Mann Reichstruppen gegenüber; der Feind versuchte einen Flankenmarsch zur Umgehung der Preußen, wurde aber durch den plötzlichen Angriff der von Seydlitz befehligten Kavallerie, welcher das Fußvolk folgte, völlig geschlagen. Friedrich verlor wenig über 500 Mann, die feindliche Armee floh in völliger Auflösung. Der glänzende Sieg, der die

Hastenbeck.

Kloster Zeven.

Roßbach 5. November.

„Wenn ich das Unglück hätte vom Feinde gefangen zu werden, ... so will ich mich für den Staat opfern, und man soll alsdann meinem Bruder gehorchen (dem Prinzen von Preußen, August Wilhelm, der 1758 starb), und dieser wie alle meine Minister und Generale werden mir mit ihrem Kopfe dafür einstehen, daß man weder eine Provinz noch ein Lösegeld für mich anbietet, und daß man den Krieg fortsetzt, indem man alle seine Vorteile verfolgt, ganz als wenn ich nie auf der Welt gewesen wäre."

sonst so übermütigen Franzosen dem Gespött preisgab, war von der größten moralischen Bedeutung und erregte weithin in Deutschland freudigen nationalen Stolz.

Freilich waren indessen die Österreicher in Schlesien eingebrochen und hatten Schweidnitz und auch Breslau genommen. Friedrich eilte dorthin zurück und griff „gegen alle Regeln der Kunst", wie er selbst sagte, mit 31000 Mann 80000 Feinde, die wieder Prinz Karl von Lothringen befehligte, bei Leuthen an. Er siegte, indem er fast mit seiner gesamten Streitmacht den linken Flügel des Gegners angriff und die Schlachtreihe „aufrollte"; ein Reiterangriff des Generals Driesen entschied die Schlacht. Schlesien war gerettet. *Leuthen 5. November.*

In demselben Jahre hatten die Russen den Feldmarschall Lehwaldt bei Großjägersdorf geschlagen; aber sie gingen infolge einer Erkrankung der Kaiserin Elisabeth wieder zurück. Die Schweden hatten die Peene überschritten, haben aber in diesem Kriege nicht das geringste geleistet. *Großjägersdorf.*

Das Jahr 1758 war deshalb für Friedrich gefährlich, weil im Winter die Russen wiederum in Ostpreußen erschienen waren, das Land besetzt hatten, und nunmehr ihre Ankunft an der Oder zu erwarten war. Friedrich wandte sich zunächst gegen Österreich; er fiel in Mähren ein und belagerte Olmütz, ohne es aber nehmen zu können. Der Feldzug mißlang ebenso wie im vorigen Jahre der böhmische; er mußte den Rückzug antreten und sich den Russen entgegenstellen, die Küstrin belagerten. Bei Zorndorf siegte er, freilich erst nach hartem Kampf, besonders mit Seydlitz' Hilfe, der den bereits vordringenden Feind zweimal mit seiner Kavallerie zurückwarf. Das feindliche Heer zog sich nach Polen zurück. *1758. Olmütz. Zorndorf 25. August.*

Währenddem war Daun in Sachsen erschienen, wo er mit Übermacht dem Prinzen Heinrich, Friedrichs Bruder, gegenüberstand. Mit diesem vereinigte sich nunmehr der König. Daun nahm, obwohl er 65000 gegen 30000 Mann hatte, längere Zeit keine Schlacht an; in der Frühe des 14. Oktobers aber überfiel er den König, der im Vertrauen auf seine Thatenscheu an einer sehr gefährdeten Stelle sein Lager aufgeschlagen hatte, bei Hochkirch. Dieser erlitt große Verluste, trat aber nach mehrstündigem, heftigem Kampfe unverfolgt den Rückzug an. Auch verstand Daun nicht seinen Sieg zu benutzen, sondern räumte gegen Ende des Jahres Sachsen wieder. *Hochkirch 14. Oktober.*

Bereits zu Anfang des Jahres hatte der neue Befehlshaber der englisch-hannöverschen Hilfsarmee, Prinz Ferdinand von Braunschweig, den Feldzug wieder begonnen, die mut- und zuchtlose französische Armee genötigt in fluchtähnlichem Rückzuge bis über den Rhein zurückzugehen und sie schließlich bei Crefeld geschlagen. *Crefeld.*

Ergebnisse. Das Ergebnis der bisherigen Kriegführung war, daß mit Ausnahme des von den Russen besetzten Ostpreußens ganz Norddeutschland gegen die feindliche Übermacht behauptet war. Gleichzeitig hatten die Engländer im amerikanischen See- und Kolonialkriege glückliche Erfolge über die Franzosen davongetragen, deren Finanzen zudem in maßlose Zerrüttung gerieten. Trotzdem war Friedrichs Lage sehr bedenklich. Sein Heer hatte große Verluste gehabt, und die gefallenen Veteranen ließen sich durch junge Rekruten nicht ersetzen. Seine Geldnot stieg trotz der schweren finanziellen Belastung, die er Sachsen aufbürdete, und trotz der englischen Subsidien; er mußte sogar zu dem Mittel der Münzverschlechterung greifen. Mehrere seiner tüchtigsten Feldherren und nächsten Freunde waren gefallen oder gestorben; es wurde immer einsamer um den großen König, der den Winter von 1758 auf 1759 in Breslau „wie ein Einsiedler" zubrachte.

1759.
Bergen.
Minden.

§ 49. **Die Jahre 1759 und 1760.** Im Jahre 1759 siegten die Franzosen über Ferdinand von Braunschweig bei Bergen unweit Frankfurt a. M., wurden aber von ihm bei Minden geschlagen. Auch in den nächsten Jahren gelang es ihm die französischen Angriffe abzuwehren. Desto bedrohlicher war es für Friedrich, daß sich ein russisches Heer unter Soltikow mit einem österreichischen Corps unter Laudon vereinigte. Friedrich ließ wiederum den Prinzen Heinrich Daun gegenüber in Sachsen stehen und griff mit 48 000 Mann die 78 000 Mann starke österreichisch-russische Armee bei Kunersdorf, östlich von Frankfurt a. O., an. Die preußischen Truppen, obwohl durch einen langen Marsch ermüdet und auseinandergezogen, erstürmten die Höhen, auf denen der östliche russische Flügel stand; aber der Angriff auf den anderen Flügel scheiterte, und durch einen Kavallerieangriff Laudons wurde das Heer auseinandergesprengt. „Ich werde den Untergang meines Vaterlandes nicht überleben, lebt wohl für immer", schrieb damals der König. Aber der Feind verfolgte seinen Sieg nicht; insbesondere faßte er nicht den Entschluß Berlin anzugreifen. Freilich nahm Daun das wichtige Dresden. Friedrich konnte sich erst, nachdem die Russen abgezogen waren, nach Sachsen wenden; hier hatte der General Finck, den er absandte, um den Rückzug Dauns über das Erzgebirge zu stören, das Unglück bei Maxen vom Feinde eingeschlossen zu werden und sich mit dem Rest seines Corps ergeben zu müssen.

Kunersdorf 12. August.

Dresden.

Maxen.

1760.
Landeshut.

Im nächsten Jahre besiegte Laudon den General Fouqué mit Übermacht am Paß von Landeshut. Um Schlesien nicht in feindliche Hand fallen zu lassen, eilte der König aus Sachsen dorthin, mit ihm zugleich die Österreicher unter Daun und Lacy. Es gelang ihm Laudon zu erreichen, ehe er sich mit ihnen vereinigt hatte; bei Liegnitz griff er ihn mit der Hälfte seines Heeres unvermutet an und schlug ihn, während Zieten mit der anderen Hälfte den Angriff Dauns abwehrte. Nachdem er so Schlesien für den Augenblick gesichert hatte, brach er nach der Mark auf; denn während gleichzeitig Colberg von den Russen belagert wurde, hatte ein russisch-österreichisches Corps Berlin besetzt und brandschatzte die Stadt. Da bei dem Herannahen des Königs die Feinde eilig abzogen, so konnte er sich nach Sachsen wenden, wo Daun bei Torgau eine feste Stellung eingenommen hatte. Friedrich versuchte die Süptitzer Höhen, die der Feind inne hatte, von Nordwesten her zu erstürmen, während er Zieten von Süden angreifen ließ; ihm selbst gelang es nicht sie zu nehmen, ja er wurde selbst verwundet; doch Zietens Truppen erstiegen sie am Abend und schlugen den Feind, der bereits gesiegt zu haben glaubte.

 Liegnitz
 15. August.

 Torgau
 3. November.

So blieb der größte Teil von Sachsen in Friedrichs Hand; Dresden freilich hielt der Feind besetzt.

§ 50. **Die letzten Kriegsjahre.** Im nächsten Kriegsjahre befand sich der König in einer höchst gefährlichen Lage, da er in Schlesien einer österreichisch-russischen Armee von 130000 Mann nur 50000 Mann entgegenstellen konnte; er bezog damals bei Bunzelwitz unweit Schweidnitz ein festes Lager, welches der Feind nicht anzugreifen wagte. Doch nahm Laudon Schweidnitz; in demselben Jahre fiel Colberg nach tapferer Verteidigung in die Hand der Russen.

 1761.

 Bunzelwitz.

 Colberg.

Zudem versiegte jetzt die wichtigste Geldquelle des Königs. Seit 1760 regierte in England Georg III.; jetzt wurde Pitt gestürzt, und dessen Nachfolger stellte die Zahlung von Subsidien an Preußen ein.

Da starb im Januar 1762 die Kaiserin Elisabeth, und den russischen Thron bestieg ihr Neffe aus dem Hause Holstein-Gottorp, Peter III., ein Bewunderer Friedrichs, der mit ihm Frieden und darauf ein Bündnis schloß und ihm ein Hilfscorps sandte. Gleichzeitig schloß auch Schweden Frieden. Zwar wurde Peter nach kaum halbjähriger Regierung durch eine Verschwörung gestürzt und bald darauf ermordet; auf den Thron Rußlands wurde seine Gemahlin Katharina II. erhoben, eine Prinzessin von Anhalt-Zerbst, deren Vermählung mit dem russischen Großfürsten einst Friedrich selbst vermittelt hatte. Aber diese blieb bei der Politik des Einvernehmens mit Preußen, ohne sich indessen am Kriege ferner zu beteiligen. Das russische Hilfscorps ermöglichte durch seine Anwesenheit, ohne in die Schlacht einzugreifen, Friedrichs Sieg bei Burkersdorf über Daun, worauf Schweidnitz wieder gewonnen wurde. Ein

 1762.

 Peter III.

 Katharina II.
 1762—1796.

 Burkersdorf.

Freiberg.

Sieg des Prinzen Heinrich über die Reichstruppen und Österreicher bei Freiberg war die letzte Schlacht in diesem Kriege.

Hubertus-burger Friede Febr. 1763.

Im Februar 1763 wurde auf dem sächsischen Jagdschloß Hubertusburg Friede geschlossen; der Besitzstand vor dem Kriege wurde wieder hergestellt. Preußens deutsche und europäische Machtstellung war behauptet; der Dualismus einer protestantischen, norddeutschen und einer katholischen, nur teilweise deutschen Großmacht blieb bestehen. Der große König, dessen Genie und Charaktergröße dies allein zu verdanken war, an dessen Heldentum sich zum erstenmale das deutsche Nationalbewußtsein wieder aufrichten konnte, kehrte nach Berlin zurück, in die Stadt, „wo ich von meinen Freunden keinen mehr antreffe, wo eine unermeßliche Arbeit meiner wartet, und wo ich binnen kurzem die alten Knochen an einem Zufluchtsort bergen werde, den kein Krieg, kein Unglück und keine Bosheit der Menschen stören soll."

Pariser Friede.

Kurz vorher hatte England mit Frankreich den Pariser Frieden abgeschlossen. Die Erwerbung Canadas und des östlichen Louisianas bezeichnete einen neuen Schritt in seiner Entwickelung zur größten Kolonialmacht der Welt.

Friedrichs des Großen Regententhätigkeit.

Soziale Politik.

§ 51. **Wirtschaftspolitik.** Mit unermüdlicher Thätigkeit widmete sich der König nach Beendigung des Krieges der Aufgabe die wirtschaftlichen Kräfte des Landes wieder zu beleben und zu entwickeln. Durch außerordentliche Schenkungen, die den Betrag von 20 Millionen erreichten, suchte er zunächst der Not zu steuern, den Provinzen die Zahlung der im Kriege aufgenommenen Schulden zu erleichtern, die Landwirte, die kein Saatkorn, kein Zugvieh hatten, und deren Häuser in Trümmer lagen, zu unterstützen. Für diese sozialen Zwecke hat der König, der sich selbst einen roi des gueux nannte, auch ferner bis zu seinem Tode beträchtliche Summen jährlich aufgewendet.

Landwirtschaft und Kolonisation.

Der Landwirtschaft hatte der König von seiner Thronbesteigung an seine Fürsorge zugewendet. Den Anbau der Kartoffel setzte er teilweise mit Zwangsmaßregeln durch. Getreide pflegte er, wenn die Ernte gut ausfiel, anzukaufen und in Magazinen aufzuspeichern; in schlechten Erntejahren verkaufte er es dann zu mäßigen Preisen. Dem Beispiel seines Vaters folgend, ließ er Moräste austrocknen, besonders die Brüche an Oder und Warte, legte in den großen Waldungen Pommerns Dörfer an und zog Kolonisten, besonders Pfälzer, Schwaben und evangelische Österreicher in großer Anzahl ins Land. Als dann bei der ersten Teilung Polens Westpreußen und der Netzedistrikt erworben wurden, begann auch für diese unter pol-

nischer Herrschaft völlig verkommenen Landschaften eine Periode der
Kolonisation, der Germanisierung und der wirtschaftlichen Hebung.

Gleichzeitig war der König bestrebt den **Bauernstand** gegen Bauernstand.
Übergriffe der Gutsbesitzer zu verteidigen. Er verbot das „Bauern-
legen", d. h. Bauernland zum Gutsland zu schlagen, was in derselben Zeit in den Nachbarländern Medlenburg und Schwedisch-
Pommern in ausgedehntem Maßstabe betrieben wurde. Wenn er
freilich anordnete, daß in Pommern „absolut und ohne das geringste
Raisonnieren alle Leibeigenschaften von Stund an gänzlich abgeschafft"
würden, so erwies sich dies noch als unburchführbar.

In gleicher Weise widmete er sich andrerseits der Fürsorge Adel.
für seinen **Adel**, in dem er immer die vornehmste Stütze seines
Staatswesens sah, „sintemal die Raße davon so gut ist, daß sie
auf alle Weise meritieret konservieret zu werden". Er gestattete nur
in Ausnahmefällen, daß ein Bürgerlicher ein abliges Gut erwürbe;
er griff abligen Besitzern in Notfällen mit Darlehen unter die Arme;
er behielt dem Adel, soweit möglich, die Offiziersstellen und den
größeren Teil der höheren Beamtenstellen vor.

Er war ferner darauf bedacht den Gewerbe und Handel trei- Gewerbe.
benden Bürgerstand möglichst zu fördern. Das Endziel seiner Ge-
werbepolitik war die Manufakturen zu vermehren, daß „das
Geld nicht aus dem Lande geht und das Land nicht verarmt".
Während er die märkische Tuchfabrikation und die schlesische Leine-
weberei begünstigte, suchte er zugleich die Seidenweberei und die
Zucht des Seidenwurms im Lande einzubürgern. Die von einem
Privatmann in Berlin gegründete Porzellanfabrik erwarb er für den
Staat. Für eine große Zahl fremder gewerblicher Erzeugnisse wurde
die Einfuhr untersagt, oder sie wurde durch sehr hohe Schutzzölle
erschwert. Für den **Handel** trat er mit voller Würdigung seiner Handel.
Bedeutung ein und gründete ein Handelsministerium als Abteilung
des Generaldirektoriums. Er baute den Finowkanal und den Plauen-
schen Kanal und schuf so für die aus dem Elbgebiet stammenden
Waren eine nähere Verbindung mit dem Ausfuhrplatze des Ober-
gebietes, Stettin, für dessen Entwickelung er zugleich durch Schiffbar-
machung der Swine und Anlegung des Hafens Swinemünde sorgte.
Durch den Netzekanal ferner verband er Oder und Weichsel. In
Emden wurden unter seinem Schutze Handelsgesellschaften für den
asiatischen Handel gegründet, die im siebenjährigen Kriege freilich
ihre Thätigkeit einstellten. Für den Geldverkehr errichtete er die
preußische Bank und die Seehandlung.

§ 52. Verwaltung, Recht, Heer. Von dem Beamtentum, Verwaltung.
das den König bei seiner rastlosen, das Kleinste wie das Größte um-

fassenden Regententhätigkeit unterstützte, forderte er unbedingten Gehorsam, die größte Pflichttreue und Arbeitsfähigkeit. Sich selbst betrachtete er als premier domestique de l'État; an Voltaire schrieb er: il n'est pas nécessaire que je vive, mais bien que j'agisse. Unaufhörlich prüfte und beaufsichtigte er die Einzelheiten der Verwaltung mit der größten Sach- und Personenkenntnis. Er führte ein durchaus persönliches Regiment; auch seine Minister waren nur die ausführenden Werkzeuge seines Willens. Seine Finanzverwaltung war äußerst sparsam. Für sich und für seinen Hofhalt brauchte er wenig. Die Staatseinnahmen wurden allmählich gesteigert und betrugen zu Ende seiner Regierung etwa dreimal soviel wie unter Friedrich Wilhelm I.; dazu hinterließ er trotz aller Aufwendungen für soziale und wirtschaftliche Zwecke einen Staatsschatz von 55 Millionen Thaler. In dem Bestreben die Erhebung der Zölle und Verbrauchssteuern zu reformieren berief er Beamte aus Frankreich, wo die Steuerpachtgesellschaften die Technik der Steuererhebung höher entwickelt hatten, und richtete mit ihrer Hilfe die „Regie" ein: die Zahl der steuerpflichtigen Gegenstände wurde stark vermehrt und für Tabak und Kaffee ein Staatsmonopol eingeführt. Wenn dadurch starke Unzufriedenheit erregt wurde, so erreichte er doch seinen Zweck höhere Einnahmen zu erzielen. Den größten Teil der Staatsmittel erforderte die Unterhaltung des Heeres. Für das höhere wie niedere Schulwesen konnten nur verhältnismäßig geringe Aufwendungen gemacht werden, ebenso für die Kunst. Doch erbaute er das Lustschloß Sanssouci und nach dem siebenjährigen Kriege das neue Palais zu Potsdam.

Finanzen.

In kirchlicher Beziehung war Toleranz sein oberster Grundsatz. „Die Religionen müssen alle toleriert werden", hatte er schon im Jahre seines Regierungsantritts geäußert, „hier muß ein jeder nach seiner Façon selig werden".

Kirchliche Politik.

Ein besonderes Verdienst erwarb sich der König um die Ausbildung des Rechtswesens. Die Tortur schaffte er schon 1740 ab. Von Eingriffen in die Rechtspflege hielt er sich meist fern; er selbst hat als Grundsatz ausgesprochen: les lois doivent parler, et le souverain doit se taire. Wie sein Vater als Schöpfer des preußischen Beamtentums, so darf er als Schöpfer des preußischen Richterstandes bezeichnet werden. Seine vornehmsten Helfer hierbei waren zunächst sein Minister Cocceji, der Begründer einer neuen Prozeßordnung und einer Neuorganisation der Gerichtshöfe, und später der Großkanzler Carmer; dem letzteren wird das allgemeine Landrecht verdankt, dessen Ausarbeitung der König von Anfang an vor Augen gehabt hatte, und das unter Friedrich Wilhelm II. 1794 veröffentlicht worden ist.

Rechtswesen.

Der wichtigste Gegenstand für die Fürsorge des Königs blieb *Heerwesen.*
immer das Heer, dessen Zustand er bis an sein Ende als strenger
und gefürchteter Richter auf den Revuen prüfte. Freilich befreite
er zu Gunsten der wirtschaftlichen Hebung seines Volkes zahlreiche
Klassen der Bevölkerung von der Dienstpflicht; so bestand bei seinem
Tode der größere Teil seines Heeres aus geworbenen Ausländern.

Seine Erholung fand der König in der Pflege der Litteratur *Friedrichs*
und der Musik und im Verkehr mit einer Schar geistvoller Freunde, *Persönlichkeit.*
die den verschiedensten Ländern Europas entstammten. Er schrieb
französisch; über die neu erstehende deutsche Poesie hat er noch 1780
in der Schrift de la littérature allemande ein sehr hartes Urteil
gefällt. Seine Dichtungen sind vorzugsweise philosophisch-didaktischen
Inhalts; seine historischen Werke beziehen sich auf die Geschichte seines
Hauses und seiner eigenen Zeit. Seiner Tafelrunde gehörte eine Zeit
lang auch Voltaire an, bis er durch ein unsauberes Wuchergeschäft
und durch häßliche litterarische Fehden seine Stellung unhaltbar machte.
In den Freundeskreis des Königs riß der Tod Lücke auf Lücke. In
einsamer Höhe, bewundert und gefürchtet, aber wenig geliebt, stand
er über seinem Volke, der Feldherr und Staatsmann, der Philosoph, Dichter und Geschichtschreiber, das gewaltigste Beispiel unbedingter und völliger Hingabe an den Staat.

Die erste Teilung Polens.

§ 53. Die auswärtige Politik Friedrichs wurde seit dem Hu- *Bündnis mit*
bertusburger Frieden vornehmlich durch das gute Einvernehmen mit *Rußland.*
Katharina von Rußland bestimmt, mit der er 1764 ein Bündnis
schloß. Katharina war erfüllt von den Plänen einer Vergrößerungs-
politik, deren Ziel einerseits die Eroberung Polens, andrerseits Kon-
stantinopels war.

Polen war politisch und wirtschaftlich im tiefsten Verfall. Seit *Zustände*
dem Aussterben der Jagellonen (1572) war es ein Wahlreich. Aller *Polens.*
politischer Einfluß war in der Hand des Adels, der keine Steuern
zahlte, allein Ämter bekleidete und mit brutaler Selbstsucht Partei-
politik trieb. Das jedem Landboten auf dem Reichstage zustehende
liberum veto, d. h. das Recht durch seinen Einspruch einen Reichs-
tagsbeschluß zu vereiteln, wirkte auf das staatliche Leben völlig zer-
rüttend. Ein bürgerlicher Mittelstand existierte nur in den deutschen
Städten des Nordwestens; im übrigen bestand die Bevölkerung aus
rechtlosen, leibeigenen, wirtschaftlich und geistig verkommenen Bauern.
Auf kirchlichem Gebiete hatten die Jesuiten die Herrschaft gewonnen;
unter ihrem Einflusse waren den Dissidenten, d. h. den Protestanten

und den griechischen Katholiken, alle bürgerlichen Rechte genommen worden¹).

1763.

Russische Einmischung.

Nach dem Tode Augusts III., der bereits in völliger Abhängigkeit von Rußland gestanden hatte, war Stanislaus Poniatowski, ein Günstling Katharinas, auf den Thron erhoben worden. Jetzt benutzte diese die Frage der Dissidenten, um sich in die inneren Verhältnisse des Landes einzumischen. Als der Reichstag ihre Forderung ihnen politische Gleichberechtigung zuzugestehen zurückwies, vereinigte sie den russisch gesinnten Teil des Adels zu einer Kon-

1767. föderation, der auch der König beitreten mußte; und als diesem Adelsbündnis eine Gegenkonföderation entgegentrat und der Bürgerkrieg ausbrach, rückten russische Truppen ins Land. Auch in einem jetzt ausbrechenden Türkenkriege war Rußland siegreich.

Josef II. 1765—1790.

Indessen drohte der Ausbruch eines Krieges zwischen Rußland und Österreich; Josef II., der seit 1765 deutscher Kaiser war, während seine Mutter die Regierung der österreichischen Erblande fortführte, wollte einem weiteren Vordringen der Russen nicht ruhig zusehen. Er näherte sich Friedrich dem Großen, mit dem er zweimal, in Neiße und in Mährisch-Neustadt, zusammentraf. Der Weltfriede wurde gesichert, indem der zuerst von Friedrich ausgesprochene Ge-

Teilung Polens 1772. danke einer Teilung Polens ausgeführt wurde. Rußland eignete sich das Gebiet östlich der Düna und des Dnjepr an, Österreich Galizien und Lodomirien, Preußen Westpreußen außer Danzig und Thorn, dazu Ermeland und den Netzedistrikt; Friedrich nannte sich nunmehr König von Preußen.

Der polnische Staat hat seinen Untergang durch seine innere Schwäche selbst verschuldet. Preußen hat sich an der Teilung deshalb beteiligt, um nicht den gesamten Raub in die Hände Rußlands fallen zu lassen. Was es aber damals erwarb, war zum größten Teile altes deutsches Gebiet, das durch den Thorner Frieden verloren gegangen war, und das nunmehr durch die Thätigkeit deutscher Beamten, deutscher Bauern und Bürger auf eine höhere Stufe der Gesittung erhoben wurde.

Der bayrische Erbfolgekrieg und der deutsche Fürstenbund.

§ 54. **Der bayrische Erbfolgekrieg. 1778—1779.** Das Einvernehmen zwischen Preußen und Österreich dauerte nicht lange; Friedrich sah sich bald genötigt der unruhigen Eroberungssucht Josefs II. ent-

1777. gegenzutreten. Als 1777 der Kurfürst von Bayern kinderlos starb,

---

1) 1724 waren, als bei einer Jesuitenprozession in Thorn infolge von Ausschreitungen polnischer Adliger das Volk im Jesuitenkollegium übel gehaust hatte, ein Bürgermeister und neun angesehene Bürger der Stadt hingerichtet worden.

dessen Erbe der ebenfalls kinderlose Kurfürst Karl Theodor von der Pfalz war, versuchte Josef diesen Anlaß zur Erwerbung Bayerns zu benutzen, das im achtzehnten Jahrhundert bereits zweimal, im spanischen und im österreichischen Erbfolgekriege, in Gefahr gekommen war eine Provinz Österreichs zu werden. Er erhob auf größere Teile des Landes als auf erledigte Lehen Anspruch, und Karl Theodor ließ sich zu ihrer Abtretung bestimmen. Da forderte Friedrich, der keine Vergrößerung Österreichs in Süddeutschland zugeben wollte, den Herzog Karl von Pfalz-Zweibrücken, der nach Karl Theodors Tode Pfalzbayern erben mußte, zum Widerspruch auf und trat für ihn nicht nur am Reichstag, sondern auch mit den Waffen ein. So entstand der bayrische Erbfolgekrieg. Noch einmal standen sich im nordöstlichen Böhmen der König und Laudon gegenüber. Aber es kam zu keiner Schlacht. Maria Theresia knüpfte Unterhandlungen an, die zum Frieden von Teschen führten; nur das Innviertel fiel an Österreich.

Josefs Ansprüche auf Bayern.

Bayrischer Erbfolgekrieg 1778—79.

§ 55. Der Fürstenbund. 1785. Dennoch gab Josef, der seit dem Tode Maria Theresias 1780 auch die Erblande regierte, seine Absichten auf Bayern nicht auf. Er schlug Karl Theodor einen Tauschvertrag vor, wonach dieser gegen Abtretung Bayerns einen Teil der österreichischen Niederlande nebst dem Königstitel erhalten sollte. Wiederum trat diesem Vorhaben Friedrich entgegen. Auf Rußland konnte er sich nicht mehr stützen, da Katharina mit Josef in ein engeres Einvernehmen zur gemeinsamen Eroberung der Türkei getreten war; dagegen auf eine große Anzahl deutscher Fürsten, dabei auch geistlicher Reichsstände, welche die Furcht vor der kaiserlichen Eroberungspolitik Preußens in die Arme trieb. Er stiftete damals „zur Aufrechterhaltung der deutschen Reichsverfassung" den **deutschen Fürstenbund**. Josef hatte indessen auf seine Pläne verzichtet.

Der Fürstenbund 1785.

Die Verhinderung des Übergreifens Österreichs in Süddeutschland, wodurch die Begründung des heutigen deutschen Reiches sehr erschwert oder unmöglich gemacht worden wäre, war Friedrichs des Großen letzte That. Er starb zu Sanssouci am 17. August 1786. Sein Nachfolger war der Sohn seines verstorbenen Bruders August Wilhelm, Friedrich Wilhelm II.

Friedrichs Tod 17. Aug. 1786.

Österreich unter Josef II.

§ 56. Österreich hatte bereits unter Maria Theresias Regierung bedeutende Fortschritte gemacht. Sie hatte die Verwaltung des Landes einheitlicher gestaltet, die Einkünfte gehoben, das Heer verstärkt und fortgebildet, endlich durch eine merkantilistische Handelspolitik Handel und Industrie beträchtlich gefördert. Streng katholisch,

Maria Theresia 1740—1780.

hieß sie die Bedrückung der Evangelischen gut, die infolgedessen in
großer Anzahl auswanderten; andrerseits wahrte sie dem päpstlichen
Stuhle gegenüber ihre Hoheitsrechte. Als 1773 Papst Clemens XIV.
den Jesuitenorden, der bereits zuerst aus Portugal durch den
Minister Pombal, dann aus Spanien, Neapel und Frankreich vertrieben worden war, auf das Drängen dieser Staaten aufhob, wies
sie ihn ebenfalls aus ihren Staaten aus.

Aufhebung des Jesuitenordens 1773.

Josef II. war erfüllt von dem stärksten Thätigkeitsdrang, von
menschenfreundlichster Gesinnung, von dem lebhaftesten Verlangen sein
Volk zu beglücken und Österreich nach innen und nach außen groß
und stark zu machen, zugleich freilich von brennendem Ehrgeiz, großem
Eigenwillen und der für die Zeit der Aufklärung charakteristischen
Mißachtung des historisch Gegebenen. Auf kirchlichem Gebiete wich
er stark von den Überzeugungen seiner Mutter ab; durch das Toleranzedikt gewährte er den Protestanten die bürgerliche Gleichberechtigung; im Geiste seines Zeitalters hob er eine große Menge von
Klöstern auf und unterstellte die Kirche der staatlichen Aufsicht, Maßregeln, die auch eine Reise des Papstes Pius VI. nach Wien nicht
rückgängig zu machen vermochte. Seine wichtigste soziale Maßregel
war die Aufhebung der Leibeigenschaft der Bauern. In wirtschaftlicher Hinsicht schritt er auf den Wegen des Merkantilsystems weiter
fort. Das geistige Leben suchte er durch Gründung von Schulen
zu fördern. Er war ein besonderer Gönner der Musik; damals lebten
Haydn und Mozart in Wien, wohin auch Beethoven übersiedelte.
Das Ziel seiner inneren Politik war Österreich-Ungarn zu einem
gleichmäßig regierten, centralisierten Einheitsstaat zu machen; ein
Bestreben, das in Verbindung mit seinen einschneidenden kirchlichen,
sozialen und politischen Änderungen den erbitterten Widerstand der
Landstände hervorrief. In den Niederlanden brach ein Aufstand
aus; auch Ungarn drohte sich zu erheben. Der Krieg, den Josef
gleichzeitig im Bunde mit Rußland gegen die Türkei führte, war
zwar zuletzt erfolgreich gewesen, aber es drohte ein Zusammenstoß mit
Preußen, das mit der Türkei ein Bündnis schloß.

Josef II. 1765 (80) — 1790.

1790.

In dieser Lage starb Josef. Ihm folgte sein Bruder Leopold II., bisher Großherzog von Toskana, der durch eine kluge
und maßvolle Politik den von inneren und äußeren Gefahren bedrohten Staat rettete, mit Preußen einen Vertrag, mit der Türkei
Frieden schloß und unter Aufgabe der Reformpläne Josefs die Ruhe
in den Niederlanden und in Ungarn wieder herstellte.

Leopold II. 1790—1792.

Deutsche Zustände gegen Ende des achtzehnten Jahrhunderts.

Das Reich.

§ 57. Das deutsche Reich schritt seiner Auflösung entgegen.
Sein Umfang hatte sich durch die Preisgabe Lothringens vermindert.

Der politische Zusammenhang war, seit zwei Großstaaten nebeneinander standen, noch lockerer als bisher geworden, während sich der völlige Verfall des Reichsheerwesens im siebenjährigen Kriege erwiesen hatte. Der Reichstag in Regensburg vergeudete die Zeit in endlosen Beratungen über nichtige Gegenstände; das Reichskammergericht, das in Wetzlar seinen Sitz hatte, wurde berüchtigt durch die Verschleppung der Prozesse. Die Fürsten der Mittel- und Kleinstaaten schalteten als souveräne Despoten in ihren Landen. Wie Sachsen unter der Verschwendung Augusts III. und des Grafen Brühl, so mußte die Pfalz unter der launischen Willkürherrschaft Karl Theodors, Württemberg unter der Karl Eugens leiden. Luxus, Sittenlosigkeit und Mißachtung des Rechts herrschten an vielen deutschen Höfen, auch an denen geistlicher Herren. Mehr als ein deutscher Fürst verkaufte seine Landeskinder als Soldaten an England, das für den nordamerikanischen Krieg Truppen brauchte.[1] Immerhin mehrte sich gegen Ende des Jahrhunderts die Zahl der Fürsten, welche, dem Vorbilde Friedrichs des Großen und Maria Theresias nachstrebend, durch gemeinnützige Thätigkeit die Bevölkerung wirtschaftlich und geistig zu heben suchten. *Die Einzelstaaten.*

So wenig es eine nationale Politik gab, so wenig vermochte sich ein nationaler Sinn zu entwickeln. Die Siege Friedrichs des Großen hatten in weiten Kreisen Begeisterung erzeugt, die aber nur der Person des Helden galt[2], nicht seinem Staate. Es fehlte überhaupt an bewußter Staatsgesinnung. Es lag im Geiste des aufgeklärten Absolutismus „alles für, nichts durch das Volk" zu thun, es zu gängeln und zu bevormunden, in alle Zweige des nationalen Lebens regelnd einzugreifen; so wurde der Geist selbständiger Thätigkeit unterdrückt, Nationalgefühl und Nationalgesinnung im Keime erstickt. Dem Staatsleben fern, lebte der bei weitem größte Teil des deutschen Volkes in der Enge kleinlicher Verhältnisse, eine Nation von „Privatmenschen", beschäftigt mit der Sorge für ihre wirtschaftlichen Interessen oder aber versenkt in die Pflege der schönen Litteratur, in die Welt der Ideen. *Mangel des Nationalgefühls und der Staatsgesinnung.*

Denn in dieser Zeit, wo von einem nationalen Staat nicht die Rede war, war eine nationale Litteratur erstanden: auf protestantischem Boden wurzelnd, getragen von dem gebildeten Bürgertum, eng verwachsen mit der neu belebten Begeisterung für das Griechen- *Nationallitteratur.*

---

[1] Unter denen, die damals gezwungen nach Canada gingen, befand sich Johann Gottfried Seume. Vgl. auch die Episode in Schillers „Kabale und Liebe".

[2] „So war ich denn auch preußisch, oder um richtiger zu reden, fritzisch gesinnt", schreibt Goethe in „Dichtung und Wahrheit"; „denn was ging uns Preußen an!"

tum und doch den Tiefen des deutschen Gemüts entsprungen, staatslos, weltbürgerlich, der Wirklichkeit abgewandt, aber desto freier und unbefangener sich erhebend zu den Idealen des Schönen und des sittlich Guten. Klopstock, Wieland und Lessing gingen voran: der eine als der erste große deutsche Lyriker und als Schöpfer des religiösen Epos „Messias", der zweite als graziöser Erzähler, Lessing endlich als der erste der großen deutschen Dramatiker und als Meister des Stils der wissenschaftlichen Abhandlung, der die Herrschaft der Franzosen auf dem Gebiete der ästhetischen Regeln bekämpfte und neben Winckelmann, dem Verfasser der Kunstgeschichte des Altertums, das größte Verdienst um die Erschließung des Wesens der Antike hatte. Ihnen folgte Herder, der einem rationalistischen Zeitalter zuerst das Verständnis für geschichtliches Werden und für das Wesen der Volkspoesie eröffnete. Der von einem leidenschaftlichen Streben nach Freiheit und Ursprünglichkeit erfüllten Sturm- und Drangperiode gehören mit ihren Jugendwerken auch Goethe und Schiller an, bis sie sich, der erstere vornehmlich durch die Antike, der letztere noch mehr durch die Philosophie Immanuel Kants beeinflußt, zu einer reinen Harmonie von Inhalt und Form erhoben. Der Musenhof von Weimar wurde unter Herzog Karl August der geistige Mittelpunkt Deutschlands.

Die Entstehung der Vereinigten Staaten von Nordamerika.

§ 58. **Vorgeschichte.** Am Schluß derselben Periode, welche durch das Vorwalten der absoluten Staatsform gekennzeichnet wird, steht die Entstehung der ersten großen Republik der neueren Zeit.

Die amerikanische Kolonisation. Während Süd- und Mittelamerika von romanischen und katholischen Kolonisten besiedelt wurde, erhielt das nördliche Amerika durch die Kolonisation einen vorwiegend germanisch-protestantischen Charakter; während die wirtschaftliche Bedeutung der tropischen Teile Amerikas zunächst in ihrem Reichtum an Edelmetallen, dann in ihren Plantagen lag, eigneten sich im Norden große Striche zur Anlegung von Ackerbaukolonien und entwickelten sich allmählich zu dem wichtigsten Ziele der europäischen Auswanderung. Die älteste Kolonie, Virginien, entstand nach den unter Elisabeth gemachten, aber fehlgeschlagenen Versuchen zur Zeit Jakobs I.; unter ihm wanderten auch die ersten puritanischen Ansiedler, die „Pilgerväter", in Neuengland ein. Unter Karl II. wurden die Holländer aus Neu-Amsterdam, dem jetzigen Newyork, verdrängt; 1682 begann der Quäker William Penn die Besiedelung von Pennsylvanien und gründete Philadelphia; schon vorher hatte die Kolonisation von Carolina begonnen, das nach Karl II. seinen Namen hat; unter Georg II. entstand die Kolonie

Georgia. Die Bevölkerung der 13 Kolonien entstammte vorzugsweise Großbritannien, zu einem kleineren Teile auch Deutschland.

Unter englischer Oberhoheit verwalteten sie sich im wesentlichen selbständig; wirtschaftlich dagegen blieben sie, dem Charakter der merkantilistischen Kolonialpolitik gemäß, vom Mutterland abhängig und wurden von ihm ausgebeutet. Dieses sicherte sich den Bezug einer Reihe kolonialer Rohstoffe, die nur nach England ausgeführt werden durften; es sicherte sich zugleich für viele seiner gewerblichen Erzeugnisse einen Markt in den Kolonien, indem es verbot sie dort herzustellen. Freilich wurde dieses Handelssystem durch einen ausgedehnten Schmuggel durchbrochen. *Verhältnis zum Mutterlande.*

§ 59. Der Befreiungskrieg. Den Anlaß zum Abfall gab der Versuch der englischen Regierung den Kolonien zum Entgelt für den politischen Schutz, den sie ihnen gewährte, eine Steuer aufzuerlegen. Die Amerikaner verfochten demgegenüber die Ansicht, daß sie von einem Parlament, in dem sie nicht selbst vertreten wären, nicht besteuert werden dürften, und setzten es durch, daß eine ihnen auferlegte Stempelsteuer[1]) zurückgenommen wurde. Auch die Hafenzölle, die jetzt die Regierung für gewisse Waren einführte, hob sie infolge des hartnäckigen Widerstandes der Kolonien wieder auf und behielt nur einen Teezoll bei. Da wurden 1773 einige mit Tee beladene Schiffe, die im Hafen von Boston lagen, von Leuten, die sich als Indianer verkleidet hatten, überfallen und die Ladung ins Meer geworfen. Die Sperrung des Hafens von Boston, die jetzt angeordnet wurde, hatte zur Folge, daß Abgeordnete der Kolonien in Philadelphia zu einem Kongreß zusammentraten. Truppen der englischen Regierung, die hinübergesandt wurden, trafen auf Widerstand. So begann der Krieg. *Versuch der Besteuerung.* 1765. 1773. 1776.

Die englischen Heere bestanden teilweise aus deutschen Truppen, die von ihren Landesherren, dem Landgrafen von Hessen-Kassel u. a., verkauft wurden. An die Spitze der nordamerikanischen Milizen, denen es zunächst an jeder Mannszucht ebenso wie an Waffen und Proviant fehlte, trat George Washington, einer der edelsten und uneigennützigsten Charaktere der Weltgeschichte; er hatte einst an den Kämpfen mit den Franzosen zur Zeit des siebenjährigen Krieges teilgenommen; durch Heirat und Erbschaft war er nachher einer der reichsten Grundbesitzer in Virginien geworden; als er jetzt den Oberbefehl übernahm, schlug er jeden Gehalt aus. Als Organisator der *Die führenden Männer.*

---

1) Stempelsteuern sind Verkehrssteuern und werden in der Weise erhoben, daß für Urkunden über Rechtsgeschäfte ein Stempel erfordert wird, ohne den sie keine Gültigkeit haben.

Truppen trat ihm später von Steuben, ein früherer preußischer Offizier, zur Seite. Der bedeutendste Diplomat der Kolonien war Benjamin Franklin, der Erfinder des Blitzableiters, in seiner Jugend Buchdrucker, später Journalist, dann Generalpostmeister der Kolonien, der nunmehr als Gesandter an den französischen Hof ging und dort für die Sache seines Vaterlandes mit größtem Erfolg thätig war.

Unabhängigkeitserklärung 4. Juli 1776. Am 4. Juli 1776 erklärten die dreizehn Kolonien ihre Unabhängigkeit; sie beriefen sich dabei auf die unveräußerlichen Menschenrechte, zu denen sie Gleichheit, Freiheit und das Recht des Volkes eine unzweckmäßige Regierung abzuändern rechneten. Der Befreiungskrieg erregte besonders in dem von den Ideen der Aufklärung beherrschten Frankreich große Begeisterung; unter den Freiwilligen, die sich von dort zur Teilnahme am Kampfe nach Amerika begaben, befand sich der junge Marquis von Lafayette. Nachdem es Washington gelungen war ein englisches Corps bei Saratoga *Bündnis mit Frankreich 1778.* zur Ergebung zu zwingen, kam 1778 ein Bündnis zwischen Frankreich und dem jungen Freistaat zustande; auch Spanien und die Niederlande traten in den Kampf gegen England ein. In dem Seekriege, der nun ausbrach, waren die Engländer meist glücklich; insbesondere gelang es den Spaniern und Franzosen nicht das heldenmütig verteidigte Gibraltar zu nehmen. Immerhin verdankten es die Kolonien wesentlich der französischen Hilfe, daß sie in dem wechselvollen Kriege auszubauern vermochten. Die Entscheidung wurde durch die von Washington herbeigeführte Kapitulation eines Teils der englischen 1781. Armee bei Yorktown herbeigeführt, welche in England die Neigung zum Frieden zum Durchbruch kommen ließ. Zwei Jahre 1783. später wurde der Friede von Versailles abgeschlossen, in welchem die Unabhängigkeit der Kolonien anerkannt wurde.

Verfassung. Die Verfassung der Vereinigten Staaten von Nordamerika, die 1789 endgültig angenommen wurde, sucht zwischen den Selbständigkeitsansprüchen der Einzelstaaten und der Notwendigkeit einer einheitlichen Zusammenfassung des Staatsganzen zu vermitteln. Der Unionsregierung, die ihren Sitz zu Washington hat, ist u. a. die Leitung der äußeren Angelegenheiten, das Heerwesen, das Recht Steuern zu erheben, die Handelspolitik und das Münzrecht zugewiesen. An der Spitze steht ein Präsident, der auf vier Jahre gewählt wird und wieder wählbar ist; er ist im Besitze der ausführenden Gewalt, vertritt den Bund nach außen und hat das Recht des suspensiven Vetos[1]) gegen die Beschlüsse des Kongresses. Der erste

---

1) Ein Beschluß des Kongresses, gegen den der Präsident sein Veto eingelegt hat, wird nur dann Gesetz, wenn er noch einmal vom Kongreß mit Zweidrittelmehrheit angenommen wird.

Präsident war George Washington (1789—1797). Der Kongreß, dem die gesetzgebende Gewalt anvertraut ist, besteht aus dem Senat und dem Repräsentantenhause. In den Senat schickt jeder der Einzelstaaten zwei Abgeordnete; die Mitglieder des Repräsentantenhauses werden vom Volke gewählt.

In gewaltiger Weise dehnten sich nunmehr die Vereinigten Staaten nach Westen aus. Nachdem noch am Ende des achtzehnten Jahrhunderts neue Staaten nördlich und südlich des Ohio entstanden waren, wurde Louisiana zur Zeit Napoleons von den Franzosen, Florida etwas später von den Spaniern erworben. Neue Staaten wurden westlich des Mississippi gegründet. Texas fiel von Mexiko ab; in dem Kriege, der daraus entstand, siegten die Vereinigten Staaten und erwarben 1848 beim Friedensschlusse auch Kalifornien. *Wachstum der Vereinigten Staaten.*

§ 60. **Ostindien.** Einen Ersatz für den in Nordamerika erlittenen Gebietsverlust fanden die Engländer in Ostindien. Nachdem seit Beginn des achtzehnten Jahrhunderts das mongolische Reich des Groß-Moguls, der zu Delhi residierte, in Verfall geraten war, hatte zuerst die zur Zeit Colberts gegründete französisch-ostindische Gesellschaft die Gelegenheit zu einer mächtigen kriegerischen Ausbreitung in Ostindien benutzt. Aber in dem Kolonialkriege, der mit dem siebenjährigen Kriege gleichzeitig war, blieben die Engländer siegreich. Lord Clive wurde der Begründer des englisch-ostindischen Kolonialreiches, dessen Organisator Warren Hastings wurde. Der Reihe nach wurden die indischen Fürsten, Radschahs, zur Unterwerfung genötigt. Den heftigsten Widerstand leistete der Fürst von Maisur (Mysore), Haibar Ali, und später dessen Sohn, Tipu Sahib. *Das englisch-ostindische Kolonialreich um 1760, um 1790.*

1788 wurde in dem schon in der ersten Hälfte des siebzehnten Jahrhunderts von den Holländern aufgefundenen Australien, dessen Küsten jetzt James Cook genauer erforschte, an der Stelle des heutigen Sidney von der englischen Regierung eine Verbrecherkolonie angelegt. *Australien. 1788.*

II. Das Zeitalter der Zerstörung des alten Reichs und der Entstehung des neuen deutschen Kaisertums.
1786—1888.

Emportommen des Bürgertums. § 61. Das neue Zeitalter wird durch eine Periode ungeheurer politischer und sozialer Erschütterungen eingeleitet. In Frankreich zuerst kommt eine Bewegung zum Durchbruch, welche, von dem Verlangen des Individuums nach freier Bethätigung seiner Kräfte ausgehend, auf den Umsturz des bisherigen, absolutistisch regierten, ständisch-aristokratisch gegliederten Staates hinstrebt. Diese Bewegung setzt sich in den übrigen Staaten Europas fort. Ihr Ergebnis ist, daß das Bürgertum einen starken, teilweise beherrschenden Einfluß auf das Staatsleben gewinnt. Die überwiegende Staatsform wird nunmehr außer in Rußland, das an dem überlieferten Absolutismus festhält, der Verfassungsstaat. **Verfassungsstaat.** In Europa herrscht die konstitutionell beschränkte oder die parlamentarische Monarchie vor; die Schweiz bewahrt die angestammte republikanische Staatsform, welche auch von den amerikanischen Staaten, unter ihnen zuletzt auch von Brasilien, angenommen wird und nach schweren inneren Kämpfen auch in Frankreich den Sieg davonträgt.

Vernichtung des alten Reichs. In den kriegerischen Stürmen, die das Ende des achtzehnten und den Beginn des neunzehnten Jahrhunderts erfüllen, und die für das festländische Europa die Gefahr der Entstehung eines Weltreichs heraufführen, stürzt der längst morsch gewordene Bau des alten deutschen Reiches in Trümmer. Durch den Sturz des ersten Napoleon wurde Deutschland befreit; doch blieb ihm die nationale Einigung vorerst versagt. **Enthebung des neuen deutschen Kaisertums.** Erst nachdem der deutsche Dualismus durch Preußens Siege sein Ende gefunden hatte, fanden sich im Kampfe gegen den dritten Napoleon die deutschen Stämme zusammen, und es erstand unter preußischer Führung das neue deutsche Reich.

1. Die Zeit der französischen Revolution und der napoleonischen Weltherrschaft. 1789—1815.

I. Die französische Revolution. 1789—1799.

Vorgeschichte der Revolution.

§ 62. Frankreich im 18. Jahrhundert. In Frankreich war auf Ludwig XIV. sein Urenkel Ludwig XV. gefolgt; für diesen führte anfangs sein Oheim die Regentschaft, der Herzog Philipp von Orleans, ein außerordentlich begabter, aber auch außerordentlich sittenloser Mensch. Damals wurde durch den Schotten John Law der Versuch gemacht den zerrütteten Staatsfinanzen und der gesamten Volkswirtschaft durch Gründung einer Staatsbank aufzuhelfen, deren Papiergeld im Verkehr an die Stelle des Metallgeldes treten sollte. Seine Bank wurde zur königlichen Bank erhoben; er gründete die Mississippi=Gesellschaft zur Ausnutzung der Kolonie Louisiana, pachtete zugleich die gesamten Staatsgefälle und übernahm die Rückzahlung der Staatsschuld. Die Spekulationswut trieb den Kurs der Aktien zeitweise bis auf das Achtzehnfache des Nennwerts. Dann aber folgte ein völliger Bankerott, bei dem sehr viele Privatleute ihr Vermögen verloren; der Staat allein hatte einen Vorteil, da er einen Teil seiner Schulden in wertlosen Banknoten bezahlt hatte. [Die Regentschaft 1715—1723.]

Die lange Regierung Ludwigs XV., der keine Spur von Pflichtgefühl besaß, keiner geistigen Erhebung fähig war, sich von seinen Mätressen und deren Günstlingen beherrschen ließ, hat für Frankreich die Folge gehabt, daß die königstreue Gesinnung, soweit sie noch im Volke vorhanden war, fast gänzlich zerstört wurde; daß durch den Luxus des Hofes, die Kosten der Kriege, die schlechte Wirtschaft die Finanzen völlig zerrüttet wurden; endlich daß das Ansehen Frankreichs nach außen sank, insbesondere der aussichtsvolle französische Kolonialbesitz in Nordamerika größtenteils verloren ging und Frankreich als See= und Kolonialmacht von England weit überholt wurde. [Ludwig XV. 1715—1774.]

Ludwig XVI., der seinem Großvater folgte, war in seinem Privatleben untadelig, aufrichtig religiös, gutmütig und wohlwollend, aber von zu engem Gesichtskreise, als daß er die Lage des Staates hätte durchschauen können, und ohne die erforderliche Thatkraft, um helfen zu können; erst im Leiden zeigte er wahrhafte Größe. Seine Gemahlin Marie Antoinette, eine Tochter der Maria Theresia, übersah ihn geistig bei weitem, war aber nie gewöhnt worden die [Ludwig XVI. 1774—1792.]

ernsten Pflichten ihrer Stellung ins Auge zu fassen; auch sie reifte erst im Leiden.

Reformversuche. Unter dem Ministerium Turgots, eines überzeugten Bekenners der physiokratischen Schule (s. § 64) wurden wesentliche Reformen begonnen; aber er wurde bald gestürzt, nicht ohne Zuthun der Königin. Sein Nachfolger war Necker, ein protestantischer Bankier aus Genf, der zunächst durch Anleihen zu helfen suchte und, als er auf Reformen drang, sein Amt ebenfalls aufgeben mußte. Der neue Minister Calonne erfreute sich solange der Gunst des Hofes, als er dessen maßlose Verschwendung unterstützte; als er Reformen vorschlug, setzten seine Gegner seine Entlassung durch. Die von ihm 1787. berufene Versammlung von Notabeln, d. h. von königlichen Vertrauenspersonen aus allen drei Ständen, ging ohne Erfolg auseinander, da die bevorrechteten Stände sich gegen jede Schmälerung 1788. ihrer Vorrechte verwahrten. 1788 wurde zum zweitenmale Necker berufen; er sah, um das furchtbar gestiegene Defizit der Staatsfinanzen zu heilen, kein andres Mittel als die Berufung der General-1789. stände, die seit 1617 nicht mehr zusammengetreten waren.

Anlässe und Ursachen der Revolution. Einerseits das Defizit, das zur Berufung der Generalstände zwang, andrerseits die infolge einer Reihe schlechter Ernten ausgebrochene Hungersnot, welche die Erbitterung des gedrückten Volkes zur Empörung steigerte und schon im Winter 1788/89 zu einer großen Menge von örtlichen Aufständen führte, bildeten den Anlaß zur Revolution; ihre tieferen Ursachen liegen einerseits in den schlechten staats- und volkswirtschaftlichen Zuständen, andrerseits in der Litteratur jener Zeit, der sog. Aufklärungslitteratur.

Schlechte Finanzwirtschaft. § 63. **Staats- und Volkswirtschaft; soziale Zustände.** Was zunächst die Finanzwirtschaft anlangt, so lagen die Gründe für die ungeheure Schuldenlast des Staates und die stetig wachsende Differenz zwischen Ausgaben und Einnahmen zunächst in dem Luxus des königlichen Hofes, der unter Ludwig XV. manchmal ein Viertel der Staatseinnahmen verschlungen hatte, in der Verschwendung für Hoffeste, Hofbeamte und Gnadengeschenke. Sie lagen ferner in den großen, verlustreichen Kriegen. Sie lagen endlich in der Art der Erhebung der Staatseinkünfte. Diese wurden an Gesellschaften von Unternehmern verpachtet, was u. a. zur Folge hatte, daß ein Teil der Einnahmen dem Staate verloren ging, und daß die Steuern weit unbarmherziger eingetrieben wurden, als es der Staat gethan hätte.

Schlechte Lastenverteilung. Diese Art der Finanzwirtschaft wirkte um so drückender, als die Verteilung der öffentlichen Lasten höchst ungerecht war. Die direkten Steuern, unter denen die Taille die wichtigste war, ruhten allein oder fast allein auf den niederen Schichten der Bevölkerung, während sie die Geistlichkeit, den Adel, den wohlhabenden Bürgerstand frei ließen; die indirekten Steuern waren teils, wie die hohe Salzsteuer, so eingerichtet, daß sie die ärmeren Klassen unverhältnismäßig schwerer trafen als die reicheren, teils belasteten sie, wie die drückende Weinsteuer und die besonders den Getreidehandel erschwerenden Binnenzölle, gerade die produktiven Stände. Man hat berechnet, daß vielfach die volle Hälfte von dem Ertrage eines Bauernguts vom Staate, dazu ein Siebentel von der Kirche (als Zehnter), ein weiteres Siebentel vom Gutsherrn in Anspruch genommen wurde.

Und doch besaß von dem Grund und Boden Frankreichs der Bauernstand, der vorzugsweise die Lasten des Staates trug, nur etwa ein Fünftel, während über die Hälfte in der Hand der Krone, des Adels und der Geistlichkeit waren. Arm, verachtet, unwissend, bestand er zum Teil aus kleinen Eigentümern, zum Teil aus Meiern, die pachtweise gutsherrliche Grundstücke bewirtschafteten. Besser ging es dem Bürgerstande. Die seit Colbert vom Staate unterstützte Industrie stand noch immer teilweise in Blüte; mit Luxuswaren besonders versorgte Paris fast ganz Europa. Die Bildung des Bürgerstandes hatte sich mehr und mehr gehoben; er war es besonders, der von den Ideen der neuen Aufklärungslitteratur erfüllt war. In einer bevorrechteten Lage befand sich der Adel; teilweise außerordentlich reich, freilich auch infolge seines Luxus zumeist tief verschuldet, war er von der Zeit her, wo er die Waffen für den Staat führte, im Besitze bedeutender Privilegien, insbesondere fast völliger Steuerfreiheit und vieler gut besoldeten Ämter, ohne die früheren Pflichten zu haben. Seit Ludwig XIV. war er ein Hofadel geworden, der, anstatt wie früher seine Güter selbst zu bewirtschaften, in einem reich ausgebildeten, geistvollen[1]), aber thatenlosen und erschlaffenden Gesellschafts- und Salonleben seine Tage in der Residenz hinbrachte. Nicht anders lebte im Genusse ihrer reichen Pfründen die höhere Geistlichkeit, während die niedere, arm und gedrückt, mit ihren Sympathien ganz auf der Seite der unteren Klassen stand.

So war denn der wesentlichste Charakterzug des damaligen Frankreichs Ausbeutung des Staates einerseits zu Gunsten der Krone, andrerseits der bevorrechteten Stände; daraus erklärt sich der erbitterte Haß der unterdrückten Volksschichten gegen die bestehenden Zustände. Von wesentlicher Bedeutung aber ist es, daß zu gleicher Zeit auch unter den herrschenden Klassen auf theoretischem Wege sich die

Schlechte Einkommenverteilung.

Soziale Gliederung.

---

1) Vgl. Talleyrands Ausspruch: Qui n'a pas vécu avant 1780, ne connaît pas la douceur de vivre.

Überzeugung von der Unhaltbarkeit des Bestehenden verbreitete. Dies war das Werk der Aufklärungslitteratur.

§ 64. Die Aufklärungslitteratur. Die Litteratur des achtzehnten Jahrhunderts wird einerseits dadurch gekennzeichnet, daß sie den Zwang, den die historisch überlieferten Zustände ausübten, zu zerstören und der Persönlichkeit des einzelnen Menschen zur Freiheit zu verhelfen strebt, daher ihr Charakter ein wesentlich individualistischer ist; andrerseits dadurch, daß sie von der Überzeugung beseelt ist, man könne, allein von der Vernunft ausgehend, unter Mißachtung des historisch Gegebenen eine ideale Ordnung der Verhältnisse schaffen, daher ihr Charakter zugleich ein rationalistischer und optimistischer ist. Eine ähnliche Geistesrichtung beherrschte damals die deutsche und die englische Litteratur, und mit ihr beginnt eine neue Periode wissenschaftlichen Denkens. Aber während die klassische deutsche Litteratur an einer positiven sittlichen Weltanschauung festhielt, überwog in Frankreich die negative, die skeptische und zerstörende Tendenz.

Voltaire 1694—1778. Den skeptischen Geist seines Zeitalters vertritt vor allem Voltaire. In der Zeit des Prinzregenten war er in die vornehme Welt von Paris eingetreten, hatte dann mehrere Jahre in England zugebracht, dessen Litteratur und Staatsleben auf ihn den größten Eindruck machten, und lebte später jahrelang in wissenschaftlicher Zurückgezogenheit auf einem lothringischen Schloß; von 1750—52 war er der Gast Friedrichs des Großen in Potsdam; seine letzten zwanzig Lebensjahre verbrachte er in Ferney bei Genf. Er war ein äußerst geistreicher, vielseitiger und witziger, aber auch frivoler Schriftsteller, der Verfasser des Epos La Henriade, Dramatiker, Romanschriftsteller, Satiriker, Philosoph und Mathematiker, endlich der erste moderne Historiker, der Kulturgeschichte schrieb. Seine Lebensaufgabe fand er in dem haßerfüllten Kampfe gegen Kirche und Kirchenglauben; in der letzten Periode seines Lebens erhob er sich zu einer gewissen Größe, indem er mutig für Opfer der Unduldsamkeit eintrat, besonders für den der Ermordung seines Sohnes angeklagten Protestanten Jean Calas. Während er als Deist an dem Glauben an Gott, Freiheit und Unsterblichkeit festhielt, gingen die an ihn anknüpfenden *Die Encyklopädisten.* Schriftsteller, Diderot und die übrigen „Encyklopädisten" — so genannt als Mitarbeiter an einem großen encyklopädischen Lexikon — bedeutend über ihn hinaus, indem sie die Materie als allein wirklich hinstellten und das Dasein Gottes leugneten; einige von ihnen gingen soweit Sinnengenuß und Selbstliebe als die obersten Grundsätze der Sittlichkeit hinzustellen.

Rousseau 1712—1778. Während Voltaire seine Angriffe vorzugsweise gegen die Kirche wandte und sie mit den Waffen des Verstandes ausfocht, ging Jean

Jacques Rousseau von den Bedürfnissen des Gefühls aus und wandte sich vornehmlich gegen die herrschenden sozialen Zustände. Er hatte in seinen Bearbeitungen zweier Preisfragen der Akademie von Dijon die Thesen aufgestellt, daß die Kultur den Menschen nicht besser, sondern schlechter mache, und daß die Ungleichheit unter den Menschen eine Folge einerseits des Privateigentums, andrerseits der bisherigen, auf Gewalt gegründeten Staatsordnung sei. Er wandte dann seine Überzeugung von der unzerstörbaren Güte des natürlichen Menschen in seinem Émile auf die Pädagogik an, indem er von ihr forderte, daß sie den natürlichen Regungen des Zöglings immer nach= gehen und sie ausbilden müsse. Derselben Grundanschauung huldigte er in der Schrift Le contrat social, in welcher er ausführte, daß der Staat durch Vertrag entstanden sei, und nach dem Grundsatz, daß der Wille des Volkes immer das allgemeine Beste wolle, eine rein demokratische Regierung forderte. Seine Ansichten sind zu erklären als eine Rückwirkung gegen die überfeinerten und verbildeten Zu= stände seiner Zeit. Sie übten allenthalben, besonders auch in Deutsch= land, die allergrößte Wirkung aus; die Versuche der Männer der Revolution eine neue Staats= und Gesellschaftsordnung zu schaffen sind von keinem mehr als von ihm beeinflußt.

Schon vor ihm hatte **Montesquieu**, ein hoher juristischer Beamter, nachdem er in den Lettres persanes die französische Kultur einer spöttischen Kritik unterzogen hatte, in seinem Esprit des lois eine neue Theorie vom Staate aufgestellt. Er behauptete, daß die poli= tische Freiheit nur dann gesichert sei, wenn die drei Gewalten, in welche die Staatsgewalt zu zerlegen sei, die gesetzgebende, die vollziehende und die richterliche Gewalt, getrennt wären, eine Trennung, für die er sich irrtümlicherweise auf das Vorbild der englischen Verfassung berief. _{Montesquieu.}

Eine Befreiung des wirtschaftlichen Lebens endlich von den Fesseln des Merkantilsystems strebte die **physiokratische Schule** an, der u. a. Turgot angehörte. Von den Bedürfnissen der darnieder= liegenden Landwirtschaft ausgehend, erklärte sie die Eingriffe der Staatsgewalt in die Volkswirtschaft für schädlich und forderte mit dem Schlagworte laissez faire, laissez passer Freiheit der Produktion und Freiheit des Handels. _{Die Physio= kraten.}

So erschütterte diese Litteratur auf allen Gebieten, dem des Glaubens und Denkens, dem sozialen, dem politischen, dem wirt= schaftlichen den Glauben an die Vernünftigkeit der bisherigen Ver= hältnisse. Dem Glauben an die Nützlichkeit und sittliche Berechtigung der staatlichen Allgewalt gegenüber, wie ihn die bisherigen Jahr= hunderte ausgebildet hatten, stellte sie mit noch größerer Zuversicht die Überzeugung entgegen, daß durch bloße Befreiung des In= dividuums ein idealer Zustand heraufgeführt werden könnte.

Die konstituierende Versammlung. 1789—1791.

§ 65. Die Anfänge der Revolution. Am 5. Mai 1789 traten die Generalstände zu Versailles zusammen, je 300 Abgeordnete des Adels und der Geistlichkeit, 600 des dritten Standes. Die erste Frage, die zu erledigen war, bezog sich auf die Art der Beratung; Adel und Geistlichkeit wünschten getrennte, der dritte Stand gemeinsame Beratung und Abstimmung. Die Regierung verhielt sich in dieser wie in anderen Fragen schwankend und energielos; da erklärten sich auf Antrag des Abbé Sieyès, der bereits in der Flugschrift Qu'est-ce que le tiers-état? behauptet hatte, daß der dritte Stand in Wahrheit die ganze Nation sei, am 17. Juni die Abgeordneten des dritten Standes als assemblée nationale; ein Beschluß, mit dem sie, obwohl sie die beiden anderen Stände einluden sich an ihren Beratungen zu beteiligen, die gesamte ständische Ordnung des bisherigen Frankreichs umstürzten. Drei Tage später leisteten sie im Ballhaus den Schwur nicht voneinander zu gehen, ehe eine Verfassung geschaffen sei. Ein Verbot des Königs, in feierlicher Sitzung der drei Stände ausgesprochen, stieß auf den Widerstand der bürgerlichen Abgeordneten, als deren Sprecher Mirabeau erklärte, sie würden nur der Gewalt der Bajonette weichen. Demgegenüber gab die Regierung nach und befahl gemeinsame Beratung: es war die erste Niederlage der Krone.

Indessen herrschte in Paris eine ungeheure Aufregung. Der Mittelpunkt der Empörung waren die Gastwirtschaften des Palais royal; hier wurden Reden an die Bevölkerung gehalten, hier verführte man die in Paris stehenden französischen Garden. Als man erfuhr, daß der populäre Minister Necker durch eine Adelsintrige gestürzt worden sei, brach der Aufstand offen aus. Eine Plünderung von Paris wurde nur dadurch verhütet, daß aus den Bürgern eine Nationalgarde gebildet wurde, an deren Spitze Lafayette gestellt wurde. Die Volkswut wandte sich gegen die Bastille, deren geringe Besatzung auf die Bedingung freien Abzugs hin kapitulierte, aber niedergemacht wurde. Die Folge war die Wiederberufung Neckers, der dann noch über ein Jahr lang Minister blieb: es war die zweite Niederlage der Krone, die sich diesmal vor dem Pöbel von Paris beugte.

Die Folge des Bastillensturms war einerseits, daß der Prinz von Artois, des Königs Bruder, Prinz Condé und ein großer Teil des hohen Adels das Land verließen, andrerseits, daß allenthalben in Frankreich Aufstände stattfanden, viele Adelsschlösser niedergebrannt, die gutsherrlichen Rechte vernichtet wurden und in vielen Gegenden die Steuerzahlung und die Regierungsgewalt fast ganz aufhörte. So war die Lage, als die Nationalversammlung in der Nachtsitzung vom 4. August auf Antrag von Vertretern der privilegierten Stände selbst alle gutsherrlichen Rechte, Zehnten, Steuerbefreiungen, Privilegien abschaffte. Umsturz des ständischen Staates.

Die Nationalversammlung wandte sich nunmehr, ohne ihrer Hauptaufgabe, der Neuordnung der Finanzen, zu gedenken, der Beratung einer Verfassung zu, und zwar auf Lafayettes Antrag nach nordamerikanischem Vorbild zuerst der Beratung über die allgemeinen Menschenrechte. Indessen hatte sich die Aufregung in Paris, zumal die Teuerung andauerte, nicht gelegt; geschürt von den Agenten des ehrgeizigen Herzogs Philipp von Orleans, führte sie am 5. Oktober zu dem „Zuge der Weiber" nach Versailles. Spät erst erschien Lafayette mit der Nationalgarde, um Ordnung zu stiften; in der Nacht wurde ein Mordversuch auf die Königin gemacht; am nächsten Tage begab sich die königliche Familie auf Lafayettes Begehren nach Paris. Es war die dritte, entscheidende Niederlage der Krone; sie geriet nunmehr in die Abhängigkeit des Pariser Pöbels, mit ihr freilich auch die Nationalversammlung, die ihr bald darauf folgte. Zug der Weiber nach Versailles 5. Okt. 1789.

§ 66. **Die Schöpfungen der konstituierenden Versammlung.** Die große Mehrheit der Nationalversammlung bestand aus Männern, die keinerlei politische Erfahrung besaßen, die aber ganz erfüllt waren von den Ideen Rousseaus und die Überzeugung mitbrachten, daß sie berufen seien an der Hand der Theorie eine ideale Verfassung auf rein demokratischer Grundlage zu schaffen. Bei weitem der hervorragendste Abgeordnete war der Vertreter von Aix, der Graf Mirabeau, ein Mann, der eine wilde und ausschweifende Jugend hinter sich hatte, mehrere Male längere Zeit im Gefängnis zugebracht, später u. a. in Berlin sich aufgehalten und ein Buch über die Monarchie Friedrichs des Großen verfaßt hatte; er war ein glänzender, leidenschaftlicher Redner. Sein Ziel war nicht die Vernichtung der königlichen Gewalt, sondern die Herstellung eines Gleichgewichts zwischen ihr und der des Parlaments, d. h. die Begründung einer konstitutionellen Monarchie. Infolgedessen näherte er sich im geheimen der Regierung und schrieb für sie gegen Zahlung hoher Geldsummen Berichte, ohne sie doch wesentlich beeinflussen zu können. Die Nationalversammlung.

Mirabeau.

Als wesentliche Ziele steckte sich die Nationalversammlung einerseits Vernichtung des Absolutismus durch Neuordnung der Verfassung und der Verwaltung, andrerseits Vernichtung der Privilegien.

Die allgemeinen Menschenrechte definierte man in Rousseaus Sinn; allen Menschen sprach man Freiheit und Rechtsgleichheit, jedem einzelnen auch das Recht des Widerstandes gegen Unterdrückung zu Die neue Verfassung.

und verlegte den Ursprung aller Souveränität in das Volk. Im übrigen folgte man der Lehre Montesquieus von der Trennung der Gewalten: die gesetzgebende Gewalt übertrug man fast ganz der Nationalversammlung; der König erhielt weder das Recht sie aufzulösen noch Gesetze vorzuschlagen noch ihre Beschlüsse endgültig zu verwerfen, d. h. kein absolutes, sondern nur ein suspensives Veto.

Die neue Verwaltung. Dem Namen nach übertrug man dafür dem König die ausübende Gewalt. In Wirklichkeit aber entzog man sie ihm ebenfalls, da man nicht nur allen Städten und Landgemeinden, sondern auch den neugeschaffenen, nach rein geographischen Gesichtspunkten eingeteilten 83 Departements und ihren Unterabteilungen volle Selbstverwaltung gab und bestimmte, daß alle ihre Beamten, ebenso wie die Richter, die Offiziere der Nationalgarde, die Pfarrer durch das Volk auf verhältnismäßig kurze Zeit gewählt werden sollten. Hierdurch wurde erstens der Einfluß der Centralgewalt in hohem Maße geschwächt und die Einheit des Staates gefährdet; ferner wurden die Gemeindebeamten, Departementsbeamten, Richter abhängig von der Menge ihrer Wähler, von denen sie wiedergewählt zu werden wünschten; da sich endlich der arbeitende, ruhebedürftige Teil der Bürger von den zahllosen Pflichten und Aufregungen des öffentlichen Lebens mehr und mehr zurückzog, so gerieten die Wahlen und der politische Einfluß immer mehr in die Hand einer radikalen, selbstsüchtigen Partei, der Jakobiner, so benannt nach dem Pariser Jakobinerkloster, wo der Pariser Klub seine Sitzungen hielt.

Vernichtung der Privilegien. Neben die Vernichtung des Absolutismus trat als zweite Aufgabe die der ständischen Privilegien. Die gutsherrlichen Rechte, die Zehnten, die Steuerbefreiungen und sonstigen Vorrechte waren bereits am 4. August beseitigt und dadurch Arbeit und Eigentum von den Fesseln der feudalen, ständisch gegliederten Staatsordnung mit einem Schlage befreit worden. Man ging weiter und schaffte Adel, Titel und Wappen ab. Daß man auch die kirchliche Verfassung umgestaltete, hatte zunächst finanzielle Gründe.

Die Einziehung des Kirchengutes. Denn während der Beratungen über eine ideale Verfassung war das Defizit und die Zerrüttung der Finanzen in ungeheurem Maße gestiegen. In dieser Not half man sich dadurch, daß man die Besoldung der Geistlichkeit auf die Staatskasse übernahm, das reiche Kirchengut aber für Eigentum der Nation erklärte und Staatsschuldscheine (Assignaten) ausgab, denen es als Deckung dienen sollte. Als später die Kirchengüter nicht ausreichten, konfiszierte man auch die Güter der Emigranten. Die Folge dieser Maßregeln war außerordentlich. Da jene bisher in festen Händen befindlichen Güter allmählich verkauft und verschleudert wurden, so trat eine gewaltige Umwälzung des Grundbesitzes ein. Die Staatsfinanzen aber wurden nicht gebessert; im Gegenteil wurden die Assignaten durch ihre massenhafte Ausgabe mehr und mehr entwertet und dadurch zugleich weite Kreise der Bevölkerung wirtschaftlich zu Grunde gerichtet. Endlich aber entfremdete dieser Eingriff in die kirchliche Verfassung einen großen Teil der Bevölkerung den Gedanken der Revolution; das Landvolk hing den Priestern an, welche den verlangten Eid auf die Verfassung nicht leisteten und deshalb abgesetzt wurden; so bereitete sich der religiöse Bürgerkrieg vor.

§ 67. **Das Ende der konstituierenden Versammlung.** So hatte die Nationalversammlung, indem sie bei ihrer Neuschaffung des Staats vom Recht der Einzelpersönlichkeit ausging, das Königtum und die Centralgewalt untergraben, die Staatseinheit zerrissen, die Nation abhängig gemacht von einer selbstsüchtigen, radikalen Partei; sie hatte endlich eine schwere Vermögensschädigung weiter Kreise und zugleich den religiösen Bürgerkrieg vorbereitet. Indessen berauschte sie sich an theatralischen Festen, wie es das große Verbrüderungsfest vom 14. Juli 1790 war. *Ergebnisse.*

Mirabeau hatte sich vergeblich bemüht dem Königtum eine größere Machtvollkommenheit zu erhalten. Er starb im April 1791 und wurde mit großem Glanz begraben. Seitdem gewannen die jakobinischen Führer, auf den Pöbel gestützt, immer mehr Einfluß, vor allem Robespierre, Danton, der Führer im Klub der Cordeliers, und der blutdürstige Herausgeber des Ami du peuple, Marat. Unter diesen Umständen beschloß der König mit seiner Familie aus Paris zu entfliehen; er dachte sich unter den Schutz des ihm ergebenen Generals Bouillé, der an der Ostgrenze stand, zu stellen. Aber er wurde erkannt, in Varennes aufgehalten, nach Paris zurückgeführt und die königliche Gewalt von der Nationalversammlung solange suspendiert, bis er die neue Verfassung anerkannt hatte. Darauf löste sich die konstituierende Versammlung auf. *Tod Mirabeaus April 1791.* *Flucht des Königs Juni 1791.* *Sept. 1791.*

Die gesetzgebende Versammlung 1791—92; die Campagne in Frankreich 1792.

§ 68. **Die gesetzgebende Versammlung.** Die neue, „gesetzgebende" Versammlung hat ihre Aufgabe ein neues Recht zu schaffen nicht erfüllt. Sie geriet von vornherein unter den Einfluß einer kleinen, aber durch rednerisches Talent ausgezeichneten Partei, der Girondisten, die ihren Namen daher hatten, daß ein Teil von ihnen aus Bordeaux stammte, und die als politisches Ziel den Umsturz des Königtums und der eben erst geschaffenen Verfassung verfolgten. Zu ihnen gehörten Vergniaud, Brissot, Sieyès, Roland und seine *Gironde und Montagne.*

hochbegabte, schwärmerische Frau. Neben ihnen erhob sich mehr und mehr die jakobinische Partei, die man als die Montagne bezeichnete, weil sich die Sitze ihrer Anhänger in der Nationalversammlung auf den oberen Bänken befanden: auch sie wollten die Republik, aber eine Republik des Pöbels und in sozialistischem Sinne.

Ausbruch des Krieges. Um die revolutionären Leidenschaften von neuem zu entfachen und so ihre Umsturzpläne durchführen zu können, wünschte die Gironde einen großen Krieg heraufzuführen. Sie gab als Losung aus, daß man die Segnungen der Revolution auch anderen Völkern bringen müsse („Krieg den Palästen, Friede den Hütten!"); ein ferneres wesentliches, freilich dem letztgenannten sehr widersprechendes Motiv der Kriegspartei war die Hoffnung die leere Staatskasse mit der Beute eroberter Länder füllen zu können. Als Anlaß zum Kriege nahm man einerseits die Zusammenkunft Kaiser Leopolds II. und Friedrich Wilhelms II. zu Pillnitz im Herbst 1791, andrerseits die Rüstungen der Emigranten, die sich in den rheinischen Bischofsstädten aufhielten; in der That aber waren in Pillnitz die beiden Monarchen über eine friedliche Haltung übereingekommen und hatten insbesondere die Vorschläge des Grafen von Artois zurückgewiesen; auch wurden die Emigranten entwaffnet. Trotzdem schürte die Gironde auch ferner zum Kriege; im Frühjahr 1792 sah sich der König genötigt ein girondistisches Ministerium zu berufen, zu dem Roland, General Dumouriez und andere gehörten; auf dessen Drängen **April 1792.** erklärte Ludwig im April 1792 mit schwerem Herzen den Krieg an Kaiser Franz II., der soeben seinem Vater Leopold gefolgt war, und ebenso an Sardinien. Die Folge war, daß Preußen, das mit Österreich durch ein Defensivbündnis vereinigt war, ebenfalls den Krieg erklärte.

Sturz des Königtums. Während ein Versuch in Belgien einzufallen völlig mißlang, suchte das girondistische Ministerium den Zwiespalt zwischen der Nation und dem König zu verschärfen, indem es Gesetze vorschlug, die dieser nicht genehmigen konnte, insbesondere ein hartes Strafgesetz, das die eidweigernden Priester mit Deportation bedrohte. Der König verweigerte seine Zustimmung und entließ das Ministerium. Die **20. Juni 1792.** Folge war ein Aufstand des Pöbels der Pariser Vorstädte am 20. Juni; die Massen drangen in die Tuilerien ein, und den Königsmord vereitelte nur das feste Auftreten Ludwigs; erst spät **10. August 1792.** kam die Nationalgarde zu Hilfe. Besser gelang der Aufstand vom 10. August. Die jakobinischen Führer, wiederum gestützt auf die Arbeitermassen der Vorstädte, setzten zunächst einen neuen Stadtrat von Paris ein; darauf wurden die Tuilerien erstürmt und die Schweizergarde, der der König zu feuern verbot, niedergemacht; die königliche Familie flüchtete sich in den Sitzungssaal der Nationalversammlung. Diese beschloß die Suspension des Königs, der mit seiner Familie im Temple, dem einstigen Hofe der Tempelritter, untergebracht wurde, ernannte ein neues Ministerium, in dem neben mehreren Girondisten auch Danton als Justizminister saß, und ordnete die Wahl einer neuen Nationalversammlung, des Nationalkonvents, an, um Frankreich eine neue Verfassung zu geben.

Der Sturz des Königtums hatte ein doppeltes Nachspiel. Lafayette, der Befehlshaber des an der belgischen Grenze stehenden Heeres, ein Gegner der demokratischen Regierung, aber nicht entschlossen genug, um mit den Waffen für den gefangenen König einzutreten, verließ das Lager und floh nach Belgien; er blieb Jahre lang österreichischer Staatsgefangener. Verhängnisvoller waren die entsetzlichen Gefängnismorde: die Führer der jakobinischen Partei, die den Stadtrat von Paris beherrschten, und zu denen der Justizminister Danton gehörte, ließen, um die gemäßigte Bürgerschaft einzuschüchtern und so die Wahlen zum Konvent zu beeinflussen, in den ersten Septembertagen eine Menge von Gefangenen, eidweigernde Priester, Schweizer, Adlige, aber auch Frauen und Kinder, hinmorden; es war der Anfang der Herrschaft des Schreckens.

Flucht Lafayettes.

Die Septembermorde.

§ 69. **Die Campagne in Frankreich.** Indessen war ein preußisch-österreichisches Heer unter dem Herzog **Karl Wilhelm Ferdinand von Braunschweig**, der bereits im siebenjährigen Kriege unter seinem Oheim Ferdinand befehligt hatte, in Frankreich eingerückt; König Friedrich Wilhelm II. befand sich im Lager und im Gefolge Karl Augusts von Weimar auch Goethe. Der Erfolg des Feldzugs entsprach den Erwartungen bei weitem nicht. Die Österreicher waren in weit geringerer Stärke erschienen, als sie versprochen hatten; der Einmarsch ging äußerst langsam vor sich, vornehmlich infolge des zaghaften Charakters des Herzogs von Braunschweig. Bei **Valmy** in den Argonnen wagte er es nicht die feindliche Stellung zu stürmen; es kam nur zu einer Kanonade. In den nächsten Tagen verstärkte sich das französische Heer unter Dumouriez bedeutend; bei den Verbündeten herrschten Hunger und Krankheit: so traten sie den Rückzug an.

Feldzug von 1792.

Valmy.

Mit dem Tage von Valmy begann in der That, wie es Goethe aussprach, eine neue Epoche der Weltgeschichte: die der Unterwerfung eines großen Teils des europäischen Festlandes durch die Franzosen und der Ausbreitung der revolutionären Ideen über Europa. Dumouriez fiel in Belgien ein und eroberte es durch den Sieg von **Jemappes**; Custine drang vom Elsaß aus rheinabwärts vor und nahm Mainz und Frankfurt; zugleich wurden Savoyen und Nizza besetzt.

Die Eroberung von Belgien, Mainz, Savoyen.

Die Folge dieser Eroberungspolitik Frankreichs, welcher der Konvent dadurch Ausdruck gab, daß er allen Völkern, die sich befreien

Erste Koalition 1793.

wollten, seinen Beistand versprach, war die Bildung der ersten Koalition zwischen Preußen, Österreich, England, wo der jüngere Pitt Minister war, Holland, Spanien, Sardinien.

Der Nationalkonvent. 1792—1795.

Sept. 1792.

§ 70. Veränderte Ziele der Revolution. Mit dem Zusammentritt des Konvents beginnt eine neue Periode der französischen Revolutionsgeschichte: nicht nur weil jetzt die Republik an die Stelle des konstitutionellen Königtums trat, sondern weil anstatt des individualistischen Standpunktes, von dem aus man bisher die Ansprüche der Allgemeinheit hinter denen der nach freier Entfaltung verlangenden Einzelpersönlichkeit hatte zurücktreten lassen, sich jetzt mehr und mehr eine sozialistische Auffassung geltend machte, welche die Interessen der Gesamtheit, genauer der besitzlosen Klassen auf ihre Fahne schrieb. Dem Gedanken der politischen Gleichheit stellte die herrschende Partei den der wirtschaftlichen Gleichheit zur Seite, hinter dem das Ideal politischer und wirtschaftlicher Freiheit zurücktreten mußte; mit erbittertem Haß wandte sie sich gegen die Reichen und spielte den Besitzlosen die Herrschaft in die Hand; sie suchte alle Zweige des sozialen Lebens staatlich zu regeln, ja sogar dem geistigen Leben eine bestimmte Richtung zu geben — im Interesse der Partei und ihrer ehrgeizigen und fanatischen Führer.

Individualismus und Sozialismus.

Hinrichtung des Königs.

§ 71. Der Königsmord und der Sturz der Girondisten. Zunächst beschäftigte den Konvent der Prozeß des Königs, den die Girondisten wie die Bergpartei betrieben, um durch diese Beschimpfung das Königtum für alle Zukunft unmöglich zu machen; freilich wünschten die Girondisten nicht die Hinrichtung des Königs, während die Bergpartei, indem sie sich über sittliche und verfassungsrechtliche Bedenken hinwegsetzte, es gerade darauf ablegte den König auf das Schafott zu bringen.[1]) Der Antrag auf Berufung an das Volk, den die ersteren stellten, wurde auf Betrieb der Gegenpartei im Widerspruch zu der demokratischen Theorie vom Konvente abgelehnt. Nachdem sich die Gironde durch das drohende Toben der Pöbelmassen hatte einschüchtern lassen, wurde „Louis Capet" am 17. Januar 1793 verurteilt: seine Schuld wurde einstimmig bejaht, für sofortige Hinrichtung stimmten nur 361 von 721. Am 21. Januar wurde er durch die Guillotine hingerichtet.

17. Jan. 1793.
21. Jan. 1793.

---

1) St. Just, Robespierres fanatischer Genosse, erklärte damals: On ne peut régner innocemment. Von demselben stammt das Wort: L'opulence est une infamie.

Die Gironde hatte, als sie feige genug war gegen ihre Über- *Wohlfahrts-*
zeugung dem Königsmorde zuzustimmen, ihre Stellung selbst unter- *ausschuß*
graben. In dem Wohlfahrtsausschuß, der im April 1793 ge- *April 1793.*
schaffen wurde, und der bald mit diktatorischer Gewalt das Land
beherrschte, herrschten die Jakobiner, vor allem Danton und Robespierre. Infolge eines Pöbelaufstandes beschloß im Juni 1793 der *Sturz der*
Konvent die Verhaftung einer Reihe von Girondisten; einige von *Gironde*
ihnen entflohen; andere wurden später aus dem Konvent ausgestoßen. *Juni 1793.*

§ 72. **Die Schreckensherrschaft.** Die herrschende Partei wagte
es nunmehr in Verfassung und Verwaltung ganz andere Wege
einzuschlagen als die konstituierende Versammlung. Die Selbstver- *Vernichtung*
waltung der Gemeinden und Departements wurde vernichtet durch *der Selbst-*
die Aussendung von Kommissaren des Konvents, die zunächst *verwaltung.*
in den Provinzen die Aushebung für den Krieg betreiben, sodann
allen Widerstand gegen die Herrschaft der Jakobiner ersticken sollten.
Sodann wurde im Sommer 1793 zwar eine neue Verfassung *der Ver-*
nach denselben Grundsätzen wie die von 1791 festgestellt, aber wenige *fassung.*
Wochen später suspendiert und die Diktatur des Konvents ver-
kündet. Der Wohlfahrtsausschuß, in dem, seit Danton nicht
mehr darin saß, Robespierre mehr als je das Wort führte, besaß
eine völlig tyrannische Gewalt. Jakobinische Revolutionsausschüsse
übten in den Gemeinden die Polizei, Revolutionsgerichte eine schnelle
Justiz; Frankreich war in der Hand einer despotisch regierenden Partei.

Diese Partei gestattete sich die stärksten Eingriffe in die *Vergewalti-*
persönliche Freiheit und das Leben der Bürger. Während für *gung der*
den Krieg in erster Linie Angehörige der besitzenden Klassen aus- *Freiheit der*
gehoben wurden, wurde gesetzlich bestimmt, daß alle irgendwie Ver- *Person,*
dächtigen verhaftet werden dürften. Und so sollen zeitweise 400000
Menschen verhaftet gewesen sein. Die Guillotine ruhte nicht: die
Königin wurde hingerichtet, während man ihren Sohn, den Dauphin,
in ruchlosester Weise zu Tode quälen ließ. Dann mußten Philipp
Egalité — diesen Namen hatte sich der Herzog von Orleans beigelegt —, viele Girondisten, Frau Roland, zahlreiche Generäle und
Abgeordnete das Schafott besteigen; anderswo wurde durch Füsilladen,
in Nantes durch „Noyaden" der Widerstand vernichtet.

Dazu traten die schwersten Eingriffe in die Denk- und *der Denk-*
Gewissensfreiheit. Wie man alle, die politisch anders dachten *und*
als die Sansculotten, verfolgte, so auch die, welche an der alten *Gewissens-*
Kirche festhielten. In Notredame zu Paris feierte man der „Göttin *freiheit.*
der Vernunft" ein Fest; statt des alten Kalenders führte man einen
republikanischen Kalender ein und rechnete die Jahre von dem Tage
der Verkündigung der Republik ab.

Vergewaltigung des Eigentums.

Endlich erlaubte man sich die schwersten Eingriffe in das Eigentum. Man begann damit, daß man bei schwerer Kerker-, dann bei Todesstrafe verbot die Assignaten unter dem Nennwert zu kaufen oder zu verkaufen. Um der steigenden Teuerung des Brotes entgegenzuwirken, setzte man ein Preismaximum für das Getreide fest, dem ähnliche Bestimmungen für andere Waren folgten; trotz der schweren Strafandrohung war freilich der Erfolg kein anderer, als daß der Verkehr gelähmt und die Teuerung erhöht wurde. Man schritt endlich zu Brandschatzungen der Besitzenden und zur Requisition der verschiedensten Gegenstände „im Interesse des Staates", insbesondere zur Wegnahme des baren Geldes, für das man teilweise entwertete Assignaten gab. Zugleich wurde, wie vorher das Vermögen der Kirche und der Emigranten, nun auch das Vermögen aller Verdächtigen eingezogen.

Verfall der Volkswirtschaft.

Die Folgen dieser maßlosen Gewaltherrschaft waren entsetzlich. Landwirtschaft, Gewerbe und Handel sanken auf den tiefsten Stand; wer wollte arbeiten, da er doch des Ertrages seiner Arbeit nicht sicher war! Die Folge war Arbeitslosigkeit der Massen auf der einen, Hungersnot auf der andern Seite, so daß die Umwälzung gerade den Besitzlosen, in deren Interesse sie angeblich unternommen wurde, nicht zu gute kam. Ebensowenig aber besserte sich die Finanz-

Verfall der Finanzen.

wirtschaft des Staates. Das Steuerwesen war völlig verwahrlost; von dem großen Raube am Eigentum der Besitzenden floß nur der kleinere Teil in die Staatskasse, der größere wurde unterschlagen; die Assignaten wurden immer wertloser. Dazu kam, daß der furchtbare Druck in den Provinzen zum Aufstand und Bürgerkrieg führte, während in Paris sich die Fraktionen der herrschenden Partei bekämpften.

Aufstände.

Einerseits nämlich erhoben sich für Königtum und Kirche die Bauern der Vendée; der Aufstand verbreitete sich auch nordwärts der Loire und in der Bretagne und konnte trotz seiner schlechten Organisation und trotz der furchtbaren Greuel, welche die republikanischen Heerführer verübten, bei der wilden Begeisterung der Aufständischen und bei der Beschaffenheit des durch Hecken, Gräben, Gehöfte unterbrochenen Geländes erst spät niedergeworfen werden. Andrerseits erhob sich an mehreren Stellen, vornehmlich in Lyon und Toulon, das republikanisch gesinnte Bürgertum[1], teilweise von geflohenen Girondisten geführt, für seine Freiheit und sein Eigentum. Über das eingenommene Lyon verhängte der Konvent das Urteil der Zerstörung, und unter furchtbaren Metzeleien und Plünderungen wurde wirklich ein Teil der Stadt in Trümmer gelegt. Der Aufstand von

---

1) Eine girondistisch gesinnte Republikanerin war auch Charlotte Corday, die im Juli 1793 Marat in seiner Wohnung ermordete.

Toulon war deshalb noch gefährlicher, weil die Stadt sich an die Verbündeten anschloß, die Truppen und Schiffe dorthin schickten. Den entscheidenden Rat für den Artillerieangriff auf die Stadt gab der Hauptmann Bonaparte; auch hier fanden nach der Einnahme entsetzliche Greuel statt.

Den höchsten Grad erreichte die Despotie, seit es Robespierre im Frühjahr 1794 gelungen war sowohl über die extremsten der Jakobiner, Hébert und die Seinen, die im Pariser Stadtrat herrschten, wie über die Gemäßigteren, deren Haupt Danton war, den Sieg davon zu tragen und sie auf das Blutgerüst zu bringen. Seitdem herrschte er mit St. Just und Couthon unbeschränkt. Ihnen kam es darauf an nach einer so gründlichen Zerstörung des Alten eine positive Neuordnung zu schaffen, insbesondere die Masse der Bürger mit demokratischem Geiste zu erfüllen. Während also das Revolutionsgericht in erhöhtem Maße thätig war, um alle Gegner zu vernichten, dekretierte der Konvent auf Robespierres Antrag das Dasein eines höchsten Wesens, und St. Just entwarf einen Plan, wonach die Kinder vom Staate erzogen, Ackerlose an die Bürger ausgeteilt und möglichste wirtschaftliche Gleichheit hergestellt werden sollte. Da wurden Robespierre und seine Anhänger durch ein Bündnis zwischen der Mehrheit der Jakobiner, die sich ihres Lebens nicht mehr sicher fühlten, und den Resten der Gemäßigten am 9. Thermidor (27. Juli) 1794 gestürzt; am nächsten Tage wurden sie hingerichtet.

Herrschaft Robespierres April—Juli 1794.

Sturz Robespierres 9. Thermidor.

Erst allmählich aber gewann die gemäßigte Partei im Konvente die Oberhand; sie stützte sich auf die Jugend des bürgerlichen Mittelstandes, die den Jakobinern förmliche Straßenkämpfe lieferte und von diesen den Namen jeunesse dorée erhielt. Endlich wurde der Jakobinerklub geschlossen. Im Sommer 1795 wurde sodann eine neue Verfassung entworfen, welche die vollziehende Gewalt einem Direktorium von 5 Personen, die gesetzgebende einem Rat der Alten, der 250 Mitglieder zählte, und einem Rat der 500 übertrug. Um aber gegenüber der im Lande stetig wachsenden monarchischen Stimmung der herrschenden Partei die Macht zu erhalten, wurde bestimmt, daß zwei Drittel der neuen Volksvertreter aus den Mitgliedern des Konvents erwählt werden sollten. Ein Aufstand der Pariser Bürgerschaft, der sich gegen diese Anordnung richtete, wurde von dem General Bonaparte am 13. Vendémiaire (5. Oktober) 1795 niedergeworfen.

Ausgang des Konvents.

Direktorialverfassung.

Oktober 1795.

Der erste Koalitionskrieg (1793—1797) und die Zeit des Direktoriums (1795—1799).

§ 73. Der erste Koalitionskrieg bis zum Frieden von Basel. Der Schauplatz des Krieges, den Frankreich indessen gegen einen großen Teil des übrigen Europas führte, waren vornehmlich die Pfalz und

Krieg am Rhein und in den Niederlanden.

die österreichischen Niederlande. Die französischen Armeen bestanden aus der zu den Waffen gerufenen Jugend Frankreichs vom 18. bis zum 25. Lebensjahre; ihr Organisator war Carnot; ihre Führer waren verwegene, rasch emporgekommene Generäle wie Hoche, Jourdan, Pichegru[1]), die den Krieg führten in Verachtung der überlieferten Methode, insbesondere unter rücksichtsloser Vergeudung von Menschenleben. In der Pfalz siegten die Preußen dreimal bei Kaiserslautern, ohne daß sich daran fernere Erfolge geknüpft hätten; die Niederlande wurden von den Österreichern zurückerobert, aber nach Jourdans Siege bei Fleurus wieder geräumt. Im Winter 1794/95 eroberte darauf Pichegru Holland und schuf die demokratisch organisierte batavische Republik.

1793. 94.
1794.
1795.

Preußens Rücktritt vom Kriege.

Der Grund für die erfolglose Kriegführung lag in der Spannung zwischen Preußen und Österreich, die besonders eine Folge der Ereignisse in Polen war (s. § 74); der österreichische Minister Thugut war von dem größten Mißtrauen und Eifersucht gegen Preußen erfüllt. Für Preußen trat hinzu die Notwendigkeit einen großen Teil seines Heeres nach Polen einrücken zu lassen und die völlige Erschöpfung seines Schatzes, zumal da die englischen Subsidien ihm wieder entzogen wurden. Infolgedessen entschloß sich Friedrich Wilhelm II. mit Frankreich in Basel Frieden zu schließen: einen Frieden, der durch die Lage der Dinge geboten, aber nicht ehrenvoll war und eine verhängnisvolle Periode der Unthätigkeit Preußens einleitete. Preußen gab im geheimen seine Zustimmung zur Abtretung des linken Rheinufers und ließ sich Entschädigung für seine linksrheinischen Gebiete durch Säkularisation geistlichen Gutes zusichern. Eine Demarkationslinie schied fortan ein friedliches Norddeutschland, wo Volkswirtschaft und Wohlstand aufblühten, wo die deutsche Dichtkunst und Philosophie sich zu dem erhabensten Idealismus erhob, von dem süddeutschen Kriegsschauplatze.

In demselben Jahre schloß auch Spanien Frieden, bald sogar ein Bündnis mit Frankreich.

§ 74. **Die zweite und dritte Teilung Polens.** Katharina von Rußland hatte sich am Koalitionskriege nicht beteiligt, vielmehr den Umstand, daß die deutschen Mächte durch ihn in Anspruch genommen waren, benutzt, um ihre Eroberungspolitik gegen Polen von neuem aufzunehmen. Mit Hilfe einer Adelspartei suchte sie das Land sich unterthan zu machen. Um Polen nicht ganz in russische Hände fallen

---

[1]) Dumouriez hatte den Gedanken gefaßt den Konvent zu stürzen, aber seine Truppen versagten ihm zumeist den Gehorsam; er ging im Frühjahr 1793 zu den Österreichern über.

zu lassen, ließ 1793 Friedrich Wilhelm II. preußische Truppen einrücken. In der zweiten Teilung nahm er Danzig, Thorn und Südpreußen, während Rußland große Teile des östlichen Polens an sich riß. {*Zweite Teilung 1793.*}

Österreich, das damals wieder Bayern zu erwerben hoffte, war von der zweiten Teilung ausgeschlossen gewesen. Als sich die Polen unter Kosciuszko erhoben, besiegte sie der Feldmarschall Suworow und erstürmte Praga, die Vorstadt von Warschau. Darauf erfolgte die dritte Teilung Polens: Preußen erhielt Warschau und Neu= ostpreußen, Österreich Westgalizien, alles übrige Rußland. {*1794. Dritte Teilung 1795.*}

§ 75. Die Fortsetzung des ersten Koalitionskrieges. Im Jahre 1796 trug auf dem süddeutschen Kriegsschauplatze der Erzherzog Karl, der Bruder des Kaisers Franz II., bei Amberg und bei Würz= burg Siege über Jourdan davon und zwang dadurch Moreau, der bis nach Bayern vorgedrungen war, zum eiligen Rückzug über den Schwarzwald, wo sich die erbitterten Bauern gegen die Fran= zosen erhoben. Indessen aber errang in Italien der General Bona= parte glänzende Erfolge, die den Krieg entschieden. {*Erzherzog Karls Siege 1796.*}

Napoleone Buonaparte, nach der Überlieferung geboren am 15. August 1769, stammte aus Ajaccio auf Korsika.¹) Sein Vater war Advokat; der Sohn ähnelte mehr seiner Mutter Lätitia, einer lebhaften, energischen, ihr Hauswesen beherrschenden Frau. Er wurde zum Offizier bestimmt und auf den Kriegsschulen zu Brienne und Paris erzogen, wo er mit Vorliebe mathematische Studien trieb und bei seinem trotzigen und verschlossenen Wesen eine einsame Jugend verlebte. Dann wurde er Offizier, blieb aber begeistert für das Ideal der Befreiung seiner Geburtsinsel von der französischen Herrschaft; daneben erfüllten ihn die Gedanken Rousseaus und der Revolution. Er erreichte es 1792 eine Befehlshaberstelle in der neugeschaffenen Nationalgarde von Korsika zu erhalten. Als er sich aber 1793 an die Männer des Konvents anschloß, wurde er von der korsischen Nationalpartei geächtet; er kehrte zu seinem Regiment zurück, wäh= rend die Insel englische Truppen aufnahm; seitdem hatte er keine Heimat. Als Hauptmann entschied er 1793 die Einnahme von Toulon und wurde zum General ernannt. Er gehörte damals zu den Parteigängern Robespierres; nach dessen Sturze war er eine Zeit lang in Haft, wurde aber wieder entlassen. Er verpflichtete sich die Direktorialregierung zum größten Dank, als er den Aufstand vom {*Napoleon. 15. Aug. 1769.* *1793.* *1794.*}

---

1) Korsika, bisher Besitz der Genuesen, war seit Jahrzehnten gegen diese im Aufstand. Genua trat daher 1768 die Insel gegen Geld an Frank= reich ab, das sie im Frühjahr 1769 unterwarf.

Oft. 1795. 13. Vendémiaire niederschlug. Jetzt erhielt er das Kommando der italienischen Armee: als Feldherr, wie als Staatsmann und Regent eine außerordentliche Persönlichkeit; ein Mann von ungeheuren Gaben des Geistes, einem umfassenden Gedächtnis, einem alles durchschauenden Scharfblick; ein Mensch, der alle Umstände in Rechnung zog, ein scharfer Beurteiler der Menschen, vor allem von einer Willenskraft, die sich alle seine Geistesgaben unterthan machte; zum Herrscher geboren; andrerseits erfüllt von dem ungeheuersten Egoismus, beseelt von der einzigen Leidenschaft zu gebieten, der gegenüber alle sittlichen Bedenken zurücktraten; ein Vaterlandsloser, unter dessen unersättlichem Ehrgeiz Frankreich nicht weniger gelitten hat als das übrige Europa.

Italien.
Feldzug 1796.
Im Frühjahr 1796 überschritt er mit seinen Truppen, denen er in einem Armeebefehl „blühende Provinzen, große Städte, Ehre, Ruhm und Reichtum" verheißen hatte, von Savona aus den Apennin, trennte durch einige siegreiche Gefechte die Österreicher von den Sardiniern, die nun Frieden schlossen, erzwang bei Lodi den Übergang über die Adda und zog in Mailand ein. Darauf schloß er, während die Herzöge von Parma und Modena und der Papst durch Geldzahlungen, Gebietsabtretungen und Auslieferung von Kunstwerken den Frieden erkauften, Mantua ein und besiegte dreimal die österreichi-

1796. 1797. schen Entsatzarmeen bei Castiglione, bei Arcole und bei Rivoli; darauf ergab sich Mantua. Der Erzherzog Karl, der soeben siegreich am Rheine gestanden hatte und ihm nun gegenübertrat, wurde in einer Reihe von Kämpfen im nordöstlichen Venetien geschlagen. Napoleon folgte ihm über die Alpen bis in das Murthal, und hier wurde der Präliminarfriede von Leoben abgeschlossen, dem der Friede von

Friede von
Campoformio
1797.
Campoformio folgte; Österreich trat die Niederlande an Frankreich, die Lombardei an die neugeschaffene cisalpinische Republik ab, zu der außerdem Modena und ein Teil des Kirchenstaates geschlagen wurden, und gab im geheimen seine Zustimmung zur Abtretung des linken Rheinufers; dafür sollte es das vergewaltigte Venetien nebst Istrien und Dalmatien erhalten. Rhein und Etsch sollten von nun an das österreichische und französische Machtgebiet trennen; ein Kongreß zu Rastatt sollte den Frieden mit dem deutschen Reich und die Entschädigungen für die linksrheinischen Verluste deutscher Fürsten ordnen.

§ 76. Die ägyptische Expedition. Wie nach außen, so war Napoleon auch im Innern die kräftigste Stütze der Direktorialregie-

1) Damals heiratete er Josephine, die auf Martinique geborene Witwe des guillotinierten Generals Beauharnais, von dem sie zwei Kinder hatte, Eugen und Hortense.

rung, die zwar 1796 die Verschwörung Babeufs, die erste rein sozialdemokratische Bewegung der neueren Zeit, niedergeworfen hatte, jetzt aber sich durch die im Volk immer stärker werdende royalistische Strömung gefährdet sah. So lieh er ihr denn, als die Neuwahlen 1797 in beiden Räten der Volksvertretung eine königsfreundliche Mehrheit ergaben, seine Hilfe zu einem Staatsstreich; damals wurden viele Deputierte, dabei Pichegru, deportiert, während Carnot, bisher Mitglied des Direktoriums, entfloh.

Babeuf 1796.

Staatsstreich des Direktoriums 1797.

Nach dem Frieden erhielt Napoleon den Oberbefehl gegen den einzigen Feind, der noch unter den Waffen stand, England. Da eine Landung in England selbst nicht ausführbar schien, faßte er den Plan durch die Eroberung Ägyptens Englands Machtstellung zur See schwer zu schädigen und der Seemacht Frankreichs einen wertvollen Stützpunkt zu schaffen, während ihm zugleich fantastische Gedanken einer Eroberung des Orients vorschwebten. Mit einer großen Flotte und 40000 Mann Landtruppen, dazu in Begleitung bedeutender Gelehrten fuhr er ab, besetzte unterwegs das dem Johanniterorden gehörende Malta, landete in Alexandria und schlug die Reiterscharen der Mameluden¹) mit starker Übermacht bei den Pyramiden; seine Flotte freilich wurde auf der Rhede von Abukir von Nelson vernichtet. Als jetzt auch die Türkei an Frankreich den Krieg erklärte, fiel Napoleon in Palästina ein, nahm Jaffa, war aber nicht im stande St. Jean d'Acre (Akka) zu erobern und trat den Rückzug nach Ägypten an. Hier schlug er ein gelandetes türkisches Heer bei Abukir. Auf die Nachricht aber von dem zweiten Koalitionskriege und den französischen Niederlagen verließ er seine Truppen²) und landete glücklich in Fréjus.

Ägyptische Expedition 1798—1799.

Abukir.

1799. Syrischer Feldzug.

Okt. 1799.

§ 77. **Napoleons Staatsstreich.** In Frankreich fand Napoleon eine tiefe und allgemeine Mißstimmung über die Direktorialregierung vor. Nach außen erlitt sie Niederlagen, durch welche soeben die Poebene verloren gegangen war; nach innen war sie nicht im stande gewesen die tief darniederliegende Volkswirtschaft wieder zu heben; vielmehr war durch Wertloserklärung der Assignaten der Staatsbankerott erklärt worden. Selbst mit der öffentlichen Sicherheit war es schlecht bestellt, während zugleich die öffentliche Meinung geknechtet wurde. So wurde es Napoleon nicht schwer durch den Staatsstreich vom 18. Brumaire das Direktorium zu stürzen und eine

Das Direktorium.

Napoleons Staatsstreich Nov. 1799.

---

1) Die Mameluden, einst die Leibwache der ägyptischen Chalifen, beherrschten Ägypten unter nomineller Hoheit des türkischen Sultans.

2) Ägypten mußte, nachdem General Kleber ermordet worden war, aufgegeben werden; ebenso fiel Malta in die Hand der Engländer.

neue Verfassung zu begründen, deren Entwurf Sieyès ausgearbeitet, Napoleon aber stark umgestaltet hatte.

Konsulats-Verfassung. Danach trat Napoleon als **erster Konsul** — zunächst auf 10 Jahre, dann auf Lebenszeit — an die Spitze der Verwaltung: zwei Mitkonsuln mit nur beratender Stimme und ein von ihm ernannter Staatsrat standen ihm zur Seite. Der erste Konsul ernannte alle Beamten; er war der oberste Kriegsherr; er leitete selbständig die äußere Politik. Mit der Exekutivgewalt vereinigte er den stärksten Einfluß auf die Gesetzgebung; denn er allein hatte das Recht Gesetze zu beantragen; die Volksvertretung aber — gegliedert in ein Tribunat, das über die Vorlagen der Regierung beriet, aber nicht abstimmte, und einen gesetzgebenden Körper, der abstimmte, ohne zu beraten — wurde aus den Notabeln von einem Senat ernannt, der seinerseits völlig von dem ersten Konsul abhängig war.

Ergebnisse der Revolution Damit fanden die inneren Umwälzungen Frankreichs ein vorläufiges Ende. Die französische Revolution war ausgegangen von den Grundsätzen der politischen Freiheit, der Denk- und Glaubensfreiheit, der Freiheit des Eigentums und der Arbeit. Nachdem sich diese Grundsätze in einer wüsten Pöbel- und Parteiherrschaft in ihr Gegenteil verkehrt hatten, ergab sich keine andere Möglichkeit der **für Frankreich.** Rettung als in der **Militärdespotie** (Cäsarismus). Diese stellte die Freiheit des Eigentums und Erwerbs, insbesondere die durch den Verkauf der Nationalgüter vollzogene Besitzumwälzung sicher und hielt die politische Gleichheit aller Bürger aufrecht; aber sie vernichtete die freie Meinungsäußerung, ließ eine Volksvertretung nur dem Namen nach bestehen und führte anstatt der Selbstverwaltung die straffste Centralisation durch; sie mißbrauchte endlich Frankreichs Hilfsquellen für die Pläne einer verderblichen Weltherrschaftspolitik. So hat die napoleonische Herrschaft Frankreich nicht dauernd beruhigt, das vielmehr seitdem fortwährend den schwersten Umwälzungen ausgesetzt gewesen ist.

für Europa. Für Europa aber hat die Revolution eine doppelte Bedeutung: erstens indem sie eine Reihe von Problemen aufwarf — Schaffung einer Volksvertretung, örtliche Selbstverwaltung, soziale Gleichheit, Denkfreiheit, Befreiung der Arbeit und des Eigentums von den Resten des Feudalwesens —, deren praktische Durchführung die innere Geschichte der Länder Europas in der Folgezeit zu einem großen Teile ausfüllt; andrerseits indem sie eine Reihe schwerer Kriege heraufführte, in deren Gefolge die alten Formen vielfach zertrümmert wurden und neue Kräfte des Volkslebens sich wirksam erwiesen.

II. Die Herrschaft Napoleons. 1799—1812.
Napoleon als erster Konsul. 1799—1804.

§ 78. **Der zweite Koalitionskrieg.** 1798—1801. Der Grund des zweiten Koalitionskrieges war die Fortdauer der französischen Eroberungspolitik gewesen, die sich insbesondere in der Gründung neuer Tochterrepubliken zeigte, der ligurischen (Genua), der römischen — Papst Pius VI. starb als Gefangener in Siena —, der helvetischen. Mit England und Österreich verband sich diesmal Rußland, dessen neuer Beherrscher Paul I., Katharinas II. Sohn, ein leidenschaftlicher Feind der Revolution, durch die Beraubung des Malteserordens, für den er eine Vorliebe hatte, besonders erbittert war. Auch Neapel trat dem Bunde bei. Preußen dagegen, wo 1797 Friedrich Wilhelm III. den Thron bestiegen hatte, verharrte in seiner Neutralitätspolitik. *Grund des Krieges. Paul I. 1796—1801. Friedrich Wilhelm III. 1797—1840.*

Die Neapolitaner brachen zuerst los, was aber die Verjagung der Bourbonen und die Begründung einer **parthenopeischen Republik** durch Macdonald zur Folge hatte. In Deutschland wurde der Rastatter Kongreß durch den Wiederbeginn des Krieges auseinander gesprengt, wobei die französischen Gesandten durch österreichische Husaren überfallen und zum Teil ermordet wurden. Während Erzherzog Karl die Franzosen über den Rhein drängte, trug Suworow in Italien eine Reihe glänzender Siege davon, deren Ergebnis die Eroberung der Poebene und der Abzug der Franzosen aus Neapel war. Ein Umschwung trat ein, als auf Verlangen der Österreicher, die bei der Annexion großer Teile Oberitaliens freie Hand zu haben wünschten, Suworow über den St. Gotthard nach der Schweiz marschierte: dieser fand, da eben Masséna bei Zürich gesiegt hatte, den Ausgang der Pässe verlegt und mußte sich auf Hirtenpfaden dem Rheinthal zuwenden. Die Folge war, daß sich Paul I. entrüstet von der Koalition zurückzog.[1] *1798. Parthenop. Republik. Rastatter Gesandtenmord 1799. Erzh. Karl und Suworow.*

Im Jahre 1800 überschritt Bonaparte den großen St. Bernhard; die Schlacht bei Marengo wurde nur durch das Eintreffen des Generals Desaix, der in der Schlacht fiel, gewonnen, war aber entscheidend. Nachdem im Dezember 1800 Moreau den Sieg von Hohenlinden (östlich von München) davongetragen hatte, wurde der Friede von Lunéville abgeschlossen. Er wiederholte im allgemeinen die Bestimmungen von Campoformio; Rhein und Etsch wurden wieder *1800. Marengo und Hohenlinden. Friede von Lunéville 1801.*

---

1) Napoleon gewann den Zaren dadurch völlig für sich, daß er ihm die russischen Gefangenen neu eingekleidet zurückschickte und die Einräumung von Malta in Aussicht stellte. Aber der launenhafte, leidenschaftliche Herrscher wurde 1801 ermordet; ihm folgte Alexander I.

als Grenze festgestellt; die cisalpinische Republik trat wieder ins Leben, während nach Rom Papst Pius VII. zurückkehrte.

Friede von Amiens 1802.

1802 schloß auch England, wo Pitt gestürzt worden war, den Frieden von Amiens, in dem es die Herausgabe der meisten der eroberten Kolonien und die Räumung Maltas versprach.

1803.
Säkularisation der geistlichen Güter.

§ 79. **Der Regensburger Reichsdeputationshauptschluß.** 1803. Die Abtretung des linken Rheinufers — 1150 ☐ Meilen ältesten deutschen Landes — an Frankreich hatte zur Folge die Säkularisation aller geistlichen Reichsstände, von denen nur der Kurfürst von Mainz, Dalberg, als Kurerzkanzler und sodann die beiden geistlichen Ritterorden, die letzten Zufluchtstätten für die jüngeren Söhne des deutschen Adels, fortbestanden, und die Mediatisierung der Reichsstädte, deren nur sechs, Hamburg, Bremen, Lübeck, Frankfurt, Nürnberg, Augsburg, erhalten blieben: mit diesen Gebieten wurden die weltlichen Fürsten, die Verluste erlitten hatten, entschädigt. Eine „Reichsdeputation" wurde mit der Feststellung der Entschädigungen beauftragt; bei ihrer Verteilung übte der französische Minister Talleyrand und sein Schreiber den größten Einfluß aus. Den bedeutendsten Gebietszuwachs erwarb Preußen, das für das linksrheinische Cleve und Geldern die Bistümer Hildesheim und Paderborn, den größeren Teil von Münster, Erfurt und das Eichsfeld, die Reichsstädte Mühlhausen, Nordhausen, Goslar und mehrere Abteien erhielt, das Fünffache des Verlorenen. Bayern erwarb eine Reihe von Bistümern, dabei Würzburg und Bamberg.

Mediatisierung der Reichsstädte.

Sturz des alten Reichs.

Damit war der Zusammensturz der alten Reichsverfassung entschieden, zugleich Österreichs Einfluß im Reiche durch die Vernichtung der geistlichen Fürstentümer, die fast immer seine Partei gehalten hatten, vernichtet. Die süddeutschen Mittelstaaten schlossen sich an Frankreich an. Im Jahre 1804 legte sich Franz den Titel eines *1804.* Kaisers von Österreich bei.

§ 80. **Napoleons Regententhätigkeit. Das Kaisertum.** Während sich Deutschland in seine Teile auflöste, wurden die inneren Kräfte Frankreichs nach einer langen Periode der Erschütterungen von Napoleon in großartiger Weise zu einem einheitlichen Staatsbau zusammengefaßt. Die Verwaltung wurde straff centralisiert, die Präfekten der Departements, die Unterpräfekten, ebenso aber auch die Bürgermeister sämtlicher Gemeinden von der Regierung ernannt und so städtische Selbstverwaltung vernichtet. Die zerrütteten Finanzen wurden geregelt, die Erhebung der Steuern geordnet. Das Heerwesen erhielt eine sichere Grundlage in einem Wehrgesetz, das freilich den Grundsatz der allgemeinen Wehrpflicht durch die Erlaubnis der Stell-

Centralisation der Verwaltung.
Finanzen.
Heer.

vertretung durchbrach. Die Rechtspflege wurde geordnet und das **Recht.**
bürgerliche Recht in dem Code Napoléon zusammengefaßt. Die öffentliche Sicherheit wurde hergestellt; für den Verkehr wurde gesorgt, **Verkehr.**
Straßen und Kanäle gebaut, die Einfuhr fremder Waren durch Schutzzölle erschwert und durch alles dies ermöglicht, daß Handel und Gewerbe wieder aufblühten. Auch der von der Revolution gänzlich vernachlässigte Unterricht wurde in der Université zu einem streng **Unterricht.**
geordneten, einförmigen System zusammengefaßt. Durch versöhnliches Entgegenkommen suchte Napoleon auch solche Kreise der Bevölkerung zu gewinnen, die der neuen Ordnung bisher feindlich gegenüberstanden: die Vendée wurde durch eine Amnestie endlich beruhigt; **System der**
die Emigranten erhielten die Erlaubnis zur Rückkehr; mit dem **Versöhnung.**
Papst wurde ein Konkordat abgeschlossen, das der Regierung große Rechte verlieh, und in dem die katholische Kirche insbesondere auf das eingezogene Kirchengut verzichtete; einige Jahre später wurde auch der republikanische Kalender wieder abgeschafft.

Der neue Herrscher, der Frankreich zu einer strafferen Einheit **Unter-**
zusammenfaßte als selbst Ludwig XIV., schlug jeden Widerstand mit **drückung des Widerstandes.**
brutaler Gewalt nieder. Ein Bombenattentat gab ihm Veranlassung
eine Menge von Jakobinern ohne Urteil deportieren zu lassen. Den **1800.**
Herzog von Enghien, einen bourbonischen Prinzen, ließ er unter dem Verdacht an einer Verschwörung beteiligt zu sein in Baden auf- **1804.**
heben und ohne Prozeß erschießen; Pichegru, der wirklich beteiligt war, tötete sich im Gefängnis, Moreau wurde verbannt. Die Presse stand unter der schärfsten Aufsicht. Das Tribunat wurde später aufgehoben.

1804 ließ sich Napoleon die erbliche Würde des Kaisers der **Kaisertum.**
Franzosen durch Volksabstimmung übertragen; von dem Papst
Pius VII. ließ er sich in Notredame salben und krönte sich und **2. Dez. 1804.**
Josephine. Neben Piemont wurde jetzt auch Genua Frankreich einverleibt. 1805 setzte er sich als König von Italien im Dom zu Mailand die eiserne Krone auf und ernannte seinen Stiefsohn Eugen Beauharnais zum Vizekönig von Italien. Er umgab sich mit einem glänzenden Hofstaat; seine Brüder wurden kaiserliche Prinzen, seine Getreuen mit Hofämtern und reichen Gehältern begabt, seine bedeutendsten Generäle wurden Marschälle. Bald begann er, um sie noch enger an sich zu fesseln, Herzogs- und Fürstentitel mit reichen Lehen an sie zu vergeben, z. B. an Talleyrand, den Minister des Auswärtigen[1]), an den Polizeiminister Fouché, an seine Marschälle Ney, Davout, Masséna, Soult, Oudinot, Bernadotte u. a.

---

1) Talleyrand, der feinste und verschlagenste Diplomat seiner Zeit, der, einst Bischof von Autun, sich dann der Revolution angeschlossen hatte, hat später auch den Bourbonen und den Orleans gedient.

Die Besiegung Österreichs (dritter Koalitionskrieg 1805) und Preußens 1806/7.

Krieg mit England 1803.

§ 81. Der dritte Koalitionskrieg. 1805. Bereits 1803 war der Krieg mit England wieder ausgebrochen, welches den Kriegszustand, während dessen es die Meere beherrschte, günstiger für seinen Handel fand als den Friedenszustand, in welchem Napoleon Frankreich und die von ihm abhängigen Lande durch Zollgrenzen gegen die englische Einfuhr abschloß. Die Bedingungen des Friedens von Amiens waren zum Teil nicht erfüllt, insbesondere Malta von den Engländern nicht geräumt worden. Napoleon begann den Krieg durch die Besetzung von Hannover, die Preußen nicht zu hindern wagte, obwohl es dadurch zugleich politisch und wirtschaftlich geschädigt wurde, und vereinigte eine Armee bei Boulogne, die England mit einem Einfall bedrohte.

Die dritte Koalition 1805.

Die weitere Ausbreitung Napoleons, zumal in Italien, führte England, Österreich, Rußland und Schweden zu einer dritten Koalition zusammen. Friedrich Wilhelm III. von Preußen erklärte auch diesmal an dem Bunde nicht teilnehmen zu wollen; ja, als Rußland sich anheischig machte ihn mit Gewalt zu einer Entscheidung zu nötigen, machte er zum Schutze seiner Neutralität mobil. Indessen war die französische Armee von Boulogne nach Süddeutschland marschiert, wo Bayern, Württemberg und Baden auf französischer Seite standen.

Ulm.

Bei Ulm wurde der österreichische General Mack abgeschnitten und mit dem Rest seiner Armee zur Ergebung gezwungen. Dies Ergebnis wurde besonders dadurch erreicht, daß ein französisches Corps unter Bernadotte, ohne Preußens Neutralität zu achten, durch das preußische Ansbach marschiert war. Jetzt näherte sich Friedrich Wilhelm den Verbündeten; Alexander, mit dem er

Vertrag von Potsdam.

schon 1802 auf einer Zusammenkunft zu Memel in freundschaftliche Beziehungen getreten war, kam nach Potsdam, und hier schlossen beide einen Vertrag, wonach Preußen an Napoleon ein Ultimatum stellen und, wenn er es ablehnte, am Kriege teilnehmen sollte.

Austerlitz 2. Dez. 1805.

Ehe aber Preußen eingreifen konnte, traten auf Alexanders Verlangen Russen und Österreicher in der Dreikaiserschlacht bei Austerlitz in Mähren Napoleon, der indessen Wien besetzt hatte, entgegen und wurden völlig geschlagen. Jetzt knüpfte Franz II. mit ihm Verhand-

Friede von Preßburg.

lungen an, die zum Frieden von Preßburg führten: Österreich trat die venetianischen Besitzungen an das Königreich Italien, Tirol an Bayern, das nebst Württemberg zum Königreich erhoben wurde, Vorderösterreich an Baden und Württemberg ab und erhielt nur Salzburg als Entschädigung.

Mit Rußland dauerte der Kriegszustand fort, ebenso mit England. Dessen Admiral Nelson hatte soeben die französisch-spanische

Flotte in der Seeschlacht bei Trafalgar, in der er selbst fiel, vernichtet *Trafalgar.*
und damit eine Zeit der unbedingten Seeherrschaft Englands begründet.

Indessen schloß der preußische Minister Graf Haugwitz, der
das Ultimatum hatte überreichen sollen, anstatt dessen den Vertrag *Verträge von*
von Schönbrunn ab, wonach Preußen Hannover annahm, obwohl *Schönbrunn*
Georg III. keineswegs darauf verzichtet hatte, und dafür Ansbach *Dez. 1805,*
an Bayern, das rechtsrheinische Stück von Cleve an den neuen
Großherzog von Berg, Napoleons Schwager Joachim Murat, abtrat.
Als die preußische Regierung zögerte diesen Vertrag zu genehmigen,
zugleich aber abrüstete, wurde sie von Napoleon zu dem noch schmäh- *und von*
licheren Vertrage von Paris gezwungen, wonach Preußen mit Frank- *Paris*
reich ein Schutz= und Trutzbündnis einging. *Febr. 1806.*

Ein zweites Nachspiel des dritten Koalitionskrieges war die
Absetzung der bourbonischen Dynastie von Neapel. „La dynastie *Josef,*
de Naples a cessé de régner" dekretierte Napoleon und erhob seinen *König von*
ältesten Bruder Josef zum König von Neapel. Wenige Monate später *Neapel.*
wurde die batavische Republik in ein Königreich Holland verwan- *Ludwig,*
delt, das Napoleon seinem Bruder Ludwig verlieh. *König von Holland.*

Die bedeutsamste Folge des Krieges aber war die Gründung
des Rheinbundes und die endgültige Auflösung des deutschen Reiches. *Rheinbund.*
16 deutsche Mittel= und Kleinstaaten, dabei die Königreiche Bayern,
Württemberg, die nunmehrigen Großherzogtümer Baden, Hessen=Darm-
stadt, Berg, ferner der nunmehrige Fürstprimas Dalberg, schlossen *Mediatisie-*
sich zu einem Bunde unter Napoleons Protektorat zusammen; die *rung von*
kleineren Fürsten und Grafen, die Reichsritterschaft, die beiden Ritter- *Fürsten, Grafen, Reichs-*
orden, die drei süddeutschen Reichsstädte wurden mediatisiert, eine *städten rc.*
That rechtloser Willkür. Damit hörte das deutsche Reich auf zu exi- *Ende des*
stieren; Franz II. legte jetzt die deutsche Kaiserkrone nieder. *Reiches*
6. Aug. 1806.

§ 82. Preußens innere Verhältnisse. Unter Friedrich Wil- *Friedrich*
helm II. war Preußen durch den Erwerb von Ansbach und Bay- *Wilhelm II.*
reuth (1791) und der ausgedehnten polnischen Gebiete (1793 und *1786—1797.*
1795) äußerlich stark gewachsen, von 3500 auf fast 5600 ☐Meilen.
Aber sein politisches Ansehen war ebenso wie seine innere Kraft ge-
sunken. Die polnischen Annexionen machten Preußen zu einem halb-
slavischen Staat und schwächten seine Fähigkeit zu handeln; Günst-
linge beeinflußten den König in verderblicher Weise; die Finanzen
lagen darnieder; das Heerwesen ermangelte der nötigen Fürsorge;
im Beamtentum riß, wie der Freiherr vom Stein es nannte, eine
„mechanische Dienstauffassung und Papierthätigkeit" ein; notwendige
Reformen unterblieben.

Mit Friedrich Wilhelm III. bestieg ein König den Thron, *Friedrich*
der mit unbedingter, selbstlosester Pflichttreue und unermüdlicher Ar- *Wilhelm III.*
1797—1840.

beitskraft immer die Wohlfahrt seines Volkes im Auge gehabt hat; freilich fehlte ihm die Freudigkeit des kühnen Entschlusses und die Fähigkeit sich selbst und anderen zu vertrauen, Eigenschaften, wie sie in jener schweren Zeit noch nötiger waren als sonst. Er fühlte sich am wohlsten inmitten seiner Familie, an der Seite seiner schönen, lieblichen Gemahlin Luise, einer Prinzessin von Mecklenburg-Strelitz. Wie er nach außen ein System passiver Neutralität befolgte, so fehlte auch im Innern bei allen Reformversuchen die aktive Thatkraft: nur auf einem Gebiete wurde etwas Wesentliches erreicht, indem die Bauern der königlichen Domänen in jenen Jahren ihre Höfe zu freiem Eigentum erhielten und der Dienste für den Gutshof entbunden wurden.

Mängel der Verwaltung. Im übrigen aber fehlte es der Verwaltung an Einheit. Neben den Provinzialministern standen einige Fachminister, deren Arbeitsgebiete sich mit denen der ersteren kreuzten; einen geschlossenen Ministerrat gab es nicht; den Ministern fehlte die notwendige nahe Beziehung zum Könige, da zwischen beiden die Räte des königlichen Kabinetts standen, die, unter Friedrich dem Großen nichts als Sekretäre, sich in unverantwortliche Ratgeber des Königs verwandelt *des Heeres,* hatten. Das Heer ferner war seit den Tagen Friedrichs des Großen nicht fortentwickelt worden, während die französische Revolution zwei bedeutsame Neuerungen eingeführt hatte, die Konskription und die aufgelöste Schlachtordnung; die Truppen waren weniger im Feldbienst als in den Künsten der Parade geübt; ihr Geist war wenig kriegerisch, da die Mannschaften für den größeren Teil des Jahres beurlaubt wurden und ein Gewerbe trieben; die Ausrüstung war aus Sparsamkeit mangelhaft, die Generäle vielfach alt und untüchtig, der Geist der Heeresleitung pedantisch genau, aber ohne große Ge*der Nation.* danken. Zweierlei war es vornehmlich, was dem damaligen Preußen fehlte: opferwillige Staatsgesinnung des Volkes, das dem Geiste des absoluten Staates gemäß von der Teilnahme an öffentlichen Angelegenheiten fern gehalten wurde; und große, weitsichtige, begeisterte Männer, welche die Nation mit idealem Schwunge zu erfüllen verstanden hätten.

Gründe zum Kriege. Durch den Vertrag von Paris war Preußen in eine unhaltbare Lage gekommen; mit England war es wegen Hannover verfeindet, an seinen natürlichen Gegner durch ein Bündnis gekettet. Als es nun zu Zwistigkeiten mit Murat, dem Großherzog von Berg, kam, der preußisches Gebiet zu besetzen versuchte; als man erfuhr, daß Napoleon die Bildung eines norddeutschen Bundes, zu der er selbst aufgefordert hatte, im geheimen zu hindern suchte; daß er sogar den Engländern damals die Rückgabe von Hannover verhieß; als die französischen Truppen auch ferner in Süddeutsch*Aug. 1806.* land stehen blieben, da entschloß sich der König zur Mobilmachung.

§ 83. **Der preußisch-französische Krieg. 1806—1807.** Das preußische Heer nahm, freilich nicht in seiner Gesamtstärke, Stellung in Thüringen; mit 20000 Sachsen zählte es 120000 Mann. Den Oberbefehl führte wieder der greise, unentschlossene Herzog Karl von Braunschweig. Als Napoleon mit 160000 Mann den Frankenwald überschritt und die von dem genialen und verwegenen Prinzen Louis Ferdinand befehligte Vorhut in dem Gefecht von Saalfeld geschlagen wurde, in welchem der Prinz fiel, beschloß man die bisherige Stellung in der Flanke des Feindes aufzugeben und zum Schutze von Berlin nach Nordosten abzuziehen. Da griff Napoleon bei Jena mit 80000 Mann die nur 48000 Mann starke, dazu schlecht geführte Truppenmacht des Prinzen Hohenlohe an und schlug sie völlig, während der Marschall Davout bei Auerstädt die 45000 Preußen des bei Beginn der Schlacht tödlich verwundeten Herzogs von Braunschweig[1]) mit 27000 Mann zum Rückzug zwang. Der Marsch über den Harz und Magdeburg löste die Armee völlig auf; mit dem Rest ergab sich Hohenlohe bei Prenzlau an eine viel schwächere Truppenabteilung Murats. Die preußische Ehre rettete Blücher[2]), der, nach Lübeck gedrängt, dort nur aus Mangel an Munition kapitulierte. Napoleon war unterdessen in Berlin eingezogen, wo sich die meisten der Minister für ihn vereidigen ließen; die Viktoria, welche das Brandenburger Tor krönte, und Friedrichs des Großen Degen und Orden schickte er nach Paris. In Berlin erließ er an die Polen die Aufforderung sich zu erheben.

Schmachvoller noch als die Besiegung der Feldarmee war die Übergabe der preußischen Festungen, Erfurt, Magdeburg, Spandau und der Oberfestungen. Es hielten sich nur einige schlesische feste Plätze, z. B. Glatz, wo der Graf Götzen befehligte, ferner in ruhmvoller Verteidigung Colberg, wo der Major Neithardt von Gneisenau[3])

Saalfeld 10. Okt.
Jena und Auerstädt 14. Okt. 1806.
Prenzlau.
Lübeck.
Festungen.

---

1) Er starb zu Ottensen bei Altona.
2) Gebhard Leberecht von Blücher, geboren 1742 zu Rostock, diente zuerst in einem schwedischen Husarenregimente, wurde im siebenjährigen Kriege von preußischen Husaren gefangen und trat bei diesen ein. 1770 erhielt er als Rittmeister von Friedrich dem Großen den Abschied, trat unter Friedrich Wilhelm II. als Major in sein altes Regiment und wurde Oberst und General. 1802 wurde er Gouverneur von Münster, wo er mit Stein zusammen waltete. In seinem Corps befanden sich auch Scharnhorst als Generalquartiermeister und York; sie wurden nachher sämtlich ausgewechselt.
3) August Neithardt von Gneisenau wurde als Sohn eines in der Reichsarmee gegen Preußen dienenden Artillerielieutenants 1760 in Schilda geboren, verbrachte seine Kindheit in ärmlichen Verhältnissen, wurde später von den Eltern seiner Mutter in Würzburg erzogen, studierte einige Zeit in Erfurt, wurde dann aber Soldat, anfangs in einem österreichischen Regiment, dann in Diensten des Markgrafen von Bayreuth, aus denen er 1786 in die preußische Armee übertrat.

Neubauer, Lehrbuch der Geschichte. III. Teil.

das Kommando übernahm, wacker unterstützt durch die von dem alten Seemann Joachim Nettelbeck geführte Bürgerschaft, sodann Graudenz, wo de la Courbière befehligte, bis zum Mai 1807 auch Danzig. Die königliche Familie flüchtete nach Memel.

Indessen trat Rußland in den Kampf ein; in Ostpreußen erschien ein russisches Heer unter Bennigsen, dem sich ein kleines preußisches Corps anschloß. Die blutige Schlacht von Preußisch-Eylau, wo der mit 5000 Preußen zur rechten Zeit eintreffende Scharnhorst den feindlichen rechten Flügel zurücktrieb, war die erste, in der Napoleon nicht siegte; trotzdem trat freilich der russische General den Rückzug an. Da außerdem der Winterfeldzug in dem ausgesogenen und verkehrsarmen Ostpreußen große Schwierigkeiten machte, Napoleon zugleich ein Eingreifen Österreichs in den Krieg für möglich hielt, so trat eine längere Pause in den kriegerischen Unternehmungen ein, während deren Friedrich Wilhelm französische Friedensvorschläge ablehnte. Dagegen ging Alexander, nachdem Napoleon bei Friedland die Verbündeten aufs Haupt geschlagen und diese sich bis über den Memel zurückgezogen hatten, auf die Anerbietungen des Feindes ein. Beide Kaiser trafen in Tilsit zu Unterhandlungen zusammen, zu denen nachträglich auch Friedrich Wilhelm hinzugezogen wurde, und schlossen Frieden und Bündnis: Rußland trat dem Kampf gegen England und der Festlandsperre bei, wogegen Napoleon seine Zustimmung zur Eroberung der Donaufürstentümer sowie des schwedischen Finnlands durch Alexander gab.

Preußen verlor im Frieden alle Besitzungen links der Elbe und die in den polnischen Teilungen erworbenen Gebiete mit Ausnahme von Westpreußen. Die linkselbischen Lande außer Bayreuth, das an Bayern fiel, vereinigte Napoleon mit Braunschweig und Kurhessen und verlieh sie als ein Königreich Westfalen an seinen jüngsten Bruder Jérôme; die polnischen Landesteile gab er als Herzogtum Warschau an Friedrich August von Sachsen, der schon vorher den Titel eines Königs von Sachsen erhalten und sich an den Rheinbund angeschlossen hatte. Danzig wurde zur freien Stadt erklärt und empfing eine französische Besatzung. Besonders schwer lastete auf dem zertrümmerten und verarmten Preußen die schwere Kriegssteuer, bis zu deren Bezahlung das französische Heer im Lande bleiben sollte; erst im Sommer 1808, als es in Spanien nötig war, marschierte es ab, nachdem Preußen die Verpflichtung übernommen hatte, bis zur Bezahlung der Kriegskosten[1]) die drei Oberfestungen an Frankreich zu überlassen und ein Heer von nicht mehr als 42000 Mann zu unterhalten.

---

1) Diese wurden noch immer auf 140 Mill. Frcs. berechnet; im ganzen hat Napoleon binnen 2 Jahren 1 Milliarde Frcs. aus Preußen gezogen.

Napoleons Weltherrschaft.

§ 84. Die Festlandsperre. Englands stand jetzt allein gegen Napoleon unter den Waffen, der ihm weder durch die ägyptische Expedition hatte schaden können noch — seit Trafalgar — an einen Landungsversuch denken durfte. Jetzt suchte er seinen Handel zu vernichten, indem er durch ein in Berlin erlassenes Edikt England in Blockadezustand erklärte und alle englischen Waren mit Beschlag zu belegen, alle Engländer zu verhaften befahl. Immer offenkundiger strebte er in seinem mit jedem Erfolg wachsenden Ehrgeiz als „Nachfolger Karls des Großen" nach der Begründung einer Weltherrschaft, die, wenn sie geglückt wäre, jede nationale Sonderentwickelung unterdrückt hätte. *Festlandsperre. Nov. 1806. Weltherrschaftspläne.*

§ 85. Der spanische Krieg. Im Herbst 1807 ließ Napoleon in Portugal, das bisher an der Festlandsperre nicht teilgenommen hatte, Truppen einrücken und erklärte das Haus Braganza für abgesetzt; die königliche Familie ging nach Brasilien. *Vergewaltigung Portugals 1807.*

Ebenso gewaltsam verfuhr er gegen Spanien, obwohl dies seit Jahren ein treuer Verbündeter Frankreichs gewesen war. Als in der spanischen Königsfamilie Zwistigkeiten ausbrachen und gegen den unfähigen, von seiner Frau und deren Günstling, dem Minister und „Friedensfürsten" Godoy, beherrschten Karl IV. sein Sohn Ferdinand (VII.) durch einen Volksaufstand erhoben wurde, benutzte er die Gelegenheit, um Vater und Sohn nach Bayonne zu berufen und zur Thronentsagung zu nötigen; die erledigte Krone übertrug er seinem Bruder Josef, an dessen Stelle Murat König von Neapel wurde. Da erhoben sich aber die Spanier; eine Centraljunta trat in Sevilla zusammen; englische Truppen landeten in Portugal; zwei französische Heeresabteilungen wurden zur Kapitulation gezwungen. Napoleon sah sich genötigt, nachdem er auf dem Kongreß zu Erfurt, einer glänzenden Versammlung von ihm abhängiger Fürsten[1]), die wankende Freundschaft mit Alexander von Rußland befestigt hatte, selbst nach Spanien zu ziehen. Er trieb die feindlichen Heere auseinander und zog mit Josef in Madrid ein; aber nach seiner Rückkehr waren seine Generäle nicht imstande die Pyrenäenhalbinsel endgültig zu unterwerfen. Zwar wurde das von Palafox verteidigte Saragossa genommen, und die Nationalregierung mußte von Sevilla nach Cadiz verlegt werden, wo eine außerordentlich freiheitliche Verfassung entworfen wurde. Aber im kleinen Kriege er- *Vergewaltigung Spaniens 1808. Josef König von Spanien. Kongreß von Erfurt 1808. Spanischer Feldzug 1809.*

---
[1]) Damals sprach er mit Goethe.

litten die Franzosen vielen Schaden; und Wellington[1]), der die englischen Truppen befehligte, drang stetig weiter vor, eroberte nach dem Siege von Salamanka Madrid und überschritt im Februar 1814 die Pyrenäen.

1812. 1814.

§ 86. **Der österreichische Krieg. 1809.** Die spanische Volkserhebung ließ an vielen Stellen Europas die Hoffnung aufleben, daß ein Volkskrieg die Befreiung bringen könne, während zugleich Napoleons Verfahren gegen die spanische Königsfamilie ähnliche Gewaltthaten gegen andere alte Dynastien befürchten ließ. 1809 erhob sich Österreich, wo das ganze Volk von Begeisterung erfüllt war; der leitende Minister war damals Graf Stadion. Auswärtige Hilfe fand er nicht: Alexander von Rußland war immer noch der Hoffnung das Bündnis mit Napoleon für seine orientalischen Eroberungsabsichten ausnutzen zu können; Friedrich Wilhelm III. aber vermochte, obwohl alle Parteien am Hofe ihn bestürmten, den Entschluß zur Teilnahme am Kriege nicht zu fassen, zumal ihm Österreich keine annehmbaren Vertragsbedingungen machte.

Tiroler Aufstand.

Ein Aufstand der gegen die bayrische Herrschaft erbitterten Tiroler begann den Krieg; Andreas Hofer nahm Innsbruck und schaltete dort als Oberkommandant von Tirol. Auf dem wichtigsten Kriegsschauplatz, in Oberdeutschland, befehligte Erzherzog Karl, der den Inn überschritt, aber durch sein Zaudern die Gelegenheit versäumte die zerstreut stehenden französischen Truppenteile zu überwältigen.

Feldzug von Regensburg April 1809.

Der herangeeilte Napoleon zog seine Armee zusammen und zwang in einer Reihe glänzender Gefechte, dem Feldzug von Regensburg, den Erzherzog auf das linke Donauufer hinüberzugehen. Während dieser nun den Rückzug nach Mähren antrat, marschierte er selbst nach Wien und besetzte es.

Aspern 21. u. 22. Mai.

Als er aber hier die Donau zu überschreiten versuchte, erlitt er in der Schlacht bei Aspern und Eßling seine erste Niederlage, da die Österreicher die nach der Donauinsel Lobau geschlagene Schiffbrücke durch Steinschiffe zerstörten und so den Zuzug neuer Truppen verhinderten. Leider nützte Erzherzog Karl den Sieg nicht aus; und da sich Napoleon durch die italienische Armee Eugen Beauharnais' verstärkte, während der ebenfalls von Italien heranziehende Erzherzog Johann zu spät kam, so vermochte er wiederum die Donau zu überschreiten und siegte in der Schlacht bei Wagram. Darauf wurde in Znaym ein Waffenstillstand abgeschlossen, dem der Friede von Wien folgte: Österreich trat die „illyrischen Provinzen" an Frankreich ab,

Wagram 5. u. 6. Juli. Wiener Friede Okt. 1809.

---

1) Arthur Wellesley, später Herzog von Wellington, hatte sich bisher in Indien ausgezeichnet.

wodurch es die Verbindung mit dem Meere verlor, und überließ Salzburg an Bayern, Westgalizien an das Herzogtum Warschau; zugleich schloß es sich der Festlandsperre an.

Darauf mußten sich die Tiroler unterwerfen; Andreas Hofer, der sich im Vertrauen auf Kaiser Franz nicht dazu hatte verstehen wollen den Friedensschluß anzuerkennen, wurde in einer Alpenhütte des obersten Passerthales aufgespürt und zu Mantua erschossen. Ein Aufstand, den der Oberst von Dörnberg in der Gegend von Kassel versucht hatte, war mißlungen. Der Major von Schill, der sich 1806 als Freischarenführer in Pommern einen Namen gemacht und jetzt sein Husarenregiment und einige Compagnien Infanterie über die Elbe geführt hatte, um Preußen mit in den Krieg hineinzureißen, war nach Stralsund gedrängt worden und dort gefallen, seine Offiziere in Wesel erschossen worden. Herzog Friedrich Wilhelm von Braunschweig dagegen, der auf eigene Hand mit einem kleinen Corps am österreichischen Kriege teilgenommen hatte, schlug sich nach Abschluß des Waffenstillstandes durch Norddeutschland durch und wurde von englischen Schiffen nach England gebracht.

<small>Hofer.</small>

<small>1810.</small>
<small>Dörnberg.</small>
<small>Schill.</small>

<small>Friedrich Wilhelm von Braunschweig.</small>

Nunmehr sah sich der König von Preußen genötigt seinen Hof von Königsberg wieder nach Berlin, in den Bereich der französischen Garnison, zu verlegen; dort entriß ihm 1810 der Tod seine Gemahlin Luise, den „Schutzengel Preußens". Indessen trat in Österreich ein völliger Umschwung ein: an Stadions Stelle trat Graf Metternich und an die Stelle patriotischer Volkserregung ein drückendes Polizeiregiment. Als sich Napoleon von seiner Gemahlin Josephine hatte scheiden lassen, vermählte ihm Kaiser Franz seine Tochter Marie Luise; der Sohn, der dieser Ehe entsprang, erhielt den Titel eines Königs von Rom.

<small>Metternich.</small>

<small>1810.</small>

Es war die Zeit der höchsten Macht Napoleons. Schon vorher hatte er Toskana seinem Reiche einverleibt; jetzt annektierte er auch den Kirchenstaat; Pius VII., der gegen dessen Besetzung durch französische Truppen protestiert und den Kaiser exkommuniziert hatte, wurde verhaftet und nach Savona gebracht. In demselben Jahre vereinigte er Holland, nachdem sein Bruder Ludwig dessen Krone niedergelegt hatte, sowie die deutsche Nordseeküste mit Frankreich. Sein Reich umfaßte im Süden Rom, im Norden Hamburg und Lübeck.

<small>Weiteste Ausdehnung des französischen Reichs.</small>

<small>1810.</small>

§ 87. Der russische Krieg. 1812. Verschiedene Gründe riefen eine Spannung zwischen Napoleon und Alexander hervor und führten endlich zum Kriege: das unehrliche Benehmen Napoleons, der die Türkei insgeheim zum Widerstande gegen die Russen aufforderte, während er Alexander die Eroberung der Donaufürstentümer zugestanden

<small>Gründe des russischen Krieges.</small>

hatte; die Begünstigung der polnischen Selbständigkeitsbestrebungen, wie sie sich in der Vergrößerung des Herzogtums Warschau aussprach; die Einverleibung Oldenburgs, dessen Herzog ein Verwandter Alexanders war; endlich der Umstand, daß letzterer in der Erkenntnis, daß Rußland unter der Festlandsperre auf das schwerste litt, die Einfuhr englischer Waren auf neutralen Schiffen wieder zuließ, während er zugleich gewisse französische Waren mit hohen Zöllen belastete.

Französisch-preußisches Bündnis. Darauf begann Napoleon die umfassendsten Rüstungen. Die preußische Regierung mußte sich, nachdem sie den Gedanken eines Verzweiflungskampfes im Bunde mit Rußland hatte fallen lassen, zu einem Bündnis entschließen, wonach sie ein Hilfscorps von 20000 Mann stellte und die Verpflegung der französischen Armee *Französisch-österreichisches Bündnis.* auf dem Durchmarsche übernahm. Auch Österreich stellte ein Corps von 30000 Mann. Über 400000 Mann, mit den nachziehenden Reserven 600000, betrug die „große Armee"; nur der kleinere Teil davon waren Franzosen. Den linken Flügel, der in die Ostseeprovinzen einfiel, und von dem die von York geführten Preußen einen Teil bildeten, befehligte Macdonald; den rechten führte der Österreicher Schwarzenberg; mit der Hauptmasse der Armee schlug *Alexanders Kriegsvorbereitungen.* Napoleon die Richtung auf Moskau ein. Alexander seinerseits hatte bei Ausbruch des Krieges mit der Türkei Frieden, mit Schweden, wo zum Nachfolger des kinderlosen Königs der Marschall Bernadotte gewählt worden war, ein Bündnis abgeschlossen; aber seine Streitkräfte betrugen damals kaum 170000 Mann; sein Kriegsplan war sich nicht zur Schlacht zu stellen, sondern sich ins Innere des Landes zurückzuziehen.

1812. Die französische Armee litt schon auf dem Hinmarsch außerordentlich durch schlechte Verpflegung, die großen Strapazen der Märsche, durch Krankheiten und durch massenhafte Desertionen. Smo-*Smolensk.* lensk wurde von dem feindlichen Heerführer Barclay de Tolly nach heftigem Kampfe geräumt. Kutusow, den Alexander bald darauf als Nationalrussen auf Verlangen des Heeres zum Oberbefehlshaber ernannte, setzte ebenfalls den Rückzug fort und blieb *Borodino.* erst bei Borodino stehen; nach einer außerordentlich blutigen Schlacht, die im ganzen 70000 Tote und Verwundete kostete, räumte er das Schlachtfeld. Am 14. September zog Napoleon mit noch etwa 100000 *Moskau Sept.* Mann in das vom Feinde geräumte Moskau ein, das gleich darauf durch einen vom Gouverneur Grafen Rostopschin angeordneten Brand zum größten Teil in Asche gelegt wurde.

Alexander beharrte mit Festigkeit bei dem Entschlusse keinen Frieden zu schließen; er wurde hierin besonders von dem Freiherrn *Rückzug Okt.* vom Stein bestärkt, den er zu sich berufen hatte. So sah sich denn Napoleon endlich genötigt den Rückzug anzutreten. Durch Not und

Hunger, Kälte und Glatteis erlitt die Armee die furchtbarsten Verluste, während sich die Disziplin zugleich immer mehr auflöste. Der Übergang über die von Eisschollen erfüllte Beresina, an deren westlichem Ufer ein russisches Heer stand, während die Truppen Kutusows und Wittgensteins von Osten und Nordosten nachdrängten, wurde nur dadurch möglich, daß es gelang den gegenüberstehenden General über den Übergangsort zu täuschen, blieb aber trotzdem ungeheuer verlustreich. Während sich die Reste der Armee, nur zum kleinen Teile noch bewaffnet, durch Polen und Preußen hindurchretteten, eilte der Kaiser ihnen voraus nach Paris; das neunundzwanzigste Bulletin verkündete den Untergang der großen Armee. {Beresina.}

Auch ihr linker Flügel hatte den Rückzug angetreten. Da schloß am 30. Dezember der General York mit dem russischen General Diebitsch die Konvention von Tauroggen, nach der das preußische Corps neutral bleiben sollte; die Folge war, daß Macdonald über die Weichsel zurück gehen mußte. Mit dieser kühnen, auf eigene Verantwortung gewagten That des „eisernen" York begann die Erhebung Preußens. Einige Wochen später erschien Stein als Bevollmächtigter Alexanders in Königsberg; noch ehe der Krieg erklärt war, traten die Landstände der verarmten Provinz zusammen, bewilligten Geld und stellten eine Landwehr auf. {30. Dez. 1812 Konvention von Tauroggen.} {Erhebung der Provinz Ostpreußen.}

III. Die Befreiungskriege. 1813—1815.

Der Neubau Preußens.

§ 88. **Die Staatsverwaltung des Freiherrn vom Stein.** Während der letzten Jahre hatte Preußen durch die Schöpfungen genialer und ideal gerichteter Männer eine völlige Umwandlung erfahren: auf dem Gebiete der Civilverwaltung durch die Thätigkeit Steins und nachher Hardenbergs, auf dem des Heerwesens durch Scharnhorst, Gneisenau und andere.

Freiherr Karl vom und zum Stein, geb. am 26. Oktober 1757 zu Nassau, entstammte einem reichsritterlichen Geschlecht. Er studierte in Göttingen, trat anstatt in die Dienste des Reichs aus Verehrung für Friedrich den Großen in preußische Staatsdienste und wurde im westfälischen Bergwesen angestellt. Später wurde er Oberpräsident der westfälischen Landesteile, organisierte seit 1802 das neu erworbene Münster und Paderborn als preußische Provinz und wurde 1804 Minister im Generaldirektorium für den Handel und die indirekten Steuern. 1806 rettete er die Staatskassen, geriet aber infolge seines heftigen Drängens auf Reform der obersten Be- {Steins Leben. 1757. 1802. 1804. 1806.}

hörden in einen schweren Konflikt mit dem Könige und wurde im Januar 1807 als ein „widerspenstiger, trotziger Staatsdiener" entlassen. Nach dem Tilsiter Frieden aber wurde er aus Nassau, wo er seine Gedanken über den Neubau Preußens in einer Denkschrift niedergelegt hatte, zur obersten Leitung des Staates berufen: ein Mann von deutscher Gesinnung, von starkem Willen und erfüllt von den höchsten sittlichen Idealen; ohne Menschenfurcht, heftig und reizbar, aber von demütiger Frömmigkeit und höchster Kraft der Selbstverleugnung; nicht so sehr für die feinen Wege der Diplomatie wie zum politischen Reformator geboren. Sein Ideal war, das preußische Volk, das durch die Einrichtungen des absoluten Staats vom politischen Leben fern gehalten worden war, mit **Gemeingeist und Staatsgesinnung zu erfüllen**; er hoffte dies Ziel zu erreichen, wenn er die in der Nation vorhandenen, bisher von oben her gegängelten und eingeschnürten Kräfte befreite und zur **selbstthätigen Teilnahme an den Staatsangelegenheiten** heranzöge. Befreiung des Individuums war für ihn also nicht, wie einerseits für die französische Revolution, andrerseits für die Anhänger des englischen Nationalökonomen Adam Smith[1]), der letzte Zweck, sondern Erziehung **zum Bewußtsein der politischen und sozialen Pflicht**; während er zugleich, wiederum im Gegensatz zur französischen Revolution, sich überall bestrebte das historisch Überlieferte nicht zu zerstören, sondern daran anzuknüpfen.

Steins erste Reform, die er bei seiner Ankunft in Memel bereits durch die Behörden[2]) vorbereitet fand, war die **Beseitigung der Beschränkungen des Grundbesitzes und die Befreiung der Bauern**. Während bisher adlige Güter nur ausnahmsweise von Bürgerlichen erworben werden durften, wurde jetzt jedermann zum Erwerb jedes beliebigen Grundstücks zugelassen, wie andrerseits dem Adel der Gewerbebetrieb freigestellt wurde. Zugleich wurde allen Bauern Freizügigkeit gewährt und die Erbunterthänigkeit aufgehoben; für die Zukunft blieb übrig, daß, wie bisher die Domänenbauern

---

1) Der Schotte Adam Smith, der Verfasser der „Untersuchung über die Natur und die Ursache des Nationalreichtums" 1776, erklärte im Gegensatz zum Merkantilsystem die Befreiung der individuellen wirtschaftlichen Thätigkeit von äußeren Schranken und die Herstellung der ungehinderten Freiheit des Wettbewerbs für das notwendige Erfordernis, um den Nationalwohlstand zu heben. Seine Grundsätze sind durch die in den dreißiger Jahren des 19. Jahrhunderts entstandene Manchesterschule fortgebildet worden, welche unbedingte Gewerbefreiheit und unbedingten Freihandel verlangt, in der Hoffnung, daß sich aus dem Kampf der einander widerstreitenden egoistischen Interessen eine Harmonie des wirtschaftlichen Lebens ergeben würde.
2) Seine bedeutendsten Helfer waren Schrötter, Schön, Altenstein, Vincke, Niebuhr.

(f. § 82), so nun auch die Bauern der privaten Güter zu freien Eigentümern gemacht und die Ablösung der Fronbienste ermöglicht wurde.

Bei der Organisation der **Staatsverwaltung** war die Staatseinheit für ihn der leitende Gesichtspunkt. Er gedachte fünf Ministerien zu schaffen, für das Äußere, das Innere, die Finanzen, den Krieg und die Justiz; die Kriegs- und Domänenkammern wurden zu Regierungen umgebildet; mehrere Regierungsbezirke gedachte er einem Oberpräsidenten zu unterstellen. Der Regierung wollte er **Reichsstände** zur Seite stellen, eine Vertretung der Berufsstände der Nation, zunächst mit beratender Stimme; aber diese Schöpfung wurde, wie andere, durch Steins Sturz verhindert.

Staatsverwaltung.

Dagegen wurde durch die **Städteordnung** den Städten die Selbstverwaltung ihrer Angelegenheiten übergeben. An ihre Spitze traten ein Magistrat und Stadtverordnete, beide auf bestimmte Frist von der Bürgerschaft gewählt. Der Magistrat bestand von nun an aus einem oder mehreren Bürgermeistern und den Stadträten, von denen die Mehrzahl ihr Amt unbesoldet als Ehrenamt führte. Wie den Städten, so dachte Stein auch den Landgemeinden, den Kreisen und den Provinzen die Selbstverwaltung ihrer Angelegenheiten zu übergeben, mußte aber auch diese Aufgabe der Zukunft überlassen.

Städteordnung.

Denn er mußte bereits im November 1808 sein Amt niederlegen. Er hatte im Sommer d. J., als die französischen Truppen noch immer das Land bedrückten, ganz in dem Gedanken einer Volkserhebung gelebt, und ein darauf bezüglicher Brief war in die Hand der Feinde gefallen. Sein Sturz wurde von seinen einheimischen Gegnern, denen er für einen Mann der Revolution galt, mit Jubel begrüßt. Nachträglich wurde er von Napoleon, der sich in Spanien befand, geächtet; er fand eine Zuflucht in Österreich, von wo ihn 1812 Alexander zu sich rief. — So blieb seine Gesetzgebung Stückwerk. Aber der preußische Staat war durch ihn auf einen neuen Boden gestellt.

Steins Sturz Nov. 1808.

1812.

§ 89. Die Staatsverwaltung Hardenbergs. An Steins Stelle trat zunächst ein Ministerium Altenstein-Dohna, in dem Wilhelm von Humboldt das Unterrichtswesen leitete.[1] Damals wurde die Universität Berlin geschaffen, die schnell eine große Zahl bedeutender Lehrer vereinigte. 1810 wurde Graf Hardenberg als Staatskanzler mit umfassenden Befugnissen an die Spitze der Regierung gestellt. Er war, nachdem er Ansbach und Bayreuth trefflich verwaltet hatte, Minister des Auswärtigen gewesen, hatte aber 1807

Altenstein-Dohna.

1810.

Hardenberg.

---

[1] Wilhelm von Humboldt, der Bruder des großen Naturforschers Alexander von Humboldt, war der Freund Schillers und Goethes, Staatsmann und zugleich Philosoph, Dichter und Sprachforscher.

auf Verlangen Napoleons entlassen werden müssen. Er wurde der andere Reformator des preußischen Staates; freilich waren seine Wege teilweise von denen Steins verschieden, da er, von den individualistischen Ideen der französischen Revolution stärker beeinflußt und weniger geneigt war dem historisch Überlieferten Rechnung zu tragen. Als Diplomat war er Stein überlegen. Sein Privatleben war nicht ohne Anstoß.

Auch ihn beseelte die Überzeugung, daß Preußen eine zweckmäßig eingerichtete „Nationalvertretung" erhalten müsse. Zunächst wandte er seine Aufmerksamkeit der traurigen Finanzlage zu. *Finanzreformen.* Seine **Finanzgesetze** gingen von dem Gedanken aus die Grundsteuer so zu reformieren, daß alle Stände und Landesteile gleichmäßig belastet würden; an Stelle der verwickelten Accise wollte er eine auf wenige Gegenstände gelegte Verbrauchssteuer treten lassen und endlich die bisherigen Steuern durch eine Gewerbesteuer und auch durch eine Einkommensteuer ergänzen. Mit der Einführung der Gewerbesteuer *Gewerbefreiheit.* stand im Zusammenhang die der Gewerbefreiheit: der Gewerbebetrieb, der bisher nur den Mitgliedern einer Zunft erlaubt gewesen war, wurde jetzt jedermann frei gegeben. Dazu trat die Regelung *Agrargesetze.* der bäuerlichen Verhältnisse: die größeren Bauerngutsbesitzer erlangten das volle Eigentumsrecht an ihren Höfen, freilich nur gegen Abtretung eines Drittels oder der Hälfte ihres Hofs. So hat die Bauernbefreiung zugleich zu einer starken Vergrößerung des Großgrundbesitzes geführt, zumal da gleichzeitig die Bauernstellen für verkäuflich erklärt wurden und daher viele von ihnen in den Besitz der großen Eigentümer übergingen. Übrigens konnte die „Regulierung" nur sehr langsam vor sich gehen.

§ 90. Die Heeresreform. Während durch die Gesetzgebung Steins und Hardenbergs die wirtschaftliche Thätigkeit der Bürger von hindernden Fesseln befreit und sie zugleich zur Teilnahme an den Gemeindeangelegenheiten herangezogen wurden, erfuhr das preußische Heer eine völlige Umwandlung. Gerhard David von Scharn- *Scharnhorst 1755.* horst war in einem hannöverschen Dorfe 1755 geboren, erhielt seine erste militärische Ausbildung auf der Kriegsschule des Grafen Wilhelm von Schaumburg-Lippe, stand dann in hannöverschen Diensten *1801.* und zeichnete sich im ersten Koalitionskriege aus; 1801 trat er in preußische Dienste. Seine gleichgesinnten Helfer waren Gneisenau, der Verteidiger von Colberg, Grolman, Boyen, Clausewitz. Sie alle waren einig in dem Gedanken die Kluft, die bisher zwischen Volk und Heer bestanden hatte, auszufüllen: das Heer zu einem nationalen Heer zu machen, das Volk durch den Heeresdienst zur Hingabe für das Vaterland zu erziehen.

Daher wurde die **Werbung abgeschafft** und Ausländer nicht *Heeresreform.* mehr in die Armee aufgenommen. Es wurde ferner der Eintritt in das Offiziercorps im Frieden von „Kenntnissen und Bildung", die auch der Adlige nachzuweisen hatte, im Kriege von „ausgezeichneter Tapferkeit und Umsicht" abhängig gemacht. Die **entehrenden Strafen** fielen fort, und dadurch wurde der Eintritt der bisher vom Dienst befreiten bürgerlichen Jugend in die Armee vorbereitet. Freilich konnte der Gedanke der allgemeinen Wehrpflicht selbst noch nicht durchgeführt werden; schon weil die Mittel des Staats viel zu knapp waren, und weil der Vertrag mit Napoleon nur die Aufstellung von 42000 Mann erlaubte. Doch wurden, indem man einigermaßen ausgebildete Leute, Krümper, nach einigen Monaten beurlaubte und an ihrer Statt andere einstellte, allmählich unter der Hand an 150000 Mann notdürftig eingeübt. Dazu wurde das Heer neu organisiert, im Felddienst ausgebildet und neu bewaffnet. So rüstete Preußen zum entscheidenden Kriege.

Zugleich erhob sich überall unter dem Druck der Fremdherr- *Nationale* schaft der **nationale Sinn**. Die deutsche Dichtung und Wissenschaft, *Litteratur.* so lange dem Vaterlande entfremdet, wurde national. Während die neue, von romantischer Begeisterung für die deutsche Vorzeit getragene germanistische Wissenschaft sich in die deutsche Sprache und Sage versenkte, schilderte Fichte in seinen „Reden an die deutsche Nation" die Selbstsucht des Zeitalters und entwarf ein Idealbild deutschen Wesens[1]); Schleiermacher lehrte in seinen Predigten den sittlichen Wert der Hingabe an das Ganze; Ernst Moritz Arndt schrieb den „Geist der Zeit"[2]), Friedrich Ludwig Jahn sein „deutsches Volkstum". Heinrich von Kleist dichtete Lieder und Dramen voll patriotischen Hasses. Ihm folgten die Dichter des Befreiungskriegs, Arndt, Schenkendorf, Körner, Rückert. Während der sogenannte Tugendbund keine bemerkenswerte Wirksamkeit entfaltete, wurde auf den von Jahn begründeten Turnplätzen der nationale Gedanke gepflegt.

Der Krieg von 1813.

§ 91. **Der Frühjahrsfeldzug.** König Friedrich Wilhelm hatte Yorks That zuerst in Rücksicht auf die Franzosen öffentlich gemißbilligt; dann verließ er aber Berlin und begab sich nach Breslau. *Jan. 1813.* Verhandlungen mit Rußland führten zum Abschluß eines Bünd- *Preuß.-russ.* nisses. Die Frage des polnischen Besitzes wurde nicht entschieden; *Bündnis* doch versprach Alexander die Waffen nicht niederzulegen, ehe Preußen *Febr. 1813.*

---

[1]) „Charakter haben und deutsch sein ist ohne Zweifel gleichbedeutend".
[2]) Arndt war auf dem damals schwedischen Rügen geboren. Stein berief ihn 1812 zu sich nach Petersburg.

einen Umfang erhalten habe, der dem von 1805 entspreche. Schon
vorher hatten die Rüstungen begonnen. Dem Aufruf zur Bildung
freiwilliger Jägercorps folgte die Aufhebung aller Befreiungen
von der Dienstpflicht; sodann die Stiftung des eisernen Kreuzes,
die Kriegserklärung an Frankreich, der von Hippel verfaßte „Aufruf an mein Volk", die Verordnung über Bildung einer Landwehr
aus allen nicht zur Linie gehörenden dienstfähigen Männern vom
17. bis 40. Jahre; endlich die Errichtung des Landsturms aus allen
anderen wehrhaften Männern bis zum 60. Jahre. Alle diese Maßregeln wurden mit flammender Begeisterung aufgenommen. Ein
Volkskrieg begann, wie ihn die Welt kaum gesehen hat, getragen
von sittlicher Leidenschaft und religiöser Inbrunst. An Linientruppen,
freiwilligen Jägern, Landwehr traten 270000 Mann unter die
Waffen, d. h. der neunte Teil der männlichen Bevölkerung. Freilich
fehlte es trotz aller freiwilligen Gaben an Geld und Waffen, für
deren Beschaffung man auf England hoffte.

Während Napoleon anstatt des in Rußland vernichteten Heeres
ein neues aufstellte, besetzte die preußisch-russische Armee unter Wittgenstein und Blücher, dem als Generalstabschef der unermüdlich thätige
Scharnhorst zur Seite stand, Sachsen, dessen König das Land verließ. Am 2. Mai griff sie, 70000 Mann stark, den über Lützen
nach Leipzig marschierenden Napoleon von Südosten her an, nahm
Großgörschen und andere Dörfer, mußte sie aber endlich einer
Übermacht von 120000 Mann gegenüber räumen und ging über
die Elbe zurück. Scharnhorst, in der Schlacht verwundet, starb in
Prag; an seine Stelle trat Gneisenau.

Auch die Schlacht bei Bautzen, wo die Verbündeten auf dem
rechten Spreeufer eine gute Stellung inne hatten, aber wieder in
der Minderzahl waren (90000 gegen mindestens 150000), gewann
Napoleon, freilich unter großen Verlusten. Die Verbündeten traten
den Rückzug längs der österreichischen Grenze an. Als ihnen jetzt
Napoleon, der bereits Breslau besetzt hatte, in Rücksicht auf die
drohende Haltung Österreichs, zugleich um sein aus meist jungen
Truppen bestehendes Heer, zumal seine Reiterei zu verstärken, einen
Waffenstillstand anbot, nahmen sie ihn an.

Kurz vorher war Hamburg, das sich erhoben hatte, in die
brutalen Hände des Marschalls Davout gefallen. Während des Stillstandes wurde das Lützowsche Freicorps, bei dem Theodor Körner
stand, auf verräterische Weise auf Befehl Napoleons selbst bei Kitzen
überfallen und teilweise vernichtet.

§ 92. Die Bündnisse und der Friedenskongreß. In den Wochen
der Waffenruhe kam zunächst das Bündnis mit England zu stande,

das an die Verbündeten Subsidien zahlte, an Preußen freilich nur gegen das Versprechen beim Friedensschluß Ostfriesland Hannover zu überlassen. Ebenso schloß sich Schweden dem Bündnis an; Bernabotte hoffte durch den deutschen Krieg Norwegen zu gewinnen, das ihm Alexander zur Entschädigung für Finnland versprochen hatte. Österreich hatte sich bisher vom Kriege fern gehalten, nicht nur weil es nicht gerüstet war, sondern weil Metternich von der Besiegung Napoleons ein übergroßes Anwachsen der russischen Macht fürchtete. Jetzt übernahm es die bewaffnete Vermittelung; die Friedensbedingungen, die es auf dem Friedenskongreß zu Prag vorlegte, waren für Napoleon sehr günstig; aber dieser war nicht geneigt im geringsten nachzugeben, und so waren die Verhandlungen völlig ergebnislos. Darauf erklärte auch Österreich den Krieg. Kongreß zu Prag.

August 1813.
Napoleon, dessen Hauptquartier Dresden war, hatte 440000 Die Armeen. Mann in konzentrierter Stellung. Dazu waren die Festungen an der Oder und der unteren Weichsel noch in seiner Hand. Die Verbündeten hatten an 500000 Mann, denen aber die Einheit des Oberbefehls fehlte, und die sie teilen mußten. Fast die Hälfte, 235000 Mann, nahmen an der Nordgrenze Böhmens Stellung; ihr Befehlshaber war Schwarzenberg, dessen Generalstabschef Radetzky war; hier weilten die drei Monarchen. Blücher, dem Gneisenau zur Seite stand, befehligte die schlesische Armee, an 100000 Preußen (unter York) und Russen. Die Nordarmee, Preußen — unter Bülow und Tauenzien —, Russen und Schweden, zusammen 150000 Mann, die in der Gegend von Berlin stand, befehligte der Kronprinz von Schweden. Man kam überein, daß diejenige Armee, die auf Napoleons Hauptmacht stieße, sich zurückziehen solle, während die beiden anderen Armeen ihn in Rücken und Flanke zu bedrohen hätten.

§ 93. **Der Herbstfeldzug 1813.** Den ersten Schlag gedachte Napoleon gegen die Nordarmee zu führen; aber Oudinot, den er mit 70000 Mann gegen Berlin sandte, wurde bei Großbeeren Großbeeren 23. Aug. von Bülow angegriffen und zum Rückzug gezwungen. Napoleon selbst hatte, da Blücher gegen ihn die Offensive ergriffen hatte, sich gegen diesen gewandt, kehrte aber auf die Nachricht von Angriffsbewegungen der böhmischen Armee wieder um und ließ Macdonald mit 100000 Mann zurück, um Blücher zu folgen. Dieser erwartete ihn am rechten Ufer der Katzbach und schlug ihn völlig; die feindliche Armee löste Katzbach 26. Aug. sich auf dem Rückzug infolge der Verfolgung der Feinde und des Regenwetters beinahe auf.

Freilich besiegte gleichzeitig Napoleon die böhmische Armee, welche über das Erzgebirge gegangen war und die Altstadt von Dresden angegriffen hatte, und zwang sie zum Rückzug über die Bergpässe. Dresden 26. u. 27. Aug.

Aber 40000 Franzosen unter Vandamme, welche auf neuer Straße von der sächsischen Schweiz her die Verbündeten im Rücken bedrohen sollten, wurden in der Schlacht bei **Kulm**, von dem General v. Kleist umgangen, teils zersprengt teils gefangen genommen. Dazu kam, daß der Marschall Ney, der einen neuen Angriff auf Berlin machen sollte, bei **Dennewitz** in der Gegend von Jüterbog von Bülow, dem am Abend der Kronprinz von Schweden zu Hilfe kam, völlig geschlagen wurde.

Kulm 29. u. 30. Aug.
Dennewitz 6. Sept.

In den nächsten Wochen erfolgten eine Reihe von Angriffsbewegungen der Armeen, ohne daß es zu einer Entscheidung gekommen wäre. Da erkämpfte auf Blüchers Befehl York bei **Wartenburg** den Übergang über die Elbe; darauf überschritt auch der Kronprinz von Schweden den Strom. Als sich Napoleon von Dresden her ihnen näherte, wichen beide Armeen nach Westen aus und gingen über die Saale. Gleichzeitig hatte die böhmische Armee die Pässe des Erzgebirges überschritten und marschierte auf Leipzig. Hier kam es zur Entscheidungsschlacht. Am 16. Oktober warf Napoleon bei Wachau und Liebertwolkwitz den Angriff der großen Armee zurück; aber an demselben Tage wurde die Stellung des Marschalls Marmont bei **Möckern** von den Preußen unter York in blutigem Kampfe erstürmt. Am 17. Oktober, an dem die Schlacht ruhte, wurde die Nordarmee herangezogen, so daß nunmehr 255000, die freilich nicht sämtlich ins Treffen kamen, gegen 160000 standen. Am 18. wurde nach furchtbaren Kämpfen um Propstheida und andere Dörfer der Feind in die Stadt hineingeworfen. In der Nacht begann Napoleon mit den französischen Truppen den Rückzug; am nächsten Tage wurde die Stadt erstürmt, wobei der König von Sachsen gefangen genommen wurde.

Wartenburg 3. Okt.
Leipzig 16.—19. Okt.

Dem abziehenden Napoleon folgten die Verbündeten bis an den Rhein. Schon vor der Leipziger Schlacht war der König von Bayern, nachdem ihm Metternich im Vertrage von Ried den Fortbestand seiner vollen Souveränität zugesichert hatte, zu den Verbündeten übergegangen. Jetzt trat Napoleon ein bayrisch=österreichisches Heer unter Wrede bei **Hanau** entgegen, wurde aber zurückgeschlagen. Immerhin brachte Napoleon außer 60000 Nachzüglern nur 40000 Bewaffnete über den Rhein.

Hanau.

Deutschland bis zum Rheine war befreit, die von Napoleon auf deutschem Boden geschaffenen Staatswesen zusammengebrochen. Zur Verwaltung der augenblicklich herrenlosen Gebiete wurde ein Centralverwaltungsrat bestellt, an dessen Spitze der Freiherr vom Stein, der Freund Alexanders, trat. Die Rheinbundfürsten schlossen sich an die Sieger an.

Centralverwaltung.
Übertritt der Rheinbundfürsten.

Der Feldzug von 1814.

§ 94. Von Frankfurt aus knüpfte Metternich, für den deutsche Interessen nicht in die Wagschale fielen, und den allein die Furcht vor der russischen Machtvergrößerung beherrschte, von neuem Unterhandlungen mit Napoleon an, dem er die Rheingrenze zugestehen wollte; aber ohne Erfolg. Während nun der Kronprinz von Schweden mit einem Teil seiner Armee Dänemark zur Abtretung Norwegens zwang, befreite Bülow Holland; in der Neujahrsnacht begann Blücher den Rheinübergang bei Caub; die große Armee überschritt den Strom bei Basel. Während Blücher über Nancy nach der oberen Marne und Seine zog, schlug Schwarzenberg den Weg über Langres ein. Bei **Brienne** lieferte Blücher eine unentschiedene Schlacht; nachdem er darauf einen Teil der Schwarzenbergschen Armee an sich gezogen hatte, siegte er bei La Rothière. Die Verbündeten zogen nunmehr auf Paris los. Schon gab Napoleon, der gegen ihre Übermacht nur 70000 Mann und zwar junge Truppen hatte aufbringen können, seinem Bevollmächtigten auf dem Friedenskongreß zu **Châtillon** den Auftrag zum Friedensschluß. Da gelang es ihm die in der Gegend der unteren Marne getrennt marschierenden Corps der Blücherschen Armee in einer Reihe glücklicher Gefechte zu schlagen. Darauf wandte er sich der Seine zu gegen Schwarzenberg und erreichte durch siegreiche Treffen, daß auch dieser zurückging. Er hoffte wieder das Beste; die Friedensverhandlungen stockten völlig.

Da setzten Blücher und Gneisenau durch, daß ihnen gestattet wurde sich nach Norden zu wenden, um die von Holland heranmarschierenden Truppen Bülows und Wintzingerodes an sich zu ziehen. Dies gelang. Ein Angriff, den Napoleon auf die Stellung Blüchers bei **Laon** machte, wurde abgeschlagen. Auch die große Armee war wieder vorgerückt, während der Friedenskongreß sich auflöste; bei **Bar-sur-Aube**, wo der kaum siebzehnjährige Prinz Wilhelm von Preußen sich das eiserne Kreuz und das russische Georgskreuz erwarb, wurden kleinere Abteilungen, bei **Arcis-sur-Aube** Napoleon selbst geschlagen. Als dieser jetzt nach Osten abzog, in der Hoffnung seine Gegner hinter sich her zu ziehen, marschierten beide Armeen auf die feindliche Hauptstadt; nach Besiegung der Truppen, welche sie deckten, zogen die Verbündeten in **Paris** ein.

Der bisher so knechtische Senat erklärte jetzt Napoleon und seine Dynastie des Throns für verlustig. In Fontainebleau dankte dieser ab; er erhielt, wie Alexander von Rußland vorschlug, die Insel Elba als souveränes Fürstentum. Auf den Thron von Frankreich wurde Ludwig XVIII., der Bruder Ludwigs XVI., erhoben, der bisher in England gelebt hatte; er versprach sofort die Einführung einer Verfassung, einer Charte.

Erster Pariser Friede. Mit ihm wurde der **erste Pariser Friede** abgeschlossen, dessen Bedingungen, besonders weil sich Alexander auf Kosten Preußens und Deutschlands großmütig erweisen wollte, für Frankreich sehr günstig waren. Es zahlte keine Kriegssteuer und erstattete nicht einmal die Kosten für den Durchzug der großen Armee durch Preußen zurück; es behielt die Grenzen vom 1. Januar 1792 nebst Landau und Saarlouis; selbst die geraubten Kunstschätze wurden außer der Viktoria nicht herausgegeben. England gab die französischen Kolonien bis auf wenige, die holländischen außer dem Kapland und Ceylon zurück; es behielt außerdem Malta und Helgoland.

Der Wiener Kongreß.

Um die übrigen politischen Fragen zu lösen, versammelten sich die Monarchen von Rußland, Preußen, Österreich, andere deutsche Fürsten und die Diplomaten der meisten europäischen Staaten in Wien; das Ergebnis ihrer durch glänzende Festlichkeiten unterbrochenen, mit vielfachen Intriguen verbundenen Beratungen war eine Neugestaltung des europäischen Staatensystems.

§ 95. **Die Gebietsfragen.** Die **polnisch=sächsische** Frage war am schwersten zu lösen. Rußland beanspruchte bei dieser vierten Teilung Polens den größten Teil des Großherzogtums Warschau; als Entschädigung für seine früheren polnischen Besitzungen forderte Preußen im Einverständnis mit Rußland den Besitz Sachsens, da dessen König bis zur Schlacht von Leipzig am Bunde mit Napoleon festgehalten und nach Kriegsrecht seine Krone verwirkt habe. Dem preußisch=russischen Einvernehmen traten Metternich und Englands Vertreter Castlereagh, die vor allem ein Übergewicht Rußlands zu verhindern suchten, sowie der französische Gesandte Talleyrand entgegen, der bei diesem Zwiespalt der Mächte schnell einen unheilvollen Einfluß gewann. Schon schlossen Österreich, Frankreich und England ein geheimes Bündnis; doch kam eine Einigung zu stande. **Das Königreich Polen.** Rußland verzichtete auf Thorn und Krakau; ersteres fiel nebst Danzig an Preußen, letzteres wurde zu einer freien Stadt erklärt. Die neugewonnenen polnischen Gebiete vereinigte Alexander zu einem **Königreich Polen**, das eine Verfassung erhielt und mit Rußland durch Personalunion verbunden wurde. **Preußens Erwerbungen.** Preußen erhielt von seinen früheren polnischen Landesteilen nur die jetzige Provinz Posen, Thorn und Danzig zurück; seine früheren westelbischen Besitzungen wurden ihm mit Ausnahme von Ostfriesland und Hildesheim, die an das neue Königreich Hannover fielen, und von Ansbach und Bayreuth, die bei Bayern blieben, zurückgegeben. Dazu bekam es die Hälfte von Sachsen, westfälische Gebietsteile und die Rheinlande sowie das bisher schwedische Vorpommern. Es erhielt so eine Einwohnerzahl, die wenig größer war als die von 1805; der Staat blieb in zwei ungleiche Teile gespalten; aber er gewann den beherrschenden Einfluß in Norddeutschland, dazu die Wacht zugleich an Memel und Rhein, wodurch seine nationale Aufgabe vorgezeichnet war.

Österreich erhielt Tirol und Salzburg von Bayern, das mit der Rheinpfalz entschädigt wurde, und ferner Illyrien zurück, dazu Venetien und die Lombardei. Es wurde ein nur teilweise deutscher, zum andern Teile slavisch-ungarisch-italienischer Staat; viel besser abgerundet als früher, stand es mehr neben als in dem deutschen Staatensystem, ein Verhältnis, das durch die Bemühungen der Metternichschen Regierung Einflüsse des deutschen Geisteslebens von Österreich fernzuhalten noch verschärft wurde. *Österreichs Erwerbungen.*

In Italien wurden die alten Fürsten, u. a. der Papst wieder hergestellt; auch die Bourbonen erhielten 1815 Neapel zurück, nachdem Murat sich an Napoleon angeschlossen hatte und infolgedessen vertrieben worden war¹). Die Halbinsel stand seitdem unter dem Einfluß Österreichs, das allen nationalen Bestrebungen mit Härte entgegentrat. *Italien.*

Holland wurde mit Belgien zu einem Königreich der Vereinigten Niederlande verbunden, das die Oranier erhielten, das aber an innerer Zwietracht krankte und bald auseinandergerissen werden sollte. *Vereinigte Niederlande.*

Schweden wurde mit dem den Dänen abgenommenen Norwegen durch Personalunion vereinigt; Schwedisch-Vorpommern fiel an Preußen. *Skandinavien.*

Die Schweiz wurde für neutral erklärt.

§ 96. Die deutsche Bundesverfassung. Die Bestrebungen Deutschland eine straffere staatliche Einheit zu geben, womöglich das Kaisertum wieder herzustellen und die souveräne Gewalt der Fürsten einzuschränken, Bestrebungen, die besonders der in Wien anwesende Freiherr vom Stein vertrat, und die von einer starken Strömung im deutschen Volke getragen wurden, scheiterten an der Unmöglichkeit das neuerstandene, jugendkräftige Preußen einem österreichischen Kaiser unterzuordnen, an der Abneigung Österreichs, endlich an dem Widerwillen der Mittelstaaten gegen jede Beschränkung ihrer Sou-

---

1) Bei einem Versuch sein verlorenes Reich wiederzuerlangen wurde er gefangen und erschossen.

veränität. So war das Ergebnis der Beratungen über die politische Neugestaltung Deutschlands sehr dürftig. Die deutschen Staaten, damals 39, vereinigten sich zu einem **deutschen Bunde**. Preußen trat ihm ohne die Provinzen Ost- und Westpreußen und Posen, Österreich ohne die polnischen, ungarischen und italienischen Landesteile bei; der König von England gehörte ihm als König von Hannover, der König von Dänemark als Herzog von Holstein, der König der Niederlande als Großherzog von Luxemburg an.

Umfang des Bundes.

Der Bundestag, eine Vertretung der Regierungen, nicht zugleich der Völker, tagte in Frankfurt; er hat sich im Lauf seiner Geschichte immer unfähig erwiesen die nationalen Interessen Deutschlands wahrzunehmen. Politisch fehlte es dem Bunde an Einheitlichkeit und einer starken Exekutivgewalt; das Heerwesen des Bundes blieb trotz Preußens Bemühungen immer im Argen; für die wirtschaftliche Einigung Deutschlands hat der Bund nichts geleistet; ein oberstes Bundesgericht trat nicht ins Leben; dem Verlangen nach Schaffung von Volksvertretungen endlich kam man nur dadurch entgegen, daß der Artikel 13 der Bundesakte in allgemeiner Form landständische Verfassungen verhieß.

Wesen des Bundes.

Der Feldzug von 1815.

Die hundert Tage 1. März 1815.

§ 97. Mitten in diesen Verhandlungen erhielt man die Nachricht, daß Napoleon Elba verlassen habe und bei Cannes gelandet sei. Da Ney, der ihm entgegengeschickt wurde, zu ihm überging, konnte er in Paris einziehen; Ludwig XVIII. floh nach Gent. Die Folge war die Erklärung der vier Mächte, daß sich Napoleon außerhalb des Gesetzes gestellt habe, und die Erneuerung ihres Bündnisses mit der Verpflichtung je 150 000 Mann ins Feld stellen zu wollen. Vergeblich versuchte Napoleon durch Friedensbeteuerungen seinen Thron zu retten, während er zugleich bemüht war durch eine liberale Verfassung sich die Volksstimmung in Frankreich geneigt zu machen.

Mit nur 128 000 Mann, aber trefflichen Soldaten ergriff er die Offensive gegen die in Belgien stehenden Heere Blüchers, der 120 000 Mann befehligte, und Wellingtons, der 96 000 Mann, Engländer, Hannoveraner, Braunschweiger und Holländer bei sich hatte. Ehe beide Feldherrn ihre Heere konzentriert hatten, warf er sich bei Ligny mit 78 000 Mann auf Blücher, der nur drei von seinen vier Corps bei sich hatte, während er zugleich Ney Wellington entgegenstellte. Blücher nahm im Vertrauen auf Wellingtons Versprechen Hilfe zu leisten die Schlacht an. Nach heftigem Kampfe um Ligny und andere Dörfer versuchte er durch einen mächtigen

Ligny 16. Juni.

Kavallerieangriff die Entscheidung herbeizuführen; aber dieser mißlang, er selbst stürzte vom Pferde. Sein Generalstabschef Gneisenau befahl den Rückzug, aber nicht nach dem Rheine zu, sondern nach Norden, um die Verbindung mit den Engländern nicht zu verlieren. An demselben Tage hatte Ney bei Quatrebras gegen Wellington gefochten und war durch dessen wachsende Übermacht zurückgedrängt worden; in dieser Schlacht fiel Herzog Friedrich Wilhelm von Braunschweig. Quatrebras 16. Juni.

Zwei Tage darauf griff Napoleon mit 72000 Mann — 30000 hatte er den Preußen nachgeschickt — den auf den Höhen von Mont St. Jean[1]) stehenden, wenig schwächeren Wellington an; er begann die Schlacht erst gegen Mittag. Zwei gewaltige Angriffe schlug Wellington ab, den zweiten nur mit Mühe; da erschienen um ½5 Uhr die Preußen, voran das Bülowsche Corps, das bei Ligny gefehlt hatte, in der rechten Flanke der Franzosen. Ein dritter Ansturm der Franzosen zugleich auf die englische Schlachtlinie und die Preußen scheiterte; darauf löste sich die französische Armee in wilder Flucht auf und wurde von dem verfolgenden Gneisenau völlig zersprengt. Belle-Alliance 18. Juni.

Napoleon dankte von neuem ab. In Rochefort bestieg er ein englisches Schiff; er wurde als Staatsgefangener nach St. Helena geführt, wo er 1821 starb.[2]) Ludwig XVIII. wurde wieder auf den Thron erhoben, und mit ihm schlossen die Mächte den zweiten Pariser Frieden ab. Auch diesmal wurde Frankreich auf Rußlands und Englands Betrieb sehr glimpflich behandelt: zwar zahlte es 700 Millionen Francs Kriegskosten, und der Nordosten blieb bis zu ihrer Bezahlung von Truppen besetzt; auch wurden die geraubten Kunstschätze zurückgegeben. Aber der Elsaß wurde trotz der Forderung Preußens nicht abgetreten; nur Landau fiel an Bayern, das Saarbecken an Preußen, Savoyen an Sardinien, andere Gebietsteile an die Niederlande. Abdankung Napoleons. 1821. Zweiter Pariser Friede.

---

1) Blücher nannte die Schlacht nach dem Gutshofe Belle-Alliance, wo er sich mit Wellington getroffen hatte, Wellington nach seinem Hauptquartier Waterloo.
2) Seine Überreste wurden 1840 im Invalidendom zu Paris beigesetzt.

2. Die Zeit des deutschen Bundes.
1815—1866.

Der Charakter der neusten Zeit.

§ 98. Das Zeitalter, welches durch die Stürme der Revolution und der napoleonischen Herrschaft eingeleitet wird, trägt in wesentlichen Dingen ein von dem früheren verschiedenes Gepräge.

Der nationale Gedanke.

Zunächst folgte auf ein Jahrhundert, zu dessen wichtigsten Kennzeichen eine weltbürgerliche Gesinnung gehört, eine Zeit, in welcher der **nationale Gedanke** überall hervorbricht und sich immer stärker geltend macht. Es war zunächst Napoleons Versuch ein Universalreich zu gründen, der die entgegengesetzte Wirkung hatte in den bedrohten Völkern ein starkes nationales Empfinden wachzurufen. Zu den bedeutsamsten Erscheinungen der nächsten Jahrzehnte gehören die auf nationale Einheit gerichteten Bestrebungen der beiden Völker Mitteleuropas, die seit Jahrhunderten des politischen Zusammenschlusses entbehrten, der Deutschen und der Italiener. Das dringende Verlangen nach Entfaltung oder Behauptung der nationalen Eigenart hat vielfach zu harten und erbitterten Kämpfen geführt; unter ihnen sind von besonderer Bedeutung die Kämpfe, die heute das bedrohte Deutschtum in Österreich gegen slavische Nationen zu führen hat.

Nationale Heere.

Seinen stärksten Ausdruck findet der nationale Gedanke in der Umwandlung des Heerwesens, die darin bestand, daß an Stelle der Heere von Berufssoldaten Volksheere traten; damit erneuerte man die allgemeine Wehrpflicht, wie sie einst bei den alten Germanen bestanden hatte. Die französische Revolution hatte zuerst allgemeine Aushebungen veranstaltet; Napoleon durchbrach sodann den Gedanken der allgemeinen Verpflichtung zur Verteidigung des Vaterlandes durch Gestattung der Stellvertretung; in Preußen ist die allgemeine Wehrpflicht zuerst organisiert und das „Volk in Waffen" eine Thatsache geworden. Seitdem haben mit Ausnahme Englands alle größeren Staaten Europas dieses Beispiel befolgt.

Individualismus.

Während durch das starke Hervortreten des Nationalgefühls das neunzehnte Jahrhundert in einen schroffen Gegensatz zu dem achtzehnten tritt, so steht es in anderer Beziehung wiederum auf seinen Schultern. Die Zeit der Aufklärung hatte die möglichste Befreiung des Individuums auf dem Gebiete des Glaubens und Denkens, des Staatslebens, des Erwerbslebens auf ihre Fahne geschrieben. Auch für das Geistesleben des neunzehnten Jahrhunderts ist der **Individualismus** eines der wichtigsten Kennzeichen. Auf politischem Gebiete trat immer stärker eine Strömung hervor, deren Ziel die Beschränkung der Staatsgewalt zu Gunsten der individuellen Freiheit und die Beteiligung möglichst aller Bürger am Staatsleben durch Herstellung verfassungsmäßiger Volksvertretungen war. Auf sozialem Gebiete war es dieselbe Strömung, welche die Ausgleichung ständischer Unterschiede und die Beseitigung ständischer Vorrechte anstrebte. Auf dem Gebiete des Denkens und Glaubens verlangte sie Freiheit des Gewissens und der wissenschaftlichen Forschung. Auf dem Gebiete des Erwerbslebens endlich war die Herstellung der Freiheit der Produktion und des Wettbewerbes zwischen den Völkern und zwischen den Einzelpersonen, des Freihandels und der Gewerbefreiheit, ein Ideal, das die öffentliche Meinung in immer stärkerem Maße für sich gewann.

Von einer doppelten Richtung aber her wurden einem allzuweit getriebenen Individualismus Schranken gezogen. Es geschah einerseits von seiten der oben besprochenen **nationalen Richtung**, welche auf politischem Gebiete dem persönlichen Freiheitsdrange gegenüber die sittliche Berechtigung und Bedeutung des Staats und die Notwendigkeit einer starken Staatsgewalt, insbesondere das Recht der Monarchie verfocht, während sie auf wirtschaftlichem Gebiete der freihändlerischen Strömung gegenüber die Forderung aufstellte, daß gegen den Wettbewerb wirtschaftlich übermächtiger Völker die nationale Produktion durch Zollschranken geschützt werden müsse. Andererseits machte sich in den letzten Jahrzehnten des Jahrhunderts eine **soziale Auffassung** der Dinge geltend. Dem Rechte der Individuen gegenüber betonte man die Rechte und die Pflichten der menschlichen Gesellschaft; man machte darauf aufmerksam, daß die Entfesselung der eigennützigen Triebe im Menschen keineswegs zu der gehofften harmonischen Wirtschaftsordnung führe, sondern oft genug zur Unterdrückung des wirtschaftlich Schwächeren durch den Stärkeren, des Ärmeren durch den Kapitalkräftigeren, des Ehrlichen durch den Unehrlichen. So erhob sich die Forderung sozialer Reformen und einer thatkräftigen sozialen Politik; während zugleich in den ärmeren Klassen der Bevölkerung der unselige Irrtum Platz griff, es sei eine Organisation der Gesellschaft und der Volkswirtschaft möglich, welche durch Vernichtung der persönlichen Freiheit und des persönlichen Eigentums alles soziale Elend aus der Welt schaffe.

Der soziale Gedanke.

Daß diese sowie andere geistige Bewegungen in weitem Umfange die Massen ergriffen, ist ein ferneres wesentliches Merkmal des Jahrhunderts. Die zuerst in Preußen und sodann in den meisten anderen Staaten Europas eingeführte allgemeine Schulpflicht und die durch die technischen Fortschritte der Buchdruckerkunst ermöglichte Entwickelung des Preßwesens haben eine Verallgemeinerung der Bildung zur Folge gehabt, wie sie in keinem früheren Zeitalter

Verallgemeinerung der Bildung.

vorhanden war; sie gehört zu den wesentlichen Kennzeichen dieses Jahrhunderts, das einen weit demokratischeren Charakter als seine Vorgänger aufweist. Naturgemäß bleibt diese Bildung vielfach auf der Oberfläche und geht nicht in die Tiefe; und es kann nicht anders sein, als daß die außerordentliche Menge der Eindrücke, denen der moderne Mensch ausgesetzt ist, oft zerstreuend und zersplitternd wirkt und eine zwar vielseitige, aber flache Auffassung des Lebens zur Folge hat.

Trotzdem hat auch die ernste Wissenschaft gewaltige Erfolge erzielt; und nur auf wenigen Gebieten hat die moderne Wissenschaft die Höhe früherer Jahrhunderte nicht erreicht, auf den meisten hat sie sie übertroffen. Es war besonders das Gebiet des spekulativen Denkens, die Philosophie, die seit dem zweiten Drittel des Jahrhunderts etwas an Interesse einbüßte. Die wissenschaftlichen Leistungen der neusten Zeit liegen vorwiegend auf dem Gebiete der historischen Wissenschaften und der Naturwissenschaft. Zumal der letzteren ist es gelungen durch wachsende Beherrschung und Benutzung der Naturkräfte, vornehmlich des Dampfes und der Elektrizität, unvergleichliche Fortschritte zu erzielen und mit der gewerblichen Technik zugleich das gesamte moderne Wirtschaftsleben völlig umzugestalten.

Entwickelung der Naturwissenschaft und der Technik.

James Watt, ein Schotte, konstruierte 1769 die erste brauchbare Dampfmaschine; die erste Dampfmaschine in Preußen wurde 1788 in einem oberschlesischen Bergwerk aufgestellt, die zweite aber erst 1822 in der kgl. Porzellanmanufaktur zu Berlin. 1807 wurde in Newyork das erste Dampfschiff, 1814 von dem Engländer George Stephenson die erste Lokomotive erbaut; 1835 wurde die erste deutsche Eisenbahn zwischen Nürnberg und Fürth dem Betrieb übergeben. Zu Beginn des Jahrhunderts war der mechanische Webstuhl erfunden worden; seitdem sind Maschinen nicht nur auf fast allen Gebieten der gewerblichen Thätigkeit zur Einführung gekommen, sondern auch in weitem Umfange in der Landwirtschaft, die sich zugleich die Fortschritte der Chemie zu nutze gemacht hat. 1833 hatten Gauß und Weber in Göttingen den elektrischen Telegraphen entdeckt. In den letzten Jahrzehnten hat die Elektrizität für die Lieferung von Licht und Kraft die größte Bedeutung gewonnen.

Steigerung der Produktion.

Die weite Ausdehnung der Maschinenarbeit hat nun zunächst eine außerordentliche Steigerung der Güterproduktion zur Folge gehabt; es wird schneller, massenhafter und im Verhältnis billiger produziert als früher. Dadurch ist ein allgemeines Steigen des Wohlstandes und der Lebenshaltung hervorgerufen worden, von dem auch die niederen Klassen nicht ausgeschlossen geblieben sind; mit den materiellen Mitteln sind freilich auch die Bedürfnisse gestiegen, zu deren Befriedigung und Anregung die Industrie fortwährend thätig ist.

Dem Wachstum der Produktion tritt die außerordentliche Steigerung des Verkehrs zur Seite. Die Schnelligkeit der Verkehrsverbindungen, die verhältnismäßige Billigkeit der Frachten hat ein Zeitalter des Weltverkehrs, einen gegenseitigen Austausch der Erzeugnisse zwischen Nation und Nation, zwischen Erdteil und Erdteil hervorgerufen, wie er noch nicht dagewesen ist. Die Lebhaftigkeit des Verkehrs und die Erweiterung des Marktes hat naturgemäß auch ihrerseits auf die Produktion im höchsten Grade fördernd eingewirkt. Sie hat eine weitgehende internationale Arbeitsteilung geschaffen; sie hat Industrien ins Leben gerufen, die nur für den Export arbeiten, und die Nutzbarmachung von Naturerzeugnissen ermöglicht, die früher um der Kosten des Transports willen unausgenutzt blieben. Sie hat freilich auch die wirtschaftliche Abhängigkeit der einzelnen Länder voneinander sehr vergrößert und die großen Handelskrisen bedeutend häufiger gemacht.

Steigerung des Verkehrs.

Da nun aber die Anwendung von Maschinen in großem Maßstabe nur dem kapitalkräftigen Unternehmer möglich war, so hat die moderne Produktionsweise die großen Betriebe begünstigt, und das Kapital spielt heute als Faktor der Produktion eine größere Rolle als je zuvor. Der vermehrte Bedarf an Geld wurde durch die steigende Produktion in Edelmetallen gedeckt.¹) Zugleich aber diente ein weitverzweigtes und auf das feinste ausgebildetes System der Kreditwirtschaft, dessen Träger die Banken sind, dazu die Kapitalien zu vereinigen und dadurch für große Unternehmungen nutzbar zu machen und den Handelsverkehr zu erleichtern. Dem gegenüber sind freilich die üblen Begleiterscheinungen der Kapitalwirtschaft nicht ausgeblieben. Es haben sich große, ja riesige Vermögen in der Hand einzelner angesammelt und dadurch die Gegensätze zwischen arm und reich verschärft; doch ist mindestens in Deutschland eine Abnahme der mittleren Vermögen nicht zu bemerken. Es hat sich mehr als in früheren Zeiten ein selbstsüchtiges, unruhiges Streben nach materiellem Besitz weiter Volkskreise bemächtigt. Die kleinen Betriebe, besonders gewisse Zweige des Handwerks, werden durch den Wettbewerb der billiger arbeitenden großen Betriebe erheblich geschädigt und in ihrer Existenz bedroht; das Kapital hat zuweilen seine Übermacht über die von ihm abhängigen Arbeiterscharen gemißbraucht, um ihre Kraft übermäßig auszubeuten.

Geld- und Kreditwirtschaft. Kapitalismus.

So erscheint unser Jahrhundert als ein Zeitalter des ausgeprägtesten Individualismus und zugleich als die Zeit, in welcher

---

1) Gold liefern heute vornehmlich Kalifornien, Australien, Rußland, Südafrika, jetzt auch Alaska, während für die Silbererzeugung in erster Linie die westlichen Vereinigten Staaten und Mexiko, in zweiter Linie Deutschland und andere Länder in Betracht kommen.

soziale Gedanken stärker als je die Gemüter beeinflußt haben; als ein in Waffen starrendes Zeitalter, das doch auch ein Jahrhundert der ernstesten und angestrengtesten geistigen Arbeit und zugleich hoher materieller Blüte ist; als eine Zeit des stärksten internationalen Verkehrs und zugleich der schärfsten nationalen Gegensätze.

I. Die letzten fünfundzwanzig Jahre Friedrich Wilhelms III. 1815—1840.

Die Politik der Legitimität und die südeuropäischen Revolutionen.

§ 99. Das Geistesleben der nächsten Jahrzehnte. Die natürliche Folge der großen und erschütternden Umwälzungen der letzten Jahrzehnte war das weitverbreitete Verlangen nach Ruhe und einer gesicherten Ordnung der Dinge; andrerseits das Aufkommen einer romantischen Weltanschauung, die sich durch Betonung des Empfindungslebens gegenüber dem Verstande, des Übersinnlichen und Ahnungsvollen gegenüber dem Nützlichkeitssinn des Aufklärungszeitalters, durch ein starkes religiöses Gefühl gegenüber seiner Freigeisterei, durch Wertschätzung des historisch Überlieferten und liebevolles Versenken in die Vergangenheit, zumal die der eigenen Nation kennzeichnete. Schon Goethe hatte sich, wie der Faust bewies, von den klassischen Idealen der letzten Jahrzehnte mehr und mehr abgewandt und den Gedanken der Romantik genähert. Die bedeutendsten Vertreter der romantischen Schule waren sodann die Gebrüder Schlegel, Tieck, Novalis, Fouqué, Eichendorff u. a.; von der nationalen Richtung der romantischen Schule ging auch Ludwig Uhland aus, dem andere schwäbische Dichter zur Seite stehen. Zugleich erblühte damals durch Niebuhr und Ranke die Geschichtswissenschaft, durch die Brüder Jakob und Wilhelm Grimm die Wissenschaft von der deutschen Sprache und dem deutschen Volkstum; es entwickelte sich die historische Rechtswissenschaft, die vergleichende Sprachwissenschaft neben der zu neuer Blüte sich entfaltenden klassischen Philologie und die vergleichende Erdkunde, während die deutsche Philosophie in Schelling und Hegel, die Naturwissenschaft in Alexander von Humboldt geniale Vertreter besaß.

Auch die Musik lenkte mit Karl Maria von Weber in die Bahnen der Romantik ein. Nicht minder zeigte sich die Malerei seit Peter Cornelius, Schwindt u. a. von ihr auf das stärkste beeinflußt. Dagegen überwog in der Baukunst, deren bedeutendster Vertreter Schinkel war, der Einfluß der formenstrengen Antike; ebenso auch in der Plastik, die durch den Dänen Thorwaldsen stark beeinflußt wurde, und deren größte deutsche Künstler damals Gottfried Schadow, Christian Rauch und Ernst Rietschel waren.

§ 100. Die Stabilitätspolitik Metternichs. Von romantischen Ideen war auch Alexander von Rußland erfüllt, als er noch in Paris die Urkunde der heiligen Allianz entwarf, der allmählich fast sämtliche Regierungen Europas beitraten: sie versprachen sich darin ebenso ihre innere Verwaltung wie ihre gegenseitigen Beziehungen nach christlichen Grundsätzen zu regeln. Während aber dieses Schriftstück keine praktischen Folgen gehabt hat, war es von wesentlicher Bedeutung, daß es dem Fürsten Metternich gelang eine außerordentliche Stellung in der europäischen Politik zu erlangen: einem Staatsmanne, der die Interessen der österreichischen Monarchie dadurch am besten gewahrt glaubte, daß die Ruhe um jeden Preis gesichert, das Bestehende unter jeder Bedingung erhalten würde, und der daher jede Fortentwickelung, jede freiere geistige Regung, insbesondere alle konstitutionellen und alle nationalen Bestrebungen bekämpfte. Indem er den Kaiser Alexander, noch mehr König Friedrich Wilhelm III. in seinem Sinne bestimmte, übte er, vornehmlich durch die sich wiederholenden Monarchenkongresse, den größten Einfluß aus.

<small>Die heilige Allianz.</small>

<small>Metternich.</small>

§ 101. Die Revolutionen in Italien und Spanien. Bei der Neuordnung Italiens hatte man auf die nationalen Wünsche nicht die geringste Rücksicht genommen. Die fremden Fürsten — nur Sardinien besaß ein nationales Fürstenhaus — waren ebenso wie der Papst wieder zurückgeführt worden; zumal in den österreichischen Provinzen wurden die geheimen Verbindungen, die Carbonari, mit eiserner Strenge niedergehalten. Als in Neapel eine Militärrevolution ausbrach, erklärten die drei Ostmächte den Grundsatz der Intervention, und österreichische Truppen stellten die absolute Regierung wieder her.

<small>Revolution in Neapel 1820.</small>

Fast noch schlimmer waren die Zustände in Spanien, wo Ferdinand VII. die in der napoleonischen Zeit bewährte Treue seines Volkes damit belohnte, daß er die von den Cortes 1812 ausgearbeitete Verfassung umstürzte und ein grausames Willkürregiment aufrichtete. Als hier ein Militäraufstand (pronunciamento) ausbrach und den König zur Anerkennung der Verfassung nötigte, stellten französische Truppen die Willkürherrschaft Ferdinands wieder her, der nunmehr in maßloser Weise gegen seine Gegner wütete.[1]) Indessen

<small>Spanische Revolution.

1820.

1823.</small>

---

[1]) In Spanien entstand nach dem Tode Ferdinands (1833), der unter dem Einfluß seiner Gemahlin Maria Christina gegen die geltende Erbordnung seine Tochter Isabella zur Nachfolgerin ernannt hatte, ein Bürgerkrieg zwischen den Anhängern seiner Witwe, den Christinos, und denen seines Bruders Don Carlos, der besonders unter den Basken Anhang fand, den Carlisten.

Abfall der spanischen Kolonien 1810.

1824.

waren seit 1810 die spanischen Kolonien in Südamerika und Mexiko im Abfall begriffen und konnten, zumal seit England, das in Südamerika ein ausgedehntes Absatzgebiet für seine Waren fand, ihre Unabhängigkeit anerkannt hatte, vom Mutterlande nicht unterworfen werden; es entstanden dort eine Reihe von Republiken, die zumeist bis auf den heutigen Tag fortwährenden Umwälzungen ausgesetzt gewesen sind.

In derselben Zeit riß sich infolge von Thronstreitigkeiten in der portugiesischen Königsfamilie Brasilien unter dem Kaiser Dom Pedro von Portugal los.[1])

Griechischer Aufstand 1821—1829.

§ 102. **Der griechische Aufstand. 1821—1829.** Während es im übrigen gelang die revolutionären Regungen in Südeuropa niederzuschlagen, hatte der Aufstand der Griechen gegen die türkische Herrschaft ein anderes Ergebnis. Fürst Alexander Ypsilanti, der als Offizier in der russischen Armee stand und das Haupt einer „Hetärie"

1821. griechischer Patrioten war, begann die Empörung in der Moldau. Zwar wurde er nach Österreich hinübergedrängt, wo er lange gefangen gehalten wurde; aber jetzt erhob sich der Aufruhr in Morea, auf den Inseln des ägäischen Meeres, in Mittel- und Nordgriechenland und erweckte allenthalben in Europa eine starke, philhellenische Begeisterung.[2]) Als die Türken trotz der schlechten Organisation der Griechen und der unter ihnen herrschenden Parteikämpfe den Aufstand nicht zu bewältigen vermochten, rief Sultan Mahmud die Hilfe seines mächtigen Vasallen, des Paschas Mehemed Ali von Ägypten, an, der seinen Stiefsohn Ibrahim Pascha mit Flotte und Heer nach Morea schickte.

Da mischten sich, während Metternich den Aufstand der Griechen als ebenso verdammenswert wie jede andere Revolution betrachtete,

Nikolaus I. 1825—1855.

Rußland, wo Alexanders I. Nachfolger und Bruder Nikolaus I. die Pläne einer orientalischen Eroberungspolitik wieder aufnahm, England und Frankreich ein; eine vereinigte Flotte dieser Mächte erschien an der griechischen Küste, verlangte von Ibrahim Pascha Einstellung der Feindseligkeiten und vernichtete, als er sich nicht fügte, die türkisch-

Navarin 1827. Russisch-türkischer Krieg 1828—1829.

ägyptische Flotte bei Navarin in der Gegend des alten Pylos. Die Folge davon war der Ausbruch des russisch-türkischen Krieges. Während Paßkiewitsch in Armenien eindrang, überschritt Diebitsch den Balkan; unter preußischer Vermittelung wurde der Friede von

---

1) Seit der Revolution von 1889 ist Brasilien eine Republik.
2) Wilhelm Müller dichtete seine Griechenlieder; Ludwig von Bayern förderte die philhellenischen Bestrebungen; Lord Byron ging selbst nach Griechenland und starb in Mesolongion.

Abrianopel geschlossen, in dem der Sultan die Unabhängigkeit der Griechen anerkannte. An die Spitze des neuen, sofort von schweren inneren Wirren bedrohten Königreichs trat Otto, ein Sohn König Ludwigs von Bayern.¹)

1829.

1833.

Die Entwickelung in Deutschland.

§ 103. Die nationale Bewegung in Deutschland. Nach der schweren Zeit der Kriegsjahre hatte sich die große Mehrheit des deutschen Volkes wieder der Arbeit um das tägliche Brot zugewandt; diese war um so schwerer, als die Landwirtschaft damals durch schlimme Mißernten, die Industrie unter dem Wettbewerb der Engländer litt, die ihre zur Zeit der Festlandsperre aufgehäuften Warenmengen zu Schleuderpreisen auf den Markt warfen. Nur ein kleiner Teil der Nation war es, der die durch den Wiener Kongreß so schwer getäuschten Hoffnungen auf nationale Einigung und zugleich auf eine Verfassung nicht fallen ließ; besonders lebten diese Gedanken in der akademischen Jugend, die von dem Kriege, in dem sie selbst mitgefochten hatte, schönere Ergebnisse erwartet hatte. Wie auf den an vielen Orten unter Jahns Einfluß entstehenden Turnplätzen nicht nur körperliche Kräftigung, sondern patriotische Gesinnung gepflegt wurde, so war insbesondere die 1815 in Jena gegründete und sich bald nach anderen Universitäten verbreitende deutsche Burschenschaft von einem nationalen, religiösen, sittlichen Geist erfüllt; und dem entsprechend verlief auch das von ihr gefeierte Wartburgfest, nur daß am Schluß von einigen Teilnehmern eine Reihe mißliebiger Bücher verbrannt wurden. Schon dieser Vorgang weckte das Mißtrauen der Regierungen gegen die Burschenschaft, der indessen Karl August von Weimar seinen Schutz gewährte. Da wurde der Dichter und russische Staatsrat Kotzebue, der wegen seiner Angriffe auf die nationalen Bestrebungen verhaßt war, durch den Theologen Sand, welcher im Verkehr mit einigen radikal gesinnten Persönlichkeiten sich mit dem Gedanken des politischen Meuchelmords vertraut gemacht hatte, in Mannheim ermordet. Nun wurden in Preußen die Turnplätze geschlossen, Jahn verhaftet und nach Freiburg an der Unstrut verwiesen; selbst Ernst Moritz Arndt, Professor in Bonn, wurde in Untersuchung gezogen und ihm verboten Vorlesungen zu halten. In Karlsbad traten auf Betrieb Metternichs, der die Lage in seinem Sinne auszunutzen bestrebt war, die Minister der bedeutenderen deutschen Staaten zusammen und vereinigten sich zu den Karlsbader Beschlüssen, die

Die Burschenschaft.

1815.

Ott. 1817.

Die Ermordung Kotzebues 1819.

Die Karlsbader Beschlüsse.

1819.

---

¹) Er wurde 1862 durch eine Revolution vertrieben; darauf bestieg der dänische Prinz Georg den griechischen Thron.

dann vom Bundestag angenommen wurden: die Censur wurde in allen Bundesstaaten eingeführt, die Burschenschaft verboten und in Mainz eine Central-Untersuchungskommission zur Unterdrückung demagogischer Umtriebe eingesetzt, die indessen das Vorhandensein einer großen Verschwörung nicht zu erweisen vermochte. Das Ergebnis weiterer Ministerberatungen in Wien war die Wiener Schlußakte. So wurde der deutsche Bund, nach außen ein loser Staatenverband, nach innen ein Mittel, um nationale und konstitutionelle Bestrebungen niederzuhalten.

Die Wiener Schlußakte 1820.

§ 104. **Die preußische Politik. Der Zollverein.** Immerhin waren in einigen deutschen Staaten Verfassungen gegeben worden: zuerst in Weimar durch Karl August, sodann in Bayern, Baden, Württemberg und anderen Staaten. Dagegen blieb in Österreich alles beim Alten; und in Preußen, wo 1815 durch königliche Verordnung eine Volksvertretung versprochen worden war, wurde infolge der vorsichtigen Bedachtsamkeit des Königs, unter dem Einflusse Metternichs und einer starken Partei am Hofe, der Gedanke an Einführung von Reichsständen allmählich aufgegeben. Hardenberg verlor allmählich immer mehr an Einfluß; er starb 1822. Im nächsten Jahre wurden anstatt der Reichsstände **Provinzialstände** mit beratender Befugnis eingeführt. Während so die preußische Regierung der Aufgabe die Nation allmählich zur Teilnahme am politischen Leben zu erziehen nicht gerecht wurde und durch die Demagogenverfolgungen zugleich viel Erbitterung großzog, wahrte sich der preußische Staat trotzdem durch sein Heerwesen, seine Verwaltung, seine Sorge für geistige Bildung und wirtschaftliche Wohlfahrt seine führende Stellung unter den deutschen Staaten. In der Heeresorganisation wurde der Grundsatz der allgemeinen Wehrpflicht festgehalten; nach dreijähriger Dienstzeit trat man in die Reserve, dann in die Landwehr ersten, darauf zweiten Aufgebots ein; für die vermögenderen und gebildeteren Klassen wurde die Einrichtung des einjährigen freiwilligen Dienstes geschaffen. Die Verwaltung des Staates war ausgezeichnet durch ein pflichttreues, geistig bedeutendes Beamtentum, dem der König durch selbstlose Gewissenhaftigkeit und Sittenstrenge voranleuchtete, und dem es auch gelang die neuerworbenen Landesteile, soweit sie deutsch waren, innerlich mit den alten zu verschmelzen. Von besonderer Wichtigkeit war die sparsame und sorgfältige Ordnung der Finanzen, welche in dem verschuldeten Staat die Einnahmen und Ausgaben ins Gleichgewicht setzte, die Abgaben gerecht zu verteilen suchte, und es ermöglichte auch für das geistige Leben in reichem Maße zu sorgen. Damals wurde für die Rheinlande die Universität Bonn geschaffen, viele Gymnasien und Volksschulen ge-

Deutsche Verfassungen 1816.

Preußen 1815.

Provinzialstände 1823.

Heer.

Verwaltung.

Finanzen.

Unterricht.

gründet. Für die kirchliche Entwickelung wurde die Stiftung der Union zwischen dem lutherischen und reformierten Bekenntnis, die dem König persönlich am Herzen lag, von größter Bedeutung. *Union 1817.*

Besonders weitreichende Folgen knüpften sich an die Wirtschaftspolitik jener Zeiten. Das neue Zollgesetz brach mit dem Grundsatz des Merkantilsystems, indem es alle Eingangs- und Ausgangsverbote aufhob; immerhin aber suchte es durch Erhebung mäßiger Schutzzölle dem inländischen Gewerbfleiße „einen hinlänglichen Schutz und Vorzug" zu gewähren, während es zugleich von den eingehenden Kolonialwaren ertragreiche Finanzzölle erhob. Zugleich aber erklärte die preußische Regierung, um der traurigen wirtschaftlichen Zersplitterung Deutschlands ein Ende zu machen, den übrigen deutschen Staaten gegenüber sich zu Verhandlungen über einen Zollverein bereit. Aber die Furcht, daß Preußen hinter diesen Vorschlägen politische Vergrößerungsgelüste verberge, war bei den deutschen Mittel- und Kleinstaaten lange zu groß, als daß sie darauf eingegangen wären. Erst 1828 entschloß sich Hessen-Darmstadt, dessen Volkswirtschaft unter dem Mangel eines Marktes litt, und dessen Finanzen durch die Kosten der Grenzbewachung schwer belastet wurden, zum Abschluß eines Zollvereins mit Preußen, mit der Bestimmung, daß die Zollerträge nach der Kopfzahl zwischen beiden Staaten geteilt werden sollten. Und nach mancherlei Ränken und Kämpfen und Verhandlungen kam es dahin, daß seit 1835 Deutschland außer den nordwestlichen Staaten und Österreich handelspolitisch geeinigt war.[1]) Die Folgen des Zollvereins waren äußerst segensreich: er schuf einen großen deutschen Markt von den Alpen bis zur Ostsee, auf dem die deutschen Landschaften, ohne durch Zollschranken getrennt zu sein, ihre Erzeugnisse miteinander austauschten; er ermöglichte eine gemeinsame Zoll- und Handelspolitik gegenüber dem Wettbewerb des Auslandes; unter dem Schutze der Zollgrenze, welche er gegen das Ausland zog, konnte eine nationale Industrie erblühen; er füllte die Kassen der Einzelstaaten, unter welche die Zollerträge verteilt wurden; er näherte endlich die deutschen Stämme innerlich einander und bereitete an seinem Teile die künftige nationale Einigung vor.

Zollpolitik 1818.

Zollverein.

1828.

1835.

England und Frankreich; die Julirevolution.

§ 105. **England.** In England war auf den geisteskranken Georg III. sein Sohn Georg IV. gefolgt, der bereits seit den Befreiungskriegen die Regentschaft geführt hatte. Nach ihm bestieg

Georg III. 1760—1820. Georg IV. 1820—1830.

---

1) 1851 trat Hannover, 1867 Mecklenburg und Schleswig-Holstein dem Zollverein bei.

sein ebenfalls kinderloser Bruder **Wilhelm IV.** den Thron, auf wel‑ **Wilhelm IV.** chen seine noch nicht achtzehnjährige Nichte **Viktoria** folgte. Diese 1830—1837. heiratete bald nach ihrer Thronbesteigung den Prinzen Albert von **Viktoria.** Sachsen‑Koburg, der den Titel eines Prinzgemahls erhielt. Da das deutsche Fürstenrecht die weibliche Erbfolge nicht gestattet, löste sich nunmehr die Personalunion zwischen England und Hannover, wo Viktorias Oheim Ernst August, Herzog von Cumberland, den Thron bestieg.

Äußere Politik. In der äußeren Politik hatte sich England schon seit der Anerkennung der südamerikanischen Republiken und seinem Eingreifen in den griechischen Freiheitskampf in Gegensatz zu dem System des Fürsten Metternich gestellt. Im Innern gelang es ihm eine Reihe schwerer Krisen zu überwinden. Zunächst erhielten durch die Emanzi‑ Katholiken‑ emanzipa‑ pation der **Katholiken,** die der strengkonservative Wellington als tion 1829. Ministerpräsident aus Besorgnis vor einem irischen Aufstande durch‑ führte, die katholischen Unterthanen Zutritt zum Parlament und zu Parlaments‑ allen Ämtern. Durch die **Parlamentsreform** sodann wurde eine reform 1832. große Anzahl „verrotteter Flecken" des Rechts auf einen Parlamentssitz beraubt und eine Reihe neu erblühter Fabrikstädte an ihrer Statt Chartismus. damit begabt. Die **Chartistenbewegung,** die erste große politische Arbeiterbewegung des Jahrhunderts, verlor, nachdem sie zeitweise sehr bedrohlich gewesen war, allmählich an Stärke und verlief im Sande. Desto siegreicher war die freihändlerische Strömung (Manchester‑ schule), welche im Interesse der Industrie, die bei wohlfeilerem Brot und demgemäß niedrigeren Löhnen billiger zu produzieren vermochte, Aufhebung die **Aufhebung der Kornzölle** forderte; es war wiederum ein der Kornzölle 1846. Tory, Robert Peel, der diese Maßregel durchführte. Dadurch wurden die hohen Brotpreise beseitigt, die um so drückender gewesen waren, als das Land mehrmals unter schlechten Ernten, schweren Handels‑ krisen und Arbeitsstockungen gelitten hatte; freilich trat allmählich ein völliger Niedergang des englischen Getreidebaus ein, zumal seit infolge der starken Entwickelung der Verkehrsmittel ungeheure Mengen über‑ seeischen Getreides auf den europäischen Markt geworfen wurden, und England wurde für seinen Bedarf an Brot völlig vom Aus‑ Irland. lande abhängig. Eine stete Gefahr blieben die Zustände in **Irland,** wo das Elend der Pächter nicht geringer und die Agitation für eine Loslösung von England immer stärker wurde.

Indessen wuchs in den nächsten Jahrzehnten die wirtschaftliche Industrie. Macht Englands ungeheuer. Seit es sich zum reinen **Industrie‑ staat** entwickelte, wurden die bisherigen hohen Schutzzölle einer nach dem andern aufgegeben, und das Land, das bei seiner wirtschaft‑ lichen Überlegenheit, seinen reichen Bodenschätzen an Kohlen und Eisen, seiner großen Kapitalmacht zunächst keinen Wettbewerb zu fürchten brauchte, ging zum völligen Freihandel über. Seine Ausfuhr stieg schnell auf das Mehrfache der bisherigen Höhe; seine Handelsflotte wuchs von Jahr zu Jahr; sein Kolonialbesitz in Nordamerika, Afrika, Asien, Australien und der Südsee erweiterte sich außerordentlich, zumal seit im Jahre 1858 nach dem großen Aufstande der Sepoys, b. h. der eingeborenen indischen Truppen, die Krone die unmittelbare Verwaltung des bisher von der ostindischen Compagnie beherrschten Vorderindiens übernommen hatte; 1876 nahm die Königin Viktoria den Titel einer Kaiserin von Indien an. Eine kluge, aber auch rücksichtslose auswärtige Politik, als deren Träger vornehmlich Palmerston, „Lord Feuerbrand", zu nennen ist, diente den Interessen des englischen Handels, Gewerbfleißes und Kapitals. Als China die Einfuhr des indischen Opiums im Interesse der Gesundheit seiner Bewohner untersagte, wurde es durch den Opiumkrieg gezwungen das Verbot wieder aufzuheben.

Handel und Kolonien.

1858.

§ 106. **Frankreich und die Julirevolution.**[1]) Während England auf dem Wege der Reformen blieb, führten in Frankreich die politischen Gegensätze von neuem zu einer Revolution. Schon unter Ludwig XVIII. waren sie immer schärfer geworden, noch mehr unter seinem Bruder und Nachfolger Karl X.; gegen die Herrschaft der reaktionären und klerikalen Partei erhob sich ein immer stärkerer Widerstand, der durch mehrere Kammerauflösungen nicht gebrochen wurde. Auf den Rat des Ministers Polignac schritt der König, wenige Wochen nachdem ein Zug gegen den Dei von Algier zur Einnahme dieser Stadt geführt hatte, zum Erlaß der Juliordonnanzen, wodurch nicht nur die eben gewählte Kammer wieder aufgelöst, sondern auch die Preßfreiheit aufgehoben und das Wahlgesetz geändert wurde. Da entstand in Paris ein Aufstand, und die

Ludwig XVIII. 1814—1824.
Karl X. 1824—1830.

Julirevolution 1830.

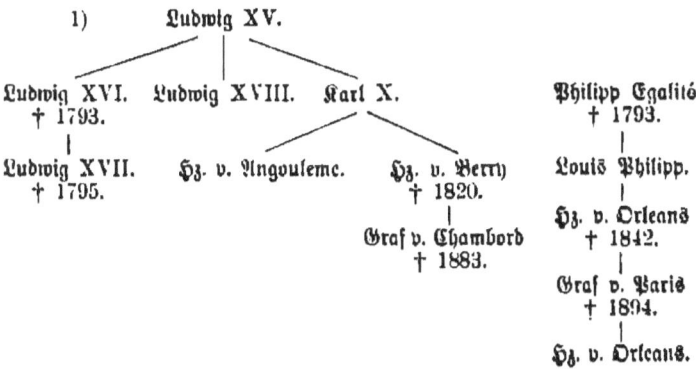

1) Ludwig XV.

Ludwig XVI. † 1793.

Ludwig XVIII.

Karl X.

Ludwig XVII. † 1795.

Hz. v. Angoulême.

Hz. v. Berry † 1820.

Graf v. Chambord † 1883.

Philipp Egalité † 1793.

Louis Philipp.

Hz. v. Orleans † 1842.

Graf v. Paris † 1894.

Hz. v. Orleans.

auf dem Stadthaus eingesetzte Regierung, in der Lafayette noch einmal eine Rolle spielte, übertrug die Gewalt an den Herzog Louis

Louis Philipp 1830—1848. Philipp von Orleans, den Sohn Philipp Egalités. Vergeblich versuchte Karl X. den Thron für seinen Enkel, den Grafen von Chambord, zu retten, zu dessen Gunsten er abdankte, indem er zugleich den Herzog von Orleans zum Generalstatthalter ernannte. Er mußte das Land verlassen und ging nach England; die Kammer wählte Louis Philipp zum „König der Franzosen".

Das Julikönigtum. Das neue Königtum, dessen Krone durch List erschlichen war, dessen Vertreter seiner ganzen Persönlichkeit nach nie die Sympathien der Massen erwerben konnte, suchte sich durch das System des juste milieu durch alle Schwierigkeiten hindurchzuwinden. Es wurde bedroht durch die wachsende republikanische und sozialistische Partei, von deren Seite der König einer Reihe von Attentaten ausgesetzt war, zugleich durch das Neuerstehen des Bonapartismus, wenn auch freilich die Aufstandsversuche Louis Napoleons, des Sohnes des einstigen Königs von Holland, in Straßburg und Boulogne mißlangen. Dem gegenüber stützte sich Louis Philipp auf den wohlhabenden Bürgerstand, der auch allein wahlberechtigt war, da durch einen hohen Census alle Minderbegüterten vom Wahlrecht ausgeschlossen waren, und dessen politisches Ideal die parlamentarische Monarchie nach dem von Thiers geprägten Schlagwort: le roi règne, mais ne gouverne pas war.

Die Folgen der Julirevolution in Belgien, Polen, Italien und Deutschland.

Belgische Erhebung. § 107. **Belgien, Polen, Italien.** Die nächste Folge der Julirevolution war ein Aufstand in Belgien, das, durch seine Geschichte, Nationalität, Konfession von Holland getrennt, seine Interessen durch die holländische Regierung beeinträchtigt sah. Die Großmächte erkannten, um die Entstehung eines europäischen Krieges zu verhindern, Belgien als unabhängig an; zum König wurde Prinz Leopold von Sachsen-Koburg[1]) gewählt.

Polnischer Aufstand. Ferner brach in Polen ein Aufstand aus, der um so gefährlicher war, als die Polen über ein organisiertes Heer verfügten.

---

1) Das Haus Koburg, das jetzt den belgischen Thron und bald darauf durch die Heirat des Prinzen Albert mit der Königin Viktoria die Anwartschaft auf die englische Krone erwarb, bestieg außerdem durch die Vermählung des Prinzen Ferdinand von Sachsen-Koburg-Kohary mit der Königin Maria II. da Gloria auch den Thron von Portugal und schließlich 1887 auch den von Bulgarien, nachdem der Prinz Ferdinand aus derselben Linie durch die bulgarische Nationalversammlung zum Fürsten gewählt worden war.

Diebitsch besiegte sie, ohne doch Warschau nehmen zu können; er starb an der Cholera, die damals zuerst Europa heimsuchte, ebenso wie Graf Gneisenau, der Befehlshaber des preußischen Beobachtungsheeres. Pastiewitsch unterwarf Polen, das nunmehr zu einer russischen Provinz mit gesonderter Verwaltung gemacht wurde. Eine Menge polnischer Verbannter überschwemmte seitdem die Nachbarländer, immer bereit an Verschwörungen und Aufständen teilzunehmen. 1831.

Auch in einigen italienischen Staaten, Parma, Modena und dem Kirchenstaat, kam es zu aufrührerischen Bewegungen, die indessen durch österreichische Truppen niedergeschlagen wurden. Die Seele der nationalen und zugleich republikanischen Bestrebungen in Italien wurde der Verschwörer Giuseppe Mazzini, der, als Flüchtling in der Schweiz lebend, auch auf die Flüchtlinge aus anderen Staaten, die sich dort sammelten, einen bedeutenden Einfluß ausübte. *Erhebungen in Italien.*

§ 108. **Die Folgen der Julirevolution in Deutschland.** Unter dem Eindruck der Julirevolution entstanden auch in Deutschland Volksbewegungen, deren Ergebnis zunächst war, daß mehrere norddeutsche Mittel- und Kleinstaaten Verfassungen erhielten: so Sachsen, Hannover, Kurhessen. In Braunschweig entstand sogar eine Revolution, durch welche der zügellose junge Herzog Karl, der Sohn des bei Quatrebras gefallenen Friedrich Wilhelm, gestürzt und sein Bruder Wilhelm erhoben wurde.¹) *Bewegungen in Norddeutschland,*

In Süddeutschland nahm die liberale Opposition einen neuen Aufschwung, was sich in heftigen parlamentarischen Kämpfen äußerte. Leider nahm der süddeutsche Liberalismus unter dem Eindruck der Thatsache, daß der deutsche Bund bisher nur zur Niederhaltung der konstitutionellen Bestrebungen gemißbraucht worden war, vielfach einen unnationalen, partikularistischen Zug an; französische Sympathien wurden wach; republikanische Bestrebungen erstarkten. Als die letzteren auf dem Hambacher Fest (in der Pfalz) einen starken Ausdruck fanden, als dann irregeleitete Studenten den „Frankfurter Putsch", einen Sturm auf die Hauptwache zu Frankfurt am Main, unternahmen, folgten neue Bundesbeschlüsse, politische Untersuchungen und Verurteilungen.²) *in Süddeutschland.* 1832. 1833.

---

1) Karl, der „Diamantenherzog", starb in Genf. Herzog Wilhelm starb kinderlos 1884; da sein Erbe, der Herzog von Cumberland, der Sohn des letzten Königs von Hannover, sich nicht dazu hat verstehen können endgültig auf Hannover zu verzichten, so wird Braunschweig von dem Prinzen Albrecht von Preußen als Regenten verwaltet.

2) Damals wurde Fritz Reuter, weil er einer Burschenschaft angehört hatte, zum Tode verurteilt, dann zu 30jähriger Festungsstrafe begnadigt; erst 1840 ist er entlassen worden.

Die Göttinger Sieben. 1837. In dieser trüben Zeit nationaler Zersplitterung war ein Lichtblick die mannhafte That von sieben Göttinger Professoren[1]; als der neue König von Hannover Ernst August, um unbeschränkt über die Domänen verfügen zu können, die Verfassung aufhob und eine neue gab, erklärten sie durch ihren Eid an die bisherige Verfassung gebunden zu sein. Sie wurden entsetzt; aber ihr Verhalten fand an vielen Orten stürmische Zustimmung.

II. Die Zeit Friedrich Wilhelms IV. 1840—1861.

Die Anfänge.

Zeitstimmung. § 109. Die 25 Jahre, die seit den Befreiungskriegen verflossen waren, die erste Hälfte der Übergangszeit, die wir als Zeit des deutschen Bundes bezeichnen, hatten in wirtschaftlicher Beziehung zu einem starken Aufschwung Deutschlands geführt. Sie waren eine Zeit mächtiger Entfaltung der Wissenschaft, erfüllt von einem regen und vielseitigen geistigen Leben. In politischer Hinsicht dagegen hatten sich weder die nationalen Hoffnungen der Patrioten verwirklicht, noch hatten, so lange Preußen und Österreich absolutistisch regiert wurden und es keine „Volksvertretung am Bunde" gab, die auf eine Verfassung abzielenden Bestrebungen einen rechten Erfolg gehabt. Die Folge war steigende politische Erregung und Unzufriedenheit gewesen, die ihren litterarischen Ausdruck in der sich an Heine und Börne anschließenden, von einem Geiste zersetzender Kritik erfüllten Schule des „jungen Deutschlands" fand.

Ferdinand I. 1835—1848. Indessen war Franz I. von Österreich gestorben; aber auch unter seinem schwachsinnigen Sohne Ferdinand I. blieb Metternich von maßgebendem Einfluß. Dagegen sah man mit der größten Erwartung der Regierung Friedrich Wilhelms IV. von Preußen **Friedrich Wilhelm IV. 1840—1861.** entgegen. Er war ein Fürst von einer reichen Begabung, den vielseitigsten Interessen, feinem künstlerischen und wissenschaftlichen Verständnis, einer immer auf das Ideale gerichteten Gesinnung, herzlicher und tiefer Frömmigkeit, einem reichen Gefühlsleben; aber Phantasie und Gefühl trugen in ihm nur allzu häufig den Sieg davon über den rechnenden, nüchternen Verstand und die ruhige Entschlossenheit des Staatsmannes; ihm fehlte der Blick für das Thatsächliche,

---

[1] Es waren die Historiker Dahlmann und Gervinus, die Germanisten Jakob und Wilhelm Grimm, der Jurist Albrecht, der Physiker Weber, welcher mit Gauß zusammen den Telegraphen erfand, und der Orientalist Ewald.

das praktisch Erreichbare. Von der romantischen Idee eines patriarchalischen, allein auf Liebe und Vertrauen gegründeten Staates erfüllt, wies er das Verlangen seiner Unterthanen nach einer rechtlich gesicherten Teilnahme am politischen Leben entschieden zurück; er verwahrte sich gegen eine Verfassung: „Kein Stück Papier", rief er 1847, „soll sich zwischen den Herrgott im Himmel und dieses Land drängen wie eine zweite Vorsehung." So trat bald Verstimmung und Unzufriedenheit an die Stelle der anfänglichen Hoffnungsfreudigkeit. Auch der „vereinigte Landtag", eine Versammlung sämtlicher Provinzialstände zu Berlin, das erste Parlament Preußens, zu dessen Mitgliedern auch Otto von Bismarck-Schönhausen als einer der hervorragendsten Redner der Minderheit gehörte, verlief ergebnislos, weil die große Mehrheit des Landtags weitergehende Rechte, als sie der König gewähren wollte, insbesondere das Recht der Steuerbewilligung verlangte. *Der vereinigte Landtag 1847.*

So waren die Hoffnungen auf eine preußische Verfassung von neuem gescheitert. Indessen hatten in jener Zeit zwei Ereignisse mächtig zur Steigerung des nationalen Empfindens beigetragen. Zunächst erregte die Anmaßung des **französischen** Volkes, das zur Wiederherstellung seines im Orient stark geschädigten „Prestiges"[1]) laut nach der Rheingrenze verlangte, einen solchen Sturm der nationalen Entrüstung[2]), daß Louis Philipp seinen kriegslustigen Minister Thiers fallen ließ. Und nicht minder stark war die allgemeine Erregung, als König Christian VIII. von Dänemark im Hinblick darauf, daß sein Sohn Friedrich kinderlos war und das dänische Königshaus auszusterben drohte, in dem „offenen Brief" erklärte, daß Schleswig-Holstein ebenso wie Dänemark der weiblichen Erbfolge unterworfen sei, und daß er die Unverletzlichkeit des dänischen Gesamtstaates wahren werde. Diese Erklärung stand im schroffsten Gegensatz zu den Rechten, welche sich die schleswig-holsteinische Ritterschaft, als sie 1460 den König von Dänemark zu ihrem Herzog wählte, hatte zusichern lassen. Es waren die Rechte der politischen Selbständigkeit und der Untrennbarkeit; dazu trat die alleinige Erbberechtigung des Mannsstamms, *Die Rheingrenze 1840.* *Die schleswig-holsteinische Frage. 1846.* *1460.*

---

1) 1839 hatte Mehemed Ali von Ägypten den Sultan Mahmud angegriffen und das türkische Heer, dessen Befehlshaber den Ratschlägen des im Lager anwesenden preußischen Hauptmanns v. Moltke kein Gehör schenkte, bei Nisib geschlagen. Da Mahmud aber damals starb, so war die Türkei in ihrem Bestande bedroht. Aber die drei Ostmächte und England traten für sie ein, und eine englisch-österreichische Flotte zwang Mehemed Ali sich auf Ägypten zu beschränken. Dies empfanden die Franzosen, die ihn unterstützt hatten, als eine Niederlage ihrer Politik.

2) Damals wurde Beckers Rheinlied — „Sie sollen ihn nicht haben" — zum Nationallied; zugleich dichtete Schneckenburger die „Wacht am Rhein".

wonach im Falle des Aussterbens des dänischen Königshauses die Linie Sonderburg-Augustenburg zur Nachfolge in den Herzogtümern berechtigt war. Die schleswig-holsteinische Frage war es vornehmlich, an der sich das deutsche Nationalgefühl heranbildete.[1]

Die französische Februarrevolution.

§ 110. In Frankreich war die Gegnerschaft gegen die Regierung Louis Philipps, dessen Minister seit 1840 Guizot war, immer stärker geworden; die Erregung richtete sich besonders gegen die Begünstigung der klerikalen Partei, die maßlose Bestechung, die bei den Wahlen geübt wurde, und vor allem gegen die Beschränkung des Wahlrechts. Die liberale und die revolutionäre Partei vereinigten sich zu einer Agitation, welche auf eine Reform des Wahlrechts abzielte. Bei Gelegenheit eines in Paris geplanten, dann abgesagten Reformbanketts entstanden Unruhen, aus denen sich, obwohl der König Guizot entließ, eine Revolution entwickelte. Vergeblich dankte er zu Gunsten seines Enkels, des Grafen von Paris, ab; die auf dem Stadthause eingesetzte provisorische Regierung, deren Seele der Dichter Lamartine war, verkündete die Republik. Louis Philipp ging, wie einst Karl X., nach England.

Februarrevolution 1848.

Die neue, republikanische Regierung, bei der ruheliebenden, monarchisch gesinnten Mehrheit der Bevölkerung unbeliebt, hatte zugleich die schwere Aufgabe die Arbeiterbevölkerung zu befriedigen, durch die sie erhoben war. Sie erkannte das „Recht auf Arbeit" an und schuf für die Arbeitslosen Nationalwerkstätten, welche indessen Millionen kosteten und eine Menge Gesindel nach Paris zogen. Als sie sich entschloß sie aufzuheben, entstand ein Pöbelaufstand, der aber von dem General Cavaignac in der dreitägigen „Junischlacht" niedergeworfen wurde.

Junischlacht 1848.

Zum Präsidenten der Republik aber wurde von der großen Mehrheit des Volkes, die in dem Namen Napoleon eine Gewähr der Ordnung sah, der Prinz Louis Napoleon gewählt, der, nachdem er durch eine geschickte Politik die klerikale Partei sowie das Heer für sich gewonnen hatte, am 2. Dezember 1851 einen Staatsstreich wagte, die bedeutendsten seiner Gegner verhaftete, die Verfassung stürzte und einen Aufstand in Paris niederwarf. Auf Grund eines Plebiszits, das eine große Majorität für ihn ergab, machte er sich ein Jahr später zum Kaiser der Franzosen.

Louis Napoleon Präsident.

Staatsstreich 2. Dez. 1851.

Kaisertum 2. Dez. 1852.

---

1) Damals entstand das Lied: „Schleswig-Holstein meerumschlungen".

Die deutsche Revolution.

§ 111. Die Märzrevolution in Deutschland. In dem politisch auf das höchste erregten Deutschland machte die Nachricht von der Februarrevolution den stärksten Eindruck. Volksversammlungen forderten allenthalben Aufhebung der Censur, Berufung eines deutschen Parlaments, Schwurgerichte, Volksbewaffnung. Während der Bundestag unter dem Eindruck dieser Volkserregung seine Stellung völlig änderte, die Presse frei gab und eine Revision der Bundesverfassung in Aussicht stellte, wurden in den Mittel- und Kleinstaaten die Minister gestürzt, und neue Männer, die den Reihen der bisherigen Opposition entnommen waren, traten an ihre Stelle. In Bayern dankte Ludwig I. ab. Seine Bedeutung besteht darin, daß er die Kunst in großem Maßstabe gefördert und München zur ersten Kunststadt Deutschlands erhoben hatte. An seine Stelle trat Maximilian II. *(März 1848. Märzministerien.)*

Einen besonders ernsten Charakter nahm die Volksbewegung in Wien und Berlin an. In Wien wurde durch einen Aufstand Fürst Metternich gestürzt und genötigt sich ins Ausland zu begeben. In Berlin hatte der König eine Verfassung und Preßfreiheit versprochen; als aber am 18. März bei der Zurückdrängung der zumeist freudig erregten Menge durch die Truppen auf dem Schloßplatze zwei Schüsse fielen, entstand ein Aufstand, bei dem sich insbesondere auch polnische Flüchtlinge beteiligten. Zwar nahmen die Truppen die meisten der Barrikaden; aber auf Befehl des Königs, der weiteres Blutvergießen verhindern wollte, wurden sie zurückberufen und infolge eines Mißverständnisses aus der Stadt hinausgezogen. Das Palais des Prinzen von Preußen wurde nur durch die Aufschrift „Nationaleigentum" vor Plünderung gerettet; der Prinz selbst ging auf Befehl seines Bruders nach England. *(Wiener Aufstand 13. März. Berliner Revolution 18. März. 19. März.)*

Am 21. März unternahm der König, mit den schwarz-rotgoldenen Farben geschmückt, einen Ritt durch die Stadt und versprach sich an die Spitze der Bewegung zur Einigung Deutschlands stellen zu wollen. „Preußen", erklärte er, „geht fortan in Deutschland auf!" Aber die Niederlage, welche das Königtum dem Pöbel gegenüber erlitten hatte, verschuldete es, daß die Mehrheit der national Gesinnten jetzt nicht mehr auf Preußen ihre Hoffnungen setzte; nach Frankfurt schauten sie, wo eine Versammlung von Mitgliedern der verschiedensten politischen Körperschaften, das „Vorparlament", die Vorbereitungen zu einem allgemeinen deutschen Parlament getroffen hatte. Am 18. Mai trat dieses zusammen. Ein Aufstand, den die republikanische Partei unter Hecker, dem Dichter Herwegh u. a. *(Umritt des Königs 21. März. Deutsches Parlament 18. Mai.)*

im badischen Oberlande versuchte, wurde ebenso wie ein polnischer Aufstand in der Provinz Posen niedergeworfen.

§ 112. Die Verfassungskämpfe in Preußen. In Preußen trat fast zugleich mit dem deutschen Parlament eine Nationalversammlung zur Vereinbarung einer Verfassung zusammen. In ihr überwog die von Waldeck geführte radikale Partei, welche in ihrem Verfassungsentwurf dem Königtum jede Macht zu nehmen suchte, die Formel „von Gottes Gnaden" streichen und den Adel abschaffen wollte, während zugleich der Berliner Pöbel die konservativen Abgeordneten mit Mißhandlungen bedrohte. Infolgedessen entschloß sich der König die liberalen Minister zu entlassen, berief den Grafen Brandenburg zum Minister und ernannte zum Oberbefehlshaber in den Marken den General v. Wrangel, der mit seinen Truppen in Berlin einzog und über die Stadt den Belagerungszustand verhängte. Die Nationalversammlung wurde vertagt und nach Brandenburg verlegt; als die Linke in Berlin weiter zu tagen versuchte und Steuerverweigerung beschloß, wurde sie durch militärische Gewalt an der Fortsetzung ihrer Sitzungen verhindert und darauf die Nationalversammlung aufgelöst.

Zugleich wurde vom König eine Verfassung „oktroyiert", die weit liberaler war, als man erwartet hatte und nach einer Revision durch beide Kammern am 31. Januar 1850 Gesetz wurde. Sie enthielt zunächst Bestimmungen über die persönlichen Rechte des einzelnen Staatsbürgers: alle Preußen sollten vor dem Gesetz gleich sein und Standesvorrechte nicht gelten; die Freiheit des religiösen Bekenntnisses, die Freiheit der Wissenschaft und ihrer Lehre wurde ebenso gewährleistet wie die Freiheit der Presse, die nur auf dem Wege der Gesetzgebung beschränkt werden sollte; allen Preußen wurde das Recht verliehen sich friedlich und ohne Waffen in geschlossenen Räumen zu versammeln und sich zu solchen Gesellschaften zu vereinigen, die den Strafgesetzen nicht zuwiderliefen. Die Verfassung enthielt ferner Bestimmungen über die allgemeine Wehrpflicht und die allgemeine Schulpflicht. Die Person des Königs wurde für unverletzlich erklärt, ihm die vollziehende Gewalt, das Recht die für Regierungshandlungen verantwortlichen Minister und die anderen Staatsbeamten zu ernennen, der Oberbefehl über das Heer und das Recht Krieg zu erklären und Frieden zu schließen zugesprochen. Die gesetzgebende Gewalt übt der König gemeinsam mit der aus zwei Kammern bestehenden Volksvertretung, dem Landtage, aus. Das Recht der Steuerbewilligung, das dem Landtag verliehen wurde, bezieht sich nur auf neue Steuern; die bestehenden Steuern werden forterhoben, bis sie durch ein Gesetz abgeändert sind. Die erste

Kammer, seit 1855 Herrenhaus genannt, umfaßt die großjährigen königlichen Prinzen, Vertreter des hohen Adels, des alten und befestigten Grundbesitzes, der Städte, der Universitäten und solche Mitglieder, die aus königlichem Vertrauen berufen werden. Das Abgeordnetenhaus zählt heute 433 Mitglieder, welche früher für je drei, heute für je fünf Jahre gewählt werden, mindestens 30 Jahre alt sein müssen und Diäten beziehen. Zur Wahl berechtigt sind alle Preußen, welche das fünfundzwanzigste Lebensjahr vollendet haben, im Besitz der bürgerlichen Ehrenrechte sind und keine Armenunterstützung empfangen; die Wahl ist indirekt, d. h. die Urwähler wählen Wahlmänner, welche ihrerseits den Abgeordneten wählen; sie erfolgt nach drei Klassen, welche nach der Steuerleistung abgestuft sind.

§ 113. **Verfassungsstreit und nationale Kämpfe in Österreich.** Bedeutend schwerere Erschütterungen als Preußen erlitt Österreich, da hier zu den Kämpfen um eine Verfassung die Selbständigkeitsbestrebungen der einzelnen Nationen traten und mit der absoluten Gewalt zugleich die Staatseinheit gefährdet wurde. In Prag und Wien, in Ungarn und in Italien entstanden Aufstände, die den Bestand des Staates in Frage stellten. In Wien trat ein konstituierender Reichstag zusammen; aber zweimal verließ infolge von Volkserhebungen der kaiserliche Hof flüchtig die Hauptstadt. Da nahm Fürst Windischgrätz, der bereits den Aufstand in Prag niedergeschlagen hatte, Wien mit Gewalt ein; eine Menge von Verhaftungen und Hinrichtungen erfolgten. Darauf wurde der Reichstag nach Kremsier in Mähren verlegt, und Fürst Felix Schwarzenberg übernahm das Ministerium; Ferdinand I. legte die Krone nieder, und an seine Stelle trat sein achtzehnjähriger Neffe Franz Josef. Im März 1849 wurde auch in Österreich eine Verfassung oktroyiert, welche aber 1852 wieder aufgehoben wurde.

In Italien war die nationale Erregung außerordentlich stark. In Mailand und Venedig brach gegen die österreichische Herrschaft ein Aufstand aus, dem Karl Albert von Sardinien zu Hilfe kam. Aber Radetzky besiegte diesen bei Custozza und nach einem längeren Waffenstillstand zum zweitenmale bei Novara; darauf dankte Karl Albert ab, und ihm folgte sein Sohn Viktor Emanuel, der Frieden schloß. Indessen war Papst Pius IX., dessen Regierungsantritt einst die nationale Partei mit den größten Hoffnungen begrüßt hatte, durch einen Aufstand aus Rom vertrieben worden und nach Gaeta geflohen. Aber die republikanische Regierung, zu der Mazzini und der Freischarenführer Garibaldi gehörten, wurde von einem französischen Truppencorps, das Louis Napoleon sandte, gestürzt und die päpstliche Herrschaft mit allen ihren Mißbräuchen wiederhergestellt.

Ungarischer Aufstand 1848. 1849.

Die größte Gefahr kam für Österreich von Ungarn. Hier war im Herbst 1848 die offene Empörung ausgebrochen; im Frühjahr 1849 schloß auf Betrieb des Abgeordneten Kossuth der Reichstag das Haus Habsburg vom Throne aus und ernannte ihn zum Präsidenten der Regierung. Da Österreich der Empörung nicht Herr zu werden vermochte, nahm es die von Nikolaus von Rußland angebotene Hilfe an; ein russisches Heer unter Paskiewitsch zwang die

Aug. 1849. von Görgey befehligten ungarischen Truppen zur Kapitulation. Das unterworfene Land wurde mit blutiger Strenge behandelt.

So war der österreichische Staat der Gefahr einer Auflösung in seine Teile, wenn auch nur mit fremder Hilfe, entgangen; die Regierung war nunmehr in der Lage in die Entwickelung der deutschen Verhältnisse einzugreifen.

Das Parlament.

§ 114. Das Frankfurter Parlament. Im Frankfurter Parlament saßen eine große Menge geistig und sittlich hervorragender Männer: Arndt, Jahn, Uhland; bedeutende Gelehrte wie Dahlmann, Jakob Grimm, Droysen, Döllinger; der Hesse Heinrich v. Gagern, der Badenser Mathy, der Westfale Freiherr v. Vincke; Friedrich Wilhelms IV. Freund v. Radowitz u. a. Die gemäßigte Partei überwog, die republikanische Linke war durchaus in der Minderheit. Das Präsidium führte anfangs Heinrich v. Gagern, später Simson. Ihren Beruf fand die Versammlung darin dem deutschen Volke eine Verfassung zu geben; sie glaubte dabei vollkommen selbständig, ohne Rücksicht auf die deutschen Fürsten verfahren zu sollen.

Centralgewalt.

Die Versammlung schuf zunächst eine provisorische Centralgewalt, indem sie auf Gagerns Antrag den populären Erzherzog Johann von Österreich zum Reichsverweser wählte. Dieser nahm die Wahl an und bildete ein Reichsministerium; der Bundestag löste sich auf.

Schleswig-Holstein Jan. 1848.

Wie wenig thatsächliche Macht aber die Centralgewalt besaß, zeigte sich vornehmlich in der schleswig=holsteinischen Frage. Der seit dem Januar regierende König Friedrich VII. von Dänemark hatte eine Gesamtstaatsverfassung erlassen und die Einverleibung Schleswigs in Dänemark ausgesprochen; er stand dabei unter dem Einfluß der eiderdänischen Partei, deren Programm „Dänemark bis zur Eider" war. Infolgedessen erhoben sich die Herzogtümer und erhielten preußische Hilfe unter Wrangel. Freilich litt der preußische Handel durch die Wegnahme von Handelsschiffen und die Blockade der Häfen, da die neue deutsche, vom Parlament geschaffene Flotte erst in den Anfängen stand; zudem nahmen sich die auswärtigen Mächte Dänemarks an; auch entschloß sich König Friedrich Wilhelm IV. nur ungern eine aufständische Erhebung zu unterstützen. So schloß Preußen im August

Aug. 1848. den Waffenstillstand von Malmö. Das Parlament mußte ihn notgedrungen bestätigen, was einen **Aufstand in Frankfurt** und die Ermordung zweier konservativen Abgeordneten zur Folge hatte.

Seit Beginn des Winters beriet das Parlament, das mehrere Monate zur Feststellung der „Grundrechte des deutschen Volkes" gebraucht hatte, über die Verfassung. Dabei schieden sich die zwei großen Parteien, die **kleindeutsche** und die **großdeutsche**. Die erstere, die Erbkaiserpartei, deren Führer Gagern jetzt Präsident des Reichsministeriums wurde, ging davon aus, daß ein einheitlicher deutscher Bundesstaat nur möglich werde, wenn der Dualismus zweier Großmächte beseitigt werde, d. h. wenn Österreich ausscheide; sie plante die Schöpfung eines engeren Bundes, der unter Preußens Führung stehen, und eines weiteren Bundes, der den neuen deutschen Bundesstaat mit Österreich vereinigen solle; freilich wurde ihre Thätigkeit durch die schwankende Haltung der preußischen Regierung erschwert. Die großdeutsche Partei vereinigte verschiedene Elemente in sich, die nur darin einig waren, daß sie keinen Bundesstaat mit preußischer Spitze wollten: die österreichischen Abgeordneten, die Ultramontanen, die Partikularisten, dazu die republikanische Linke. Endlich kam eine Verfassung zustande: eine Verfassung freilich, die mit starken demokratischen Elementen versetzt war, dem Reichsoberhaupt zu geringe Rechte verlieh und die berechtigten Ansprüche der deutschen Fürsten zu wenig achtete. Mit einer Mehrheit von vier Stimmen wurde ein erbliches Kaisertum beschlossen; und am 28. März 1849 wurde mit 290 Stimmen — 248 enthielten sich der Wahl — **Friedrich Wilhelm IV. zum deutschen Kaiser gewählt.**

Eine von Simson geführte Deputation begab sich nach Berlin. Aber der König lehnte ab. Er wollte die Kaiserkrone nur aus der Hand der deutschen Fürsten annehmen; aber nicht nur Österreich, sondern auch die Königreiche verhielten sich ablehnend. So war der Versuch Deutschland zu einigen gescheitert.

Nachdem nunmehr in den nächsten Wochen eine große Menge von Abgeordneten ihren Austritt aus dem Parlament erklärt hatten, in dem fast nur noch die Linke zurückblieb, beschloß es die Verlegung seiner Sitzungen nach Stuttgart, wo es aber durch Anwendung von Gewalt verhindert wurde zu tagen. Die republikanische Partei erregte jetzt **Aufstände in Dresden, in der Pfalz und in Baden**, wo auch die Truppen meuterten. Preußische Truppen stellten sowohl in der Pfalz und in Baden, wo der Prinz von Preußen den Oberbefehl führte, wie in Dresden die Ordnung wieder her.

Die preußische Union.

§ 115. Die Union. Friedrich Wilhelm IV. hatte, als er die Kaiserkrone ablehnte, die deutschen Regierungen zu Verhandlungen über eine Reichsverfassung eingeladen: von Radowitz beeinflußt, plante er einen Bundesstaat unter preußischer Leitung, der durch einen ewigen Bund mit Österreich verbunden wäre. Das Ergebnis der Verhandlungen war zunächst das **Dreikönigsbündnis** mit Hannover und Sachsen. Aber Preußen benutzte weder die bedeutende Stellung, die es durch Besiegung der Aufstände erlangt hatte, noch den Umstand, daß Österreich durch den ungarischen Aufstand gebunden war. Während sämtliche kleineren Staaten der preußischen Union beitraten, zogen sich Sachsen und Hannover, sobald sie auf Österreichs Hilfe rechnen konnten, davon zurück. Trotzdem wurde ein **Unionsparlament** nach Erfurt berufen, welches die ihm von den Regierungen vorgelegte Verfassung annahm.

§ 116. **Olmütz.** Indessen begann Österreich, dessen Minister Schwarzenberg gesagt haben soll: „Il faut avilir la Prusse et puis la démolir", eine Politik des Angriffs. Zunächst protestierte die österreichische Regierung gegen die Bildung der Union und berief einseitig den Bundestag wieder nach Frankfurt, der von Preußen und der Mehrzahl der Unionsregierungen nicht beschickt wurde. Es mischte sich sodann in die schleswig-holsteinische Frage ein. Hier hatte Preußen auch 1849 nur wenige Monate lang Krieg geführt; damals wurde bei Eckernförde durch zwei Strandbatterien ein dänisches Kriegsschiff in die Luft gesprengt, ein anderes zur Ergebung gezwungen. Sodann war wieder ein Waffenstillstand geschlossen worden, und diesem folgte ein Friede, in dem Preußen von der Sache der Herzogtümer zurücktrat. Bei Idstedt siegten darauf die Dänen und gewannen dadurch Schleswig. Um auch Holstein zu unterwerfen, forderten sie die Beihilfe des Bundestags; und in der That war Österreich bereit zu diesem Zwecke Truppen nach Holstein zu schicken, wogegen Preußen Protest einlegte.

Ein dritter Streitfall ergab sich durch die Verhältnisse **Kurhessens.** Hier hatten der Kurfürst Friedrich Wilhelm und sein Minister Hassenpflug, „der Hessen Fluch", durch einen Staatsstreich versucht die Verfassung zu stürzen, waren aber dabei auf den einhelligen Widerstand der Gerichte und der auf die Verfassung vereidigten Beamten und Offiziere gestoßen. Letztere reichten fast sämtlich ihren Abschied ein. Infolgedessen begab sich der Kurfürst von Cassel nach Hanau und wandte sich an den Bundestag um Hilfe: und wirklich erschien ein österreichisch-bayrisches Corps von Süden her in Hessen; zugleich freilich rückte, da Hessen dem Namen nach Mitglied der Union war, ein preußisches von Norden her ein. Preußen machte nunmehr mobil, worauf insbesondere der Prinz von Preußen gedrungen hatte. Bei Bronzell kam es bereits zu einem Vorpostengefecht.

Aber angesichts der Thatsache, daß Preußen nicht mit Österreich und den Mittelstaaten allein, sondern zugleich mit Nikolaus von Rußland hätte kämpfen müssen, den der Ministerpräsident Graf Brandenburg in Warschau vergeblich für die preußischen Forderungen zu gewinnen versuchte, gab die preußische Regierung nach. Manteuffel, nach des Grafen Brandenburg plötzlichem Tode Ministerpräsident, kam mit Schwarzenberg in Olmütz zusammen: Preußen verzichtete auf die Union und gab seine Zustimmung zum Wiederzusammentritt des Bundestags sowie zur Bundesexekution in Hessen und Holstein. Seit dem Tage von Jena hatte es keine so schwere und entehrende Niederlage erlitten. *Die Olmützer Punktation Nov. 1850.*

Der Bundestag trat im nächsten Jahre wieder zusammen; zum preußischen Bundestagsgesandten wurde Otto v. Bismarck ernannt, der einen fortwährenden Kampf mit der österreichischen Anmaßung zu führen hatte und sich damals mit der Überzeugung erfüllte, daß die deutsche Frage nur durch Eisen und Blut zu lösen sei. In Hessen wurde durch Einquartierung — die „Strafbayern" — und Kriegsgerichte der Widerstand der Bevölkerung bezwungen und die Verfassung gestürzt. In Schleswig-Holstein trat ein hartes dänisches Regiment ein: die Teilnehmer an der Erhebung wurden verfolgt und viele deutsche Beamte abgesetzt. Ferner wurde durch eine Konferenz der Gesandten der Großmächte zu London das Londoner Protokoll festgestellt, wonach die Erbfolge in dem dänischen Gesamtstaat dem Prinzen Christian von Sonderburg-Glücksburg zufallen sollte. Die deutsche Flotte endlich, die Schöpfung des deutschen Parlaments, wurde versteigert. *Der Bundestag 1851. Reaktion in Hessen, in Schleswig-Holstein. 1852.*

So hatte die politische Bewegung der letzten drei Jahre im allgemeinen ein trauriges Ergebnis. Von der nationalen Einheit, die so nahe schien, war man wieder weit entfernt; das Verhältnis der beiden deutschen Großmächte, die früher im ganzen in herzlichem Einvernehmen gestanden hatten, hatte sich sogar verschlechtert. Die konstitutionellen Bestrebungen hatten ebenfalls eine schwere Niederlage erlitten; eine Reihe deutscher Verfassungen wurden in reaktionärem Sinne revidiert; die österreichische Verfassung wurde wieder aufgehoben. Zweierlei blieb unter diesen Verhältnissen tröstlich: daß in Preußen trotz mancherlei Härten des Polizeiregiments die Verfassung erhalten blieb; und daß der Zollverein nicht nur fortbestand, sondern durch den Zutritt Hannovers und anderer Staaten eine wesentliche Vergrößerung erfuhr. *Ergebnisse.*

Das Kaiserreich Napoleons III.

§ 117. **Der napoleonische Cäsarismus.** In Frankreich hatte der neue Kaiser, der sich Napoleon III. nannte und sich mit der spanischen Gräfin Eugenie von Montijo vermählte, die allgemeine Besorgnis vor Anarchie und die Sehnsucht nach einer dauernden gesetzlichen Ordnung benutzt, um ein rein persönliches, absolutistisches Regiment zu begründen. Als verantwortlicher Regent, der das Recht hatte in jedem Augenblicke sich durch Veranstaltung eines Plebiszits an die Nation zu wenden, stand er, von einem die Gesetze vorberatenden Staatsrat umgeben, an der Spitze Frankreichs. Die parlamentarischen Formen, die er schuf, waren inhaltlos: die Mitglieder des Senats wurden von dem Kaiser ernannt; die Mitglieder des gesetzgebenden Körpers wurden zwar vom Volke gewählt, aber bei den Wahlen fand die stärkste amtliche Beeinflussung statt; dazu waren seine Rechte auf das äußerste beschränkt. Die Presse wurde sorgfältig beaufsichtigt; ein Versammlungsrecht bestand nicht; zur Sicherung des Thrones diente, zumal seit mehrere Attentate auf den Kaiser gemacht worden waren, eine ausgebildete Geheimpolizei. Die von Napoleon I. geschaffene Organisation der Verwaltung, die sich unter den verschiedensten Regierungsformen erhalten hatte, ermöglichte die straffste Centralisation des Beamtentums. Das Heer wurde sorgfältig gepflegt und ein starker Stamm von Berufssoldaten geschaffen. Die Kirche wurde als eine Stütze der Regierung, zumal weil sie die Landbevölkerung beherrschte, in jeder Beziehung gefördert und mit Gunstbeweisen überhäuft. Besondere Fürsorge wurde dem Arbeiterstande zugewandt, dessen Unzufriedenheit man fürchtete; ihm kamen eine Reihe sozialer Maßregeln zu gute, der Bau von Arbeiterwohnungen, die Stiftung von Hospitälern und Siechenhäusern, von Sparkassen, ohne daß es doch gelang ihn mit Anhänglichkeit an das Kaisertum zu erfüllen. Auch die gewaltigen Bauten der napoleonischen Regierung, der Umbau von Paris, den der Seinepräfekt Haußmann leitete, und anderer Großstädte, diente sozialen Zwecken, der Schaffung von Arbeitsgelegenheit, der Verschönerung und Gesundung der Städte, zugleich freilich auch dazu die Niederwerfung von Straßenaufständen zu erleichtern. Der materielle Wohlstand des Landes wurde allenthalben gefördert; freilich erreichte zugleich der Luxus der leitenden Kreise eine abstoßende Höhe, und Habgier und Bestechlichkeit des Beamtentums und schmutzige Sittenlosigkeit gehören zu den bezeichnenden Zügen des napoleonischen Regiments.

§ 118. Der Krimkrieg. 1853—1856. Im Widerspruch zu seinem Wort „l'empire c'est la paix" hat Napoleon III. in dem Bestreben, Frankreich wieder zu der Stellung der leitenden Macht des europäischen Festlandes zu erheben und durch Befriedigung der nationalen Eitelkeit und Ruhmsucht sein Regiment sicher zu stellen, mehrere große Kriege geführt, welche von den wichtigsten Folgen begleitet waren.

Nikolaus I. von Rußland, der sich seit seiner Besiegung der *Nikolaus 1825—1855.* ungarischen Revolution und seinem Eingreifen in die deutsche Verfassungsentwickelung als mächtigster Herrscher Europas fühlte, glaubte die Zeit zu einer thatkräftigen orientalischen Eroberungspolitik gekommen. 1853 forderte er von dem Sultan den Abschluß eines Ver= *1853.* trages, durch den er der Protektor der griechischen Christen in der Türkei geworden wäre, und besetzte, als dies Ansinnen abgelehnt wurde, die von der Türkei abhängigen Donaufürstentümer. Darauf einigte sich Napoleon mit England; beide „Westmächte" ließen ihre *Die West= mächte 1854.* Flotten in das schwarze Meer einlaufen und erklärten, als Nikolaus auf ein Ultimatum keine Antwort gab, den Krieg. Viktor Emanuel von Sardinien, dessen Minister Cavour sich die Hilfe beider Mächte für die Befreiung Italiens zu erwerben hoffte, schloß sich dem Bunde an. Auch Österreich war trotz der russischen Waffenhilfe, die es kürzlich erhalten hatte, nahe daran am Kriege teilzunehmen, wurde aber durch die Haltung Preußens daran verhindert; es gelang ihm nicht Friedrich Wilhelm IV. in einen Krieg zu treiben, der den preußischen Interessen fremd war.

Der Krieg spielte sich, nachdem Rußland die Donaufürsten= *Der Krim= krieg.* tümer wieder geräumt hatte, vornehmlich auf der Krim und in der Ostsee ab. In der Ostsee errang die englische Flotte keine wesentlichen Erfolge. Dagegen nahm ein französisch=englisch=sardinisches Heer nach fast einjähriger Belagerung und, nachdem mehrere Entsatzversuche siegreich abgewehrt worden waren, die von dem General Totleben verteidigte Festung Sewastopol. Indessen war Nikolaus *1855.* gestorben und ihm Alexander II. gefolgt. Mit diesem kam der *Alexander II. 1855—1881.* Friede zu Paris zustande: die Unverletzlichkeit des türkischen Reiches *Pariser Friede 1856.* wurde gewährleistet und das schwarze Meer für neutral erklärt, d. h. auch den Uferstaaten verboten dort eine Kriegsflotte zu halten. Die Donaufürstentümer wurden unter den Schutz der Großmächte gestellt; sie wurden etwas später zu einem Einheitsstaate Rumänien vereinigt, den seit 1866 als Fürst, seit 1881 als König Karl von Hohenzollern beherrscht. Die wesentlichsten Ergebnisse des Krieges waren, daß anstatt Rußland Frankreich die erste Macht des Festlandes wurde, und daß eine starke Entfremdung zwischen Österreich und Rußland eintrat.

§ 119. **Der italienische Krieg 1859 und die Entstehung des Königreichs Italien.** Der zweite Krieg, den Napoleon führte, hatte den *Französisch= sardinisches Bündnis.* Zweck Österreich aus seiner beherrschenden Stellung in Italien zu verdrängen. Er stellte sich auf die Seite der nach Befreiung verlangenden italienischen Nation; mit Cavour traf er geheime Abmachungen, die darauf hinausliefen Italien „frei bis zur Adria" zu machen, d. h. den Österreichern die Lombardei und Venetien zu entreißen, wogegen Cavour sich entschließen mußte die Abtretung Nizzas und Savoyens an Frankreich zu versprechen.

Der Krieg.

Juni 1859.

Nachdem ein österreichisches Ultimatum, welches sofortige Abrüstung verlangte, von Sardinien abgelehnt worden war, überschritten die Österreicher den Ticino. Bereits aber trafen französische Truppen unter dem Kaiser selbst ein. Bei **Magenta** und sodann in der blutigen Schlacht bei **Solferino** erlitten die Österreicher Niederlagen. Indessen waren in Parma, Modena, Toskana, der Romagna Volksaufstände ausgebrochen und die Regierungen gestürzt worden.

Mobilmachung Preußens.

Nunmehr befahl der Prinz von Preußen, der seit 1858 die Regentschaft für Friedrich Wilhelm IV. führte, die Mobilmachung der preußischen Armee. Die von Österreich gestellte Forderung auf Grund des Bundesverhältnisses für die österreichische Herrschaft in Italien einzutreten hatte er abgelehnt; jetzt rüstete er, um den Besitzstand Österreichs zu verteidigen, beanspruchte aber zugleich den Oberbefehl über die am Rheine stehenden deutschen Truppen. Um dies zu verhindern, entschloß sich Kaiser Franz Josef zum Frieden. Er kam mit Napoleon zu Villafranca bei Verona zusammen. Österreich trat die Lombardei an Napoleon ab, der sie Sardinien überließ; die vertriebenen italienischen Fürsten sollten wieder eingesetzt werden.

Friede von Villafranca.

Die Annexionen.

Aber diese letztere Bestimmung erwies sich als undurchführbar. Vielmehr fanden nunmehr in der Emilia und Toskana allenthalben Volksabstimmungen statt, in denen sich die Bevölkerung fast einmütig für Annexion durch Sardinien entschied. Gleich darauf aber wurde die nationale Erhebung auch nach dem Süden des Landes getragen: **Giuseppe Garibaldi**, der, in Nizza geboren, sich bereits 1848 und wiederum 1859 als Freischarenführer hervorgethan hatte, landete mit 1000 Freiwilligen in Marsala an der Westecke Siziliens und eroberte, da die Bevölkerung überall von der verhaßten bourbonischen Regierung abfiel, im Fluge Sizilien und das neapolitanische Festland, wo zugleich sardinische Truppen nach Besetzung der Marken und Umbriens einrückten.

Eroberung von Neapel 1860.

Das Königreich Italien 1861.

Nunmehr nahm Viktor Emanuel den Titel eines Königs von Italien an; seine Residenz verlegte er einige Jahre später von Turin nach Florenz. Zwar mußten nunmehr Nizza und Savoyen an Napoleon abgetreten werden, der die Einigung Italiens nicht gewollt hatte und nur ungern sich vollziehen sah; auch sicherte dieser den Besitz Roms und der Campagna, da er sich die klerikale Partei nicht verfeinden durfte, durch ein französisches Truppencorps dem Papste; zudem war Venetien noch österreichisch. Trotzdem durfte Cavour, „der Bismarck Italiens", mit dem Bewußtsein sterben, daß sich die völlige Einheit Italiens binnen kurzem durchsetzen werde.

1861.

§ 120. **Der Feldzug nach Mexiko. Der nordamerikanische Bürgerkrieg.** Der italienische Krieg Napoleons III. hatte zu einem Ergebnis geführt, das seinen Plänen einer französischen Hegemonie ungünstig war; er hatte außerdem durch die Annexion von Savoyen und Nizza allgemeines Mißtrauen gegen sich erweckt. Bald darauf begann er eine Unternehmung, welche den Zweck hatte den französischen Einfluß in Amerika auszudehnen, indem er finanzielle Forderungen, welche Frankreich und andere Staaten an die Republik Mexiko hatten, zu einem umfassenden Feldzug nach diesem Lande benutzte. Nachdem die Franzosen die Hauptstadt des Landes erobert hatten, beschloß eine von ihnen berufene Versammlung mexikanischer Notabeln die Gründung eines mexikanischen Kaisertums, dessen Krone der österreichische Erzherzog Maximilian, ein Bruder Franz Josefs, annahm, obwohl er nur auf geringen Anhang im Lande zählen durfte. *Feldzug nach Mexiko 1862—1866.*

Die Vereinigten Staaten von Nordamerika waren damals durch einen schweren Bürgerkrieg verhindert in die mexikanischen Verhältnisse einzugreifen. Der Gegensatz zwischen den die Negersklaverei bekämpfenden Nordstaaten und den von den „Sklavenbaronen" geleiteten Südstaaten hatte infolge der Präsidentenwahl Abraham Lincolns dazu geführt, daß die Südstaaten ihren Austritt aus der Union erklärten. Der Krieg zwischen den „Sezessionisten" und den von Ulysses Grant und anderen Generälen geführten Unionstruppen führte nach vierjähriger Dauer zur Besiegung der ersteren und zur allgemeinen Befreiung der Sklaven. *Der nordamerikanische Bürgerkrieg 1861—1866.*

Da Napoleon nunmehr ein Eingreifen der Vereinigten Staaten zu fürchten hatte, entschloß er sich das mexikanische Abenteuer um jeden Preis zu beendigen. Das von Bazaine befehligte französische Corps verließ Mexiko. Der verratene Kaiser Maximilian, der es für unehrenhaft hielt seinen Posten zu verlassen, geriet in die Hände der republikanischen Gegner und wurde erschossen; schon vorher war seine Gemahlin Charlotte, eine Prinzessin des Hauses Orleans, in Geistesumnachtung verfallen. *Tod Maximilians 1867.*

III. Das Zeitalter Kaiser Wilhelms I. 1861—1888.

1. Die Gründung des neuen deutschen Reiches.

Wilhelms I. Anfänge.

§ 121. **König Wilhelms bisheriges Leben.** Da Friedrich Wilhelm IV. 1857 von einem Gehirnleiden befallen worden war, so mußte der Prinz von Preußen, der die letzten Jahre in einer *1857.*

gewissen Entfremdung von seinem Bruder zu Koblenz zugebracht hatte,
1858. zunächst die Stellvertretung und seit 1858 die Regentschaft
übernehmen.

22. März 1797. Er war geboren am 22. März 1797. In seinem zehnten
Jahre erlebte er den Zusammensturz Preußens. Nach der Schlacht
bei Leipzig durfte er sich dem Heere der Verbündeten anschließen
27. Febr. 1814. und erwarb sich bei Bar-sur-Aube das eiserne Kreuz. Nach dem
Kriege lebte er vornehmlich seinen militärischen Pflichten. Eine Nei‑
gung zu der Prinzessin Elise Radziwill kämpfte er nieder, weil sie
nicht für ebenbürtig galt und sein königlicher Vater die Ehe nicht
1829. wünschte. Einige Jahre später vermählte er sich mit der Prinzessin
Augusta von Sachsen-Weimar. Lange Zeit bekleidete er die Stellung
eines kommandierenden Generals. Nach seines Vaters Tode erhielt
1840. er von seinem Bruder als Thronfolger den Titel „Prinz von
Preußen". Da er für einen Gegner einer Verfassung galt, so
wandte sich 1848 gegen ihn eine starke Mißstimmung des Volkes;
1848. deshalb schickte ihn sein Bruder in eine Art Verbannung nach Eng‑
land, wo er im Hause des preußischen Gesandten von Bunsen lebte.
Zurückgekehrt, erschien er in der Nationalversammlung, zu deren Mit‑
glied er gewählt worden war, und erklärte dort, daß er der kon‑
stitutionellen Monarchie als der vom König vorgezeichneten Regie‑
rungsform „mit der Treue und Gewissenhaftigkeit seine Kräfte weihen
werde, wie sie das Vaterland von seinem, ihm offen vorliegenden
1849. Charakter zu erwarten berechtigt sei". 1849 befehligte er die Truppen,
welche den pfälzischen und badischen Aufstand niederschlugen.
Nachher nahm er, zum Militärgouverneur von Rheinland und West‑
falen ernannt, seinen Wohnsitz in Koblenz.

2. Jan. 1861. Am 2. Januar 1861 wurde er durch den Tod Friedrich Wil‑
helms IV. auf den Thron berufen. Im Herbst des Jahres ließ er
sich zu Königsberg krönen, da er es für nötig hielt die historische
Bedeutung des Königtums in dem nunmehr zum Verfassungsstaate
gewordenen Preußen öffentlich zum Ausdruck zu bringen. Wie er
die Aufgaben seiner Regierung auffaßte, zeigen die Worte in seiner
„Ansprache an sein Volk": „Es ist Preußens Bestimmung nicht,
dem Genuß der erworbenen Güter zu leben. In der Anspannung
seiner geistigen und sittlichen Kräfte, in dem Ernst und der Auf‑
richtigkeit seiner religiösen Gesinnung, in der Vereinigung von Ge‑
horsam und Freiheit, in der Stärkung seiner Wehrkraft liegen die
Bedingungen seiner Macht." Und weiter: „Meine Pflichten für
Preußen fallen mit meinen Pflichten für Deutschland zusammen."

Das stärkste Gefühl, das ihn beseelte, war preußischer Stolz
und ein lebhafter Sinn für Preußens Macht und Ehre. Daß Preußen
„berufen sei an die Spitze Deutschlands zu treten", hatte er schon

1850 seinem Bruder gegenüber ausgesprochen. Daß die Grundlage der Macht Preußens, die Armee, mit deren Leben er innig verknüpft, mit deren Bedürfnissen er genau vertraut war, eine Reform nötig habe, war seine Überzeugung; er hielt ihre Durchführung für die erste Aufgabe seiner Regierung.

§ 122. **Der Konflikt.** Seine Übernahme der Regentschaft war *Die neue Ära.* als Anbruch einer „neuen Ära" im Volke mit Freuden begrüßt worden. In jene Zeit fällt ein neuer Aufschwung der nationalen Hoffnungen; der „Nationalverein" wurde gegründet; die Schillerfeier 1859 wurde ein großes nationales Fest. Leider sollten die ersten Regierungsjahre durch eine schwere innere Krise verbittert werden, welche aus den Plänen einer **Armeereform** herauswuchs. Der Prinzregent hatte sie selbst bis ins einzelnste erwogen und hat sie immer als sein „eigenstes Werk" bezeichnet. Ähnliche Pläne hegte, von eigenen Erwägungen ausgehend, der Generallieutenant Albrecht *Roon* von Roon, den er zum Kriegsminister berief. 1803 geboren, im *1803—1879.* Kadettenhause erzogen, als Offizier früh in den Generalstab berufen, ein tüchtiger Geograph, militärischer Begleiter des Prinzen Friedrich Karl auf der Bonner Universität, zuletzt Divisionskommandeur, war er durch ehrenhaftes und ritterliches Wesen, unantastbare Lauterkeit, sittliche Tüchtigkeit und herzliche Frömmigkeit, durch eiserne Willenskraft und durch tiefe und umfassende Bildung das Muster eines preußischen Soldaten.

Obwohl in Preußen die allgemeine Wehrpflicht galt, wurden *Die Armee-* aus Mangel an Regimentern auch jetzt noch, wie 1814, nur 40000 *reform.* Mann jährlich ausgehoben, obwohl die Bevölkerung von elf auf achtzehn Millionen gestiegen war. Die Folge davon war, daß bei jeder Mobilmachung die Landwehr ersten Aufgebots, die zum guten Teil aus verheirateten Leuten und Familienvätern bestand, herangezogen werden mußte, während zahlreiche diensttaugliche junge Leute nicht eingestellt wurden. Der Prinzregent plante demgegenüber die Zahl der jährlichen Rekruten auf 63 000 zu erhöhen und zu diesem Zwecke neue Infanterie- und Kavallerieregimenter zu schaffen; zugleich dachte er die bisher zwei Jahrgänge umfassende Reserve durch die jüngeren Jahrgänge des ersten Aufgebots der Landwehr zu verstärken und dessen ältere Jahrgänge mit der Landwehr zweiten Aufgebots zu vereinigen.

Die Vorlage stieß bei der liberalen Kammermehrheit auf *Der Konflikt.* Schwierigkeiten; diese forderte ihrerseits die Einführung der zweijährigen Dienstzeit, die der Prinzregent und seine Ratgeber als unzureichend für die militärische Ausbildung der Mannschaften ablehnten. Doch wurden die erforderlichen Kosten 1860 und ebenso 1861 „einst- *1860.* weilig" bewilligt und demgemäß die neuen Regimenter geschaffen.

Indessen wuchs der Widerstand; das neugewählte Abgeordnetenhaus
1862. wurde von der neugegründeten, von Waldeck u. a. geführten „Fortschrittspartei" beherrscht; auch als das Haus aufgelöst wurde und Neuwahlen eintraten, behielt sie die Mehrheit und lehnte die Kosten der Heeresorganisation, obwohl diese längst durchgeführt war und nicht rückgängig gemacht werden konnte, ab. Das Herrenhaus dagegen nahm die Regierungsvorlage an.

Bismarck. Unter diesen Umständen berief der König zum Ministerpräsidenten Otto von Bismarck-Schönhausen. Dieser war am 1. April
1. April 1815. 1815 auf dem Gute Schönhausen geboren, besuchte in Berlin das Gymnasium, studierte in Göttingen und Berlin und wurde Auskultator und Regierungsreferendar, widmete sich aber dann der Bewirtschaftung der ihm zugefallenen Familiengüter. In seiner Heimat wurde er zum Deichhauptmann und zum Abgeordneten der Ritterschaft des Kreises Jerichow gewählt. An den Verhandlungen des
1847. 1849. vereinigten Landtags nahm er teil; nachher war er Mitglied der
1850. preußischen zweiten Kammer und des Erfurter Parlaments. Von
1851—59. 1851—1859 bekleidete er die Stellung eines preußischen Bundes-
1859—62. tagsgesandten in Frankfurt; von 1859—1862 war er Gesandter in
23. Sept. Petersburg, von März bis zum Herbst 1862 in Paris. Er über-
1862. nahm die Stellung des leitenden Staatsmannes in der doppelten Überzeugung, daß in dem Prinzipienkampfe, welcher zwischen konstitutionellem und parlamentarischem Regiment entbrannt war, die starke Stellung der Monarchie zu erhalten sei, daß das preußische Königtum nicht „als ein toter Maschinenteil dem Mechanismus des parlamentarischen Regiments eingefügt werden" dürfe; anbrerseits daß nach außen Preußen keinen anderen Gegner habe als Österreich, und daß das Bundesverhältnis „ein Gebrechen Preußens sei, das wir früher oder später ferro et igni werden heilen müssen". Damals verfolgte ihn, den „Junker", das allgemeine Mißtrauen, ja der Haß der Mehrheit der Nation; erst allmählich sollte es klar werden, welch unvergleichliches Genie, welche ungeheure Thatkraft, welche sittlichen Kräfte, welchen Schatz an nationalem Sinn dieser größte Mann des Jahrhunderts besaß.

Budgetlose Regierung. Dem Abgeordnetenhause gegenüber erklärte er, daß, da kein Budget zustande gekommen sei, die Staatsmaschine aber nicht stillstehen dürfe, die Regierung ohne Budget regieren müsse. In den nächsten Jahren steigerte sich der Konflikt; er endete erst, nachdem sich in ruhmreichen Kriegen die Berechtigung der Heeresreform und die Tüchtigkeit des durch sie geschaffenen Heeres erwiesen hatte.

§ 123. **Schwierigkeiten der äußeren Politik.** In derselben Zeit, wo Regierung und Abgeordnetenhaus in heftiger Zwietracht einander gegenüberstanden, traten Ereignisse ein, welche auch die äußere Lage schwieriger machten. Ein großer Polenaufstand brach aus, in dessen Verlauf England und Frankreich eine sehr feindselige Haltung gegen Rußland annahmen, Preußen dagegen mit Rußland eine Militärkonvention abschloß und sich dadurch diesen Staat von neuem verpflichtete. Ferner hielt jetzt Österreich den Augenblick für geeignet die Frage der deutschen Verfassungsentwickelung aufzuwerfen; auf Einladung Kaiser Franz Josefs und unter seinem Vorsitz trat der Frankfurter Fürstentag zusammen. Aber König Wilhelm nahm an der Versammlung nicht teil, da von einem Bunde, in dem Österreich verharrte, keine Besserung der deutschen Verhältnisse zu erwarten war; und so blieben die Verhandlungen ohne Ergebnis. *Polenaufstand 1863.* *Frankfurter Fürstentag 1863.*

Dazu trat die schleswig-holsteinische Frage.

Der dänische Krieg. 1864.

§ 124. Vorgeschichte. Friedrich VII. von Dänemark hatte, obwohl die dänische Regierung 1852 versprochen hatte Schleswig dem dänischen Staate nicht einzuverleiben, im März 1863 ein Patent erlassen, wodurch die Trennung der Herzogtümer und die Einverleibung Schleswigs vorbereitet wurde, und trotzdem der deutsche Bund demgegenüber die Bundesexekution in Holstein beschloß, eine Gesamtstaatsverfassung für Dänemark und Schleswig entwerfen lassen. Als er starb, folgte ihm dem Londoner Protokoll gemäß Prinz Christian von Glücksburg als **Christian IX.**, und dieser unterzeichnete unter dem Einfluß der Volksstimmung und des eiderdänischen Ministeriums die neue Verfassung. *Märzpatent 1863.* *Christian IX. Nov. 1863.*

Gleichzeitig aber erhob auf Grund des Erbfolgerechts, das bisher in den Herzogtümern gegolten hatte, trotz des von seinem Vater, dem Herzog von Augustenburg, 1852 geleisteten Verzichts der Erbprinz **Friedrich von Augustenburg** Ansprüche auf die Herzogtümer, und die öffentliche Meinung in Deutschland war auf seiner Seite. Anders war die Stellung der beiden deutschen Großmächte, welche an das Londoner Protokoll gebunden waren; sie fochten nicht die Erbfolge Christians IX., wohl aber die Novemberverfassung an. Da die Dänen im Vertrauen auf englische Hilfe die Forderung sie aufzuheben ablehnten, beschlossen die beiden Mächte, nachdem bereits Holstein durch Truppen des deutschen Bundes besetzt worden war, auch Schleswig pfandweise in Beschlag zu nehmen. *Augustenburger Ansprüche.* *Preußens und Österreichs Haltung.*

§ 125. Der dänische Krieg. 57000 Mann Preußen und Österreicher, die ersteren von dem Prinzen Friedrich Karl, die letzteren von dem Feldmarschalllieutenant von Gablenz befehligt, überschritten

10*

Danewerk. unter dem Oberbefehl des achtzigjährigen Generalfeldmarschalls von Wrangel die Eider. Die Dänen hatten das Danewerk besetzt, räumten es aber aus Furcht vor einer Umgehung, während Prinz Friedrich Karl die Schlei überschritt, und zogen sich nach den Verschanzungen von Düppel zurück. Durch eine kluge Politik gelang es Bismarck die Zustimmung Österreichs auch zu weiteren kriegerischen Maßregeln zu erhalten; der größte Teil von Jütland wurde besetzt **Düppel 18. April.** und Düppel nach längerer Beschießung am 18. April in ruhmvoller Weise von den Preußen erstürmt und die Dänen zum Rückzug nach der Insel Alsen gezwungen. Zur See hatten die Feinde die Übermacht; doch lieferten bei Arkona preußische, bei Helgoland österreichische Schiffe ihnen glückliche Gefechte.

Londoner Konferenz. Eine in London zusammentretende Konferenz der Großmächte verlief ergebnislos, da die Dänen die Anträge Preußens und Österreichs trotz ihrer Mäßigung ablehnten. Darauf begann der Kampf von neuem; den Oberbefehl übernahm nunmehr Prinz Friedrich Karl. In der Nacht vom 28. zum 29. Juni wurde Alsen erstürmt. **Alsen 28./29. Juni.** Die Dänen, welche nunmehr auch für Fünen fürchteten und die Hoffnung auf englische Hilfe aufgaben, baten jetzt um Frieden, der in **Wiener Friede.** Wien abgeschlossen wurde: Dänemark trat die Herzogtümer Schleswig, Holstein und Lauenburg an Preußen und Österreich ab.

Der deutsche Krieg. 1866.

Kondominium. § 126. **Vorgeschichte des Krieges.** Österreich und Preußen verwalteten die Herzogtümer zunächst gemeinsam in der Form des „Kondominiums". Die österreichische Regierung wäre bereit gewesen die Annexion der Herzogtümer durch Preußen etwa gegen Abtretung der Grafschaft Glatz zuzugestehen. Da sich König Wilhelm gegen einen solchen Gedanken ablehnend verhielt, so neigte sie der Einsetzung des Erbprinzen von Augustenburg als Herzog zu; dieser befand sich in Kiel und führte eine Art von Nebenregierung. Preußen war nur dann geneigt seiner Einsetzung zuzustimmen, wenn zum Entgelt für die gebrachten Opfer die preußischen Interessen gewahrt und insbesondere verhindert würde, daß der neue Mittelstaat die Opposition gegen Preußen im Bundestage verstärkte; es forderte demgemäß, daß die schleswig=holsteinischen Truppen der preußischen Kriegshoheit unterstellt würden, daß die Herzogtümer in den Zollverein und das preußische Postwesen einträten, daß Kiel in preußischen Besitz überginge u. a., Forderungen, die sowohl der Erbprinz als die österreichische Regierung ablehnten. Die Folge war wachsende Spannung zwischen beiden Mächten, zumal Österreich die augustenburgische Agitation in den Herzogtümern offen begünstigte. Der sofortige Ausbruch des Krieges wurde durch den Abschluß der Konvention von Gastein verhindert. Danach übernahm Preußen die Verwaltung von Schleswig, Österreich die von Holstein; Lauenburg wurde gegen eine Geldzahlung an Preußen überlassen. Damals wurde Bismarck in den Grafenstand erhoben. *Konvention von Gastein 1865.*

Die Verwaltung von Schleswig führte nunmehr der General von Manteuffel, die von Holstein Gablenz. Aber das Einvernehmen dauerte nicht lange, da die augustenburgische Agitation von österreichischer Seite von neuem gedulbet und beschützt wurde. Darauf that Bismarck die vorbereitenden Schritte zum Kriege. Im April 1866 stellte er am Bundestage den Antrag auf **Bundesreform** und auf Berufung eines deutschen Parlaments. Zugleich wurde ein Bündnis mit **Italien** abgeschlossen, das in diesem Kriege Venetien zu erobern gedachte. Seitdem begannen die drei Staaten zu rüsten. Als die österreichische Regierung die Frage der Herzogtümer dem Bundestag vorlegte, wurde dies von Preußen als Bruch des Gasteiner Vertrages bezeichnet, und preußische Truppen rückten von Schleswig nach Holstein ein, welches Gablenz räumte. Nunmehr beantragte Österreich die Bundesexekution gegen Preußen; als diese vom Bundestage mit neun gegen sechs Stimmen beschlossen wurde, erklärte der preußische Bundestagsgesandte den Beschluß für bundeswidrig und den Bund für aufgelöst. *Antrag auf Bundesreform 1866. Bündnis mit Italien. Beschluß der Bundesexekution 14. Juni 1866.*

So begann der Krieg, die notwendige Auseinandersetzung zwischen zwei Brudervölkern. Die deutschen Mittelstaaten Bayern, Württemberg, Sachsen, Hannover, Baden — trotz der nationalen Gesinnung des Großherzogs Friedrich, des Schwiegersohnes König Wilhelms —, Kurhessen und Hessen-Darmstadt, Nassau, dazu Meiningen und Reuß ä. L. standen auf der Seite Österreichs, die übrigen auf der Preußens. Kaiser Napoleon beobachtete zunächst Neutralität; er rechnete bestimmt auf den Sieg der Österreicher und gedachte sich seine Friedensvermittelung durch Abtretung deutschen Gebiets bezahlen zu lassen. *Haltung der deutschen Staaten. Napoleon III.*

Österreich stellte den kleineren Teil seiner Armee, außer den Besatzungstruppen nur 82000 Mann, unter Erzherzog Albrecht, dem Sohne des Erzherzogs Karl, den Italienern entgegen; der größere Teil, mit den dazu stoßenden Sachsen über 260000 Mann, unter dem Generalfeldzeugmeister Benedek war für den preußischen Krieg bestimmt. Eine etwa ebenso starke preußische Truppenmacht sammelte sich an der österreichischen und sächsischen Grenze: die 1½ Armeecorps umfassende Elbarmee unter dem General Herwarth von Bittenfeld an der Elbe, die aus drei Armeecorps bestehende erste Armee unter dem Prinzen Friedrich Karl in der Lausitz, die vier Armeecorps der zweiten (schlesischen) Armee unter dem Kronprinzen Friedrich *Die Streitkräfte.*

Wilhelm, dem der General von Blumenthal als Generalstabschef zur Seite stand, in der Gegend von Neiße. Gegen die 80000 Mann starken Truppen der süddeutschen Mittelstaaten und die Hannoveraner konnten nur im ganzen etwa 50000 Mann aufgeboten werden. Der preußische Feldzugsplan war das Werk des Generals von Moltke, den der König, als er 1857 die Stellvertretung für seinen Bruder übernahm, zum Chef des Generalstabes der Armee ernannt hatte. Hellmuth von Moltke war am 26. Oktober 1800 zu Parchim in Mecklenburg-Schwerin geboren, trat zuerst in dänische Dienste, dann aber 1822 als Sekondelieutenant in die preußische Armee. Die Jahre 1835—1839 verbrachte er in der Türkei, nahm an der Neubildung des türkischen Heeres hervorragenden Anteil und war bei der Schlacht von Nisib, die gegen seinen Rat geschlagen wurde, anwesend (s. § 109); er hat über jene Jahre in den „Briefen über Zustände und Begebenheiten in der Türkei" berichtet, die ihn ebenso als Geographen wie als Schriftsteller berühmt machten. Später verweilte er eine Zeit lang als Adjutant des Prinzen Heinrich in Rom und begleitete den Prinzen Friedrich Wilhelm an mehrere europäische Höfe. Jetzt erlebte er seine große Zeit: ein großer, ebenso umsichtiger wie entschlossener, das Größte mit dem Kleinsten kombinierender Stratege, der sich zum Heile Deutschlands des unbedingten Vertrauens seines königlichen Herrn erfreute; zugleich ein deutscher Mann, ganz erfüllt von nationalem Stolze; einer der großen Erzieher unserer Armee, zugleich einer der klassischen Prosaschriftsteller unserer Nation.

Moltke 1800—1891.

§ 127. **Die Besetzung von Norddeutschland.** Während die Elbarmee Sachsen besetzte, dessen Truppen unter dem Befehl des Kronprinzen Albert sich nach Böhmen zurückzogen, rückten von Holstein und Westfalen aus preußische Truppen nach Hannover, von Wetzlar aus nach Kurhessen ein; die Fürsten beider Länder hatten die Aufforderung neutral zu bleiben, wofür ihnen ihr Besitz gewährleistet werden sollte, zurückgewiesen. Der Kurfürst von Hessen wurde in Wilhelmshöhe bei Cassel gefangen genommen. König Georg V. von Hannover zog mit seiner Armee nach Süden ab, um sich mit den Bayern zu vereinigen, traf aber bei Gotha und Eisenach auf preußische Truppen. Auf die falsche Nachricht von einem Abzug der Hannoveraner nach Norden griff General Flies mit 9000 Mann den 19000 Mann starken Feind bei Langensalza an. Er wurde zwar zurückgeworfen, doch mußte zwei Tage später die hannöversche Armee, von preußischen Truppen rings umgeben, kapitulieren. Der König begab sich nach Wien.

Langensalza 27. Juni.

§ 128. **Der böhmische Feldzug.** Indessen waren die erste Armee und die Elbarmee in Böhmen eingerückt. Durch die siegreichen Gefechte bei Pobol (26. Juni) und Münchengrätz bemächtigten sie sich der Iserlinie; in dem Gefecht bei Gitschin (28. Juni) wurde der Feind von neuem geschlagen und zog sich auf die Hauptarmee zurück, die anfänglich bei Olmütz gestanden und dann in Böhmen Aufstellung genommen hatte. *Gefechte der ersten und der Elbarmee.*

Gleichzeitig hatte die kronprinzliche Armee, welche die schwierige Aufgabe hatte in der Nähe des Feindes die Sudetenpässe zu überschreiten, ihren Marsch begonnen. Hierbei wurde das erste (preußische) Corps, als es auf der Straße Landeshut=Trautenau heranrückte, bei Trautenau (27. Juni) von Gablenz geschlagen und zurückgeworfen. Am Tage darauf aber griff das Gardecorps Gablenz in derselben Gegend an und nötigte ihn zum Rückzug. Gleichzeitig warf der General von Steinmetz, der mit dem fünften (posenschen) Armeecorps von Glatz heranzog, in den siegreichen Kämpfen bei Nachod, Skalitz und Schweinschädel (27. bis 29. Juni) drei feindliche Armeecorps nacheinander zurück. *Gefechte der zweiten Armee.*

Unter diesen Umständen konzentrierte Benedek seine Armee in der starken Verteidigungsstellung von Königgrätz, die nach Westen durch das Thal der Bistritz geschützt, durch Anlage von Verhauen und Verschanzungen noch verstärkt und nur nach Nordosten und Südwesten weniger gesichert war; den Mittelpunkt der Stellung bildete die Höhe von Chlum. Auf den Vorschlag des Prinzen Friedrich Karl beschloß König Wilhelm, der indessen mit Moltke bei der Armee eingetroffen war, den Angriff, in der Erwartung, daß der Kronprinz, der sofort benachrichtigt wurde, ebenfalls in die Schlacht eingreifen würde. Der Kampf begann damit, daß die erste Armee die Bistritzlinie mit dem Dorfe Sadowa und anderen Ortschaften besetzte; aber das weitere Vordringen wurde durch die außerordentlich starke Wirkung der feindlichen Geschütze sehr erschwert und außerordentlich verlustreich; besonders furchtbar waren die Verluste der von General Fransecky befehligten siebenten Division, die den Swiepwald besetzte und ihn trotz der übermächtigen Angriffe des Feindes nicht räumte. Indessen gelang es der von Südwesten her angreifenden Elbarmee Boden zu gewinnen. Entscheidend aber war die Ankunft der kronprinzlichen Armee, die trotz schwieriger Wege im Eilmarsch herangekommen war; ihr kam zu gute, daß die beiden nordwärts aufgestellten österreichischen Corps ihre Kräfte im Kampf um den Swiepwald erschöpft hatten; unter dem Schutze des Pulverdampfes erstieg das Gardecorps die Höhen von Chlum und nahm sie. Die Versuche Benedeks die verlorenen Stellungen mit seinen Reserven wieder zu nehmen mißlangen; ein furchtbarer Reiterkampf endete mit dem Rückzuge der österreichischen Kavallerie. Darauf wurde die Flucht allgemein. *Königgrätz 3. Juli.*

Auf beiden Seiten hatten je etwa 220000 Mann gekämpft; es war die größte Schlacht des Jahrhunderts gewesen. Der Feind verlor über 40000, die Preußen 9000 Mann. In einem siebentägigen Feldzug war der Krieg entschieden worden. Die Gründe für diese außerordentlichen Erfolge einem tapferen Feinde gegenüber lagen zum Teil in der Überlegenheit des preußischen Zündnadelgewehrs, das den Österreichern schwere Verluste zufügte, mehr aber noch in der Überlegenheit der preußischen Heeresführung und der preußischen Heeresorganisation und Truppenausbildung.

Auf die Nachricht von der Niederlage erbat Kaiser Franz Josef die Vermittlung Napoleons, an den er zugleich Venetien abtrat. Preußen nahm die französische Vermittlung an, ohne daß die kriegerischen Unternehmungen unterbrochen worden wären. Benedek zog zunächst nach Olmütz und dann auf dem Umweg über die kleinen Karpathen in der Richtung auf Wien. Dorthin nahmen auch die preußischen Truppen ihren Weg. Bei Blumenau nordwestlich von Preßburg kam es zu dem letzten Gefecht des Krieges; es wurde infolge der Nachricht vom Abschluß des Waffenstillstandes abgebrochen. In dem Schlosse Nikolsburg wurden Friedensunterhandlungen begonnen.

Blumenau 22. Juli.

§ 129. **Der Mainfeldzug.** Den Oberbefehl über die Mainarmee führte General Vogel von Falckenstein. Dieser hatte sich nach der Kapitulation der Hannoveraner zunächst gegen das vom Prinzen Karl von Bayern befehligte bayrische Corps gewandt, das in den Gefechten bei Kissingen und Hammelburg geschlagen wurde. Da er darauf aus politischen Gründen den Befehl erhielt möglichst viel Land nördlich des Maines zu besetzen, marschierte er auf Frankfurt los, von wo der Bundestag seinen Sitz nach Augsburg verlegt hatte; unterwegs siegte General Göben bei Aschaffenburg. Eben hatte Vogel von Falckenstein Frankfurt besetzt, als er abberufen wurde, weil er mehrmals ihm zugekommene Befehle nicht befolgt hatte.

Kissingen.

Frankfurt 16. Juli.

An seine Stelle trat Manteuffel. Dieser griff das unter dem Prinzen Alexander von Hessen stehende achte Bundescorps, welches aus Württembergern, Badensern, Nassauern und Hessen bestand, bei Tauberbischofsheim an und warf es zurück; dann drang er unter siegreichen Gefechten mit den hinzugekommenen Bayern bis Würzburg vor und zwang die Gegner auf das rechte Ufer des Maines hinüberzugehen. In diesem Augenblick trat auch hier Waffenstillstand ein.

Würzburg 26. Juli.

§ 130. **Der italienische Feldzug.** Weniger glücklich hatten die Italiener gekämpft. Der Oberbefehlshaber General Lamarmora war über den Mincio gegangen, um das Festungsviereck anzugreifen, war aber bei Custozza geschlagen worden. Trotzdem weigerte sich die italienische Regierung Venetien, wie einst die Lombardei, aus der Hand des Kaisers Napoleon anzunehmen; und als nach der Schlacht bei Königgrätz der größte Teil der österreichischen Truppen nach dem nördlichen Schauplatze abberufen worden war, wurde Venetien von den Italienern großenteils besetzt. Doch kämpften sie auch zur See nicht glücklich; bei Lissa erlitten sie eine Niederlage, obwohl die feindliche Flotte schwächer war.

<small>Custozza Juni.</small>

<small>Lissa.</small>

§ 131. **Der Friede.** Die Ausnutzung der glänzenden Kriegserfolge wurde dadurch erschwert, daß Preußen auf Napoleons Vermittelung eingehen mußte, um ihn nicht zum Kriege zu reizen. So sah man sich genötigt auf die Gründung eines deutschen Reiches, dem auch die süddeutschen Staaten angehört hätten, zu verzichten und sich auf die Gründung eines **norddeutschen Bundes** zu beschränken, dem nebst den übrigen Staaten nördlich der „Mainlinie" auch das Großherzogtum Hessen für seine Provinz Oberhessen beitrat. Dafür erwies sich als nötig die Stellung Preußens durch **Annexionen** zu verstärken: nicht nur die Elbherzogtümer, sondern auch Hannover, Kurhessen, Nassau und die Stadt Frankfurt wurden auf Grund des Eroberungsrechts dem preußischen Staate einverleibt. Da der König von Hannover trotz eines mit Preußen abgeschlossenen Vertrages fortfuhr eine welfische Agitation zu betreiben und sogar eine welfische Legion ausrüsten ließ, welche im Falle eines preußisch-französischen Krieges auf feindlicher Seite fechten sollte, so wurde 1868 sein Vermögen mit Beschlag belegt. Dasselbe geschah aus ähnlichen Gründen mit dem Vermögen des Kurfürsten von Hessen.

<small>Norddeutscher Bund.</small>

<small>Annexionen.</small>

Österreich aber wurde auf den dringenden Rat Bismarcks, der alles vermeiden wollte, was die künftige Herstellung guter Beziehungen zu diesem Staate stören konnte, maßvoll behandelt. Es wurde ihm, abgesehen davon, daß es die Auflösung des deutschen Bundes anerkannte und Venetien an Italien abtrat, nur die Zahlung von 20 Millionen Thalern Kriegskosten zugemutet. Auch der Besitzstand Sachsens blieb unangetastet; doch mußte es in den norddeutschen Bund eintreten.

<small>Behandlung Österreichs.</small>

<small>Sachsens.</small>

Die im August d. J. von dem französischen Gesandten Benedetti vorgelegte Forderung Napoleons, ihm zur „Kompensation" das Saarbecken zu überlassen und die Abtretung von Rheinbayern und Rheinhessen zu vermitteln, fand eine entschiedene Ablehnung; Napoleon erklärte sie nachträglich für ein Mißverständnis. Sie wurde aber der Anlaß, daß die süddeutschen Staaten, denen Bismarck die französischen Pläne mitteilte, mit Preußen geheime Schutz- und Trutz-

<small>Napoleons Kompensationsforderung.</small>

<small>Bündnisse mit den Süddeutschen.</small>

bündnisse schlossen, wonach im Kriegsfalle ihre Streitkräfte unter den Oberbefehl des Königs von Preußen traten.

So war die Zeit des deutschen Dualismus zu Ende. Durch die geheimen Bündnisse waren wertvolle Beziehungen auch mit den Staaten angeknüpft, die noch nicht in den neuen Bund aufgenommen werden konnten. Gleichzeitig aber beendete der Krieg die Zwietracht zwischen dem König und seinem Volke: die neuen Wahlen hatten ein Übergewicht der gemäßigten Partei im Abgeordnetenhause ergeben; ihr kam mit Zustimmung des Königs Bismarck entgegen, indem er *Indemnitäts-* ein Indemnitätsgesetz für die Zeit der budgetlosen Verwaltung *gesetz.* einbrachte, welches genehmigt wurde.

Die Zeit des norddeutschen Bundes.

Centrale § 132. **Der norddeutsche Bund.** Die Stärke des neuen Bundes, *Stellung* der die norddeutschen Staaten vereinigte, beruhte vornehmlich darauf, *Preußens.* daß der Krone Preußen eine maßgebende Stellung eingeräumt worden war. Ihr stand das Bundespräsidium zu, mit dem Recht der völkerrechtlichen Vertretung des Bundes, dem Recht Krieg zu erklären und Frieden und Verträge abzuschließen und dem Recht der Ernennung des Bundeskanzlers. Der König von Preußen besaß ferner die Rechte des Bundesfeldherrn und führte den Oberbefehl über die nach preußischem Muster und nach dem Grundsatz der allgemeinen Wehrpflicht organisierte Bundesarmee. Das Recht der *Bundesrat* Gesetzgebung wurde von dem Bundesrat, der Vertretung der *und* verbündeten Regierungen, von deren 43 Stimmen Preußen 17 besaß, *Reichstag.* und dem Reichstag, der gewählten Vertretung des Volkes, gemeinsam ausgeübt. Denn dies war ein weiterer wesentlicher Unterschied des neuen von dem alten Bunde, daß er ein Parlament besaß; die Abgeordneten wurden nach demselben Wahlrecht gewählt, welches einst das Frankfurter Parlament gefordert hatte, dem allgemeinen, gleichen, direkten und geheimen Wahlrecht; die Wahlkreise wurden nach Maßgabe der Bevölkerungszahl abgegrenzt; Diäten wurden den Abgeordneten nicht bewilligt.

Der erste Die Verfassung wurde von dem ersten Reichstag des nord-
Reichstag. deutschen Bundes genehmigt. Bei den Verhandlungen sprach Bismarck die Worte: „Arbeiten wir rasch! Setzen wir Deutschland in den Sattel! Reiten wird es schon können!" Daß es in ziemlich kurzer Frist zu einer Verständigung kam, wurde besonders dem Umstande verdankt, daß sich von der Fortschrittspartei die nationalliberale Partei abgezweigt hatte.

Unter den weiteren gesetzgeberischen Arbeiten dieser Periode sind besonders das Gesetz, welches die Beschränkungen der Frei-

zügigkeit aufhob, und das Strafgesetzbuch hervorzuheben. Für
die Beratung der Zölle und Verbrauchsabgaben verstärkte sich der
Reichstag durch Abgeordnete aus den süddeutschen Zollvereinsländern;
in diesem Zollparlament war es, wo einst Bismarck einem Ab= *Zoll=*
geordneten „zu bedenken gab, daß ein Appell an die Furcht im *parlament.*
deutschen Herzen niemals ein Echo findet".

§ 133. **Napoleon III. und Preußen.** Für Napoleon war die *Napoleons*
Entstehung des italienischen Einheitsstaates der erste, die Begründung *Lage.*
eines starken deutschen Bundesreichs der zweite große Fehlschlag seiner
Politik gewesen. Die Franzosen empfanden „Sadowa" wie eine eigene
Niederlage; der Kaiser mußte die Erschütterung seines Thrones und
die Gefährdung seiner Dynastie fürchten, falls es ihm nicht gelang
durch Erfolge der äußeren Politik die Eigenliebe der von ihm be=
herrschten Nation zu befriedigen. Er betrat hierzu zunächst den Weg
diplomatischer Unterhandlungen. Noch im August 1866 hatte er, *1866.*
nachdem seine Entschädigungsforderung zurückgewiesen war, der preu=
ßischen Regierung Vorschläge machen lassen, welche auf die Erwer=
bung von Luxemburg und Belgien durch Frankreich hinausliefen, und
welche von Bismarck „dilatorisch" behandelt wurden. 1867 verhan= *Der luxem=*
delte er mit dem Könige der Niederlande über einen Vertrag, wonach *burgische*
Luxemburg durch Kauf in französischen Besitz übergehen sollte. Als *Handel 1867.*
aber hiergegen in Deutschland eine starke nationale Erregung ent=
stand, zog der König seine Einwilligung zurück; eine europäische Ge=
sandtenkonferenz legte den Streitfall durch einen Vertrag bei, nach
welchem Luxemburg als neutraler Staat erhalten blieb, die preußische
Besatzung aber, die noch von der Zeit des deutschen Bundes her
dort stand, zurückgezogen und die Festungswerke geschleift wurden.

Der Kaiser war nunmehr auf die Hebung seiner Streit= *Armeereform.*
kraft ernstlich bedacht. Er hatte bereits das Chassepotgewehr ein=
geführt; er plante eine Verstärkung der Armee. Aber der gesetz=
gebende Körper bewilligte nur unzureichende Mittel; und die neue
Schöpfung der Mobilgarden, welche die wehrfähigen Leute, die vom
Dienst im Heere und der Reserve befreit waren, umfassen sollte, blieb
wegen mangelnder Ausbildung und Disziplin ziemlich wertlos. Auch
der Versuch Napoleons durch liberale Zugeständnisse und die *Liberale Zu=*
Berufung eines liberalen Ministeriums unter dem Vorsitz Olliviers *geständnisse.*
die wachsende Opposition im Volke zu beschwichtigen hatte eher die
entgegengesetzte Wirkung die gegnerischen Parteien zu ermutigen.

Wesentlich war es für ihn Bündnisse für den bevorstehenden *Bündnis=*
Krieg zu haben. Es wurden durch Briefe, welche er mit Franz Josef *pläne.*
und Viktor Emanuel wechselte, Verabredungen mit Österreich und
Italien getroffen. Zum Abschluß von Verträgen kam es nicht,

wohl aber zu bestimmteren militärischen Abmachungen. Der Plan war der, daß eine französische Armee in Süddeutschland einbrechen sollte; Österreich und Italien, welche längere Zeit zur Mobilmachung brauchten, sollten sofort die Rüstungen beginnen und einige Wochen später in den Krieg eingreifen. Daß dies nicht geschah, verdankt Deutschland der Schnelligkeit seiner Siege.

Der deutsch-französische Krieg.

Die spanische Königswahl des Prinzen von Hohenzollern.

§ 134. Der Anlaß zum Kriege. Den erwünschten Anlaß zum Kriege gab die Frage der spanischen Königswahl. In Spanien war 1868 die Königin Isabella durch eine Revolution gestürzt worden. Das Haupt der provisorischen Regierung, General Prim, bot die Königskrone dem Erbprinzen Leopold von Hohenzollern an, dem Sohne des Fürsten Anton von Hohenzollern und Bruder des Fürsten Karl von Rumänien, der, wie seine ganze Linie, katholisch und übrigens mit dem Hause Napoleons verwandt war. Die Angelegenheit wurde, da die Prinzen von Hohenzollern, seit sie 1849 ihr Land an Preußen überlassen haben, die Rechte preußischer Prinzen, doch ohne Erbrecht, genießen, auch dem König Wilhelm als Haupt der Familie mitgeteilt; auch Bismarck wurde ins Geheimnis gezogen und war dafür, daß der Prinz zusage. Dieser verhielt sich anfangs ablehnend; erst im Mai 1870 erklärte er seine Annahme, welcher der König seine Genehmigung nicht versagte.

Sowie die Thatsache der Annahme bekannt wurde, entstand in Frankreich eine von der Regierung geschürte ungeheure Aufregung darüber, daß „eine fremde Macht einen ihrer Prinzen auf den Thron Karls V. zu setzen beabsichtige". Der Minister des Auswärtigen, *Benedettis erste Forderung.* Herzog von Gramont, beauftragte den Botschafter Grafen Benedetti sofort nach Ems zu reisen, wo sich der König zur Kur befand, und die Forderung an ihn zu stellen, er möge dem Prinzen befehlen zurückzutreten. Dieser lehnte ab in diesem Sinne auf den Prinzen einzuwirken, erklärte aber, daß er seinen Rücktritt billigen werde; *12. Juli.* in der That entsagte dieser dem spanischen Throne, um nicht einen Krieg heraufzubeschwören. Mit diesem diplomatischen Erfolge aber war die französische Regierung nicht zufrieden, sondern stellte nunmehr neue Forderungen. Während Gramont dem preußischen Botschafter in Paris nahezulegen wagte, der König möge an den Kaiser einen Entschuldigungsbrief schreiben, wies er zugleich Benedetti an, *Benedettis zweite Forderung.* vom König die Erklärung zu verlangen, daß er auch künftig eine Bewerbung des Prinzen um den spanischen Thron nicht zulassen *13. Juli.* werde. Diese Zumutung wies der König zurück und lehnte eine weitere Besprechung dieser Angelegenheit ab. Zugleich ließ er Bismarck, der sich in Berlin befand, von den Ereignissen telegraphisch in Kenntnis setzen; dieser übergab die Emser Depesche in verkürzter Form der Öffentlichkeit.

Indessen war die nationale Erregung in Deutschland immer höher gestiegen. Vom Jubel des Volkes begleitet, reiste König Wilhelm am 15. Juli nach Berlin; am Abend desselben Tages ordnete er auf die Nachricht von den kriegsatmenden, von stürmischem Beifall begrüßten Erklärungen der französischen Regierung in der Kammer und im Senat die Mobilmachung der Armee an. Am 19. Juli trat der Reichstag des norddeutschen Bundes zusammen; an demselben Tage überreichte der französische Geschäftsträger die Kriegserklärung; an demselben Tage endlich, dem Todestage seiner verewigten Mutter, der Königin Luise, erneuerte der König den Orden des eisernen Kreuzes. Gleichzeitig erfolgte die Mobilmachung in den süddeutschen Staaten, die, getreu den Verträgen, an Preußens Seite in den Krieg eintraten. Die ganze Nation machte sich bereit den Angriff auf ihre Ehre und ihren Frieden mit den Waffen in der Hand zurückzuweisen.

Mobilmachung 15. Juli.
19. Juli.
Kriegserklärung.

§ 135. Die Kämpfe gegen die kaiserlichen Armeen. Die französische Feldarmee[1]) betrug etwa 350000 Mann, wovon etwa zwei Drittel zu Ende Juli an der Grenze standen, ohne sie doch überschreiten zu können, da in der Aufstellung die größte Verwirrung herrschte, die Verpflegung ganz ungenügend und die Ausrüstung trotz der Beteuerung des Kriegsministers Leboeuf „nos sommes archi-prêts" bei weitem nicht vollendet war. Den Oberbefehl über diese „Rheinarmee" führte der Kaiser Napoleon, trotzdem er krank war, während die Kaiserin Eugenie in Paris die Regentschaft führte. Die Corps standen an der Grenze verteilt; das Corps Frossard besetzte am 2. August in Anwesenheit des Kaisers und des kaiserlichen Prinzen das von einem Bataillon und drei Ulanenschwadronen verteidigte Saarbrücken, räumte es aber drei Tage später wieder.

Die französische Streitmacht.
Saarbrücken 2. August.

Die deutschen Feldtruppen betrugen rund 500000 Mann, von denen aber ein Teil zunächst in der Heimat zurückgehalten wurde; im ganzen haben im Laufe des Krieges 1100000 Mann die Grenze überschritten. Das preußische Zündnadelgewehr konnte sich mit dem Chassepot nicht messen; dagegen erwies sich die deutsche Artillerie als bedeutend besser als die französische. Die deutschen Truppen wurden von einem Offiziercorps geführt, das in allgemein wissenschaftlicher wie militärischer Durchbildung dem der Feinde weit überlegen war;

Die deutsche Streitmacht.

---
1) Die französische Flotte erschien in der Nord- und Ostsee, ohne irgend etwas zu leisten.

der große Generalstab hatte den Krieg auf das sorgfältigste vorbereitet; vor allem stellte die deutsche Armee das Volk in Waffen dar, während in Frankreich die Wohlhabenden und Gebildeten der Dienstpflicht überhoben waren. Den Oberbefehl führte König Wilhelm, dem Moltke als Chef des Generalstabes zur Seite stand. Es wurden drei Armeen gebildet. Die erste Armee unter General von Steinmetz versammelte sich an der Mosel und auf dem Hunsrück, zu ihr gehörten das 7. und 8., dann auch das 1. Corps. Die zweite, unter dem Prinzen Friedrich Karl, sammelte sich in den Nahegegenden und umfaßte die Garde, das 3., 4. und 10. Corps, dazu später das 9., 12. und 2. Corps. Die dritte Armee vereinigte das 5. und 11. Corps, die beiden bayrischen Corps, die württembergische und badische Division, später auch das 6. preußische Corps. Sie wurde dem Befehl des Kronprinzen Friedrich Wilhelm unterstellt, den als Generalstabschef wiederum General von Blumenthal begleitete. Sie stand in der östlichen Pfalz, am Rhein, und überschritt zuerst die Grenze.

Weißenburg 4. August. Truppen der dritten Armee, Bayern und Preußen, erstürmten am 4. August Weißenburg und den Gaisberg, die von dem General Douay mit einer einzigen französischen Division besetzt gehalten wurden. Auf dem Weitermarsch traf man am 6. August auf den Marschall Mac Mahon, der mit etwas über 50000 Mann in fester Stellung hinter Wörth auf dem Plateau von Fröschweiler stand. Die Vorhut des 5. Corps begann, rechts von den Bayern, links von Truppen des 11. Corps unterstützt, die Schlacht; nach hartem Kampf und, nachdem die Deutschen, anfangs in der Minderheit, immer neue Truppen herangezogen hatten, wurde unter starken Verlusten die feindliche Stellung erstürmt und der Gegner in wilde Flucht getrieben. Mac Mahon ging mit dem Reste seiner Truppen über Zabern und Lunéville zurück; im Lager von Châlons organisierte er ein neues Heer.

Wörth 6. August.

Spicheren 6. August. An demselben 6. August wurde Frossard in seiner festen Stellung auf den Höhen von Spicheren südlich von Saarbrücken zuerst von einer Division des 7. Corps, dann von anderen Truppen der 1. und 2. Armee, über die der General Goeben die Führung übernahm, angegriffen; die steilen Höhen wurden trotz der feindlichen Übermacht unter schweren Verlusten erstürmt und der Feind geworfen. Die erste und zweite Armee gingen nunmehr gegen die bei Metz stehende feindliche Armee vor, über die der Kaiser jetzt den Oberbefehl an den Marschall Bazaine abtrat, während die dritte Armee weiter südlich über den Wasgau und Nancy marschierte.

Eben hatte Bazaine nach längerem Schwanken den Abmarsch seiner Armee nach Westen angeordnet, als am 14. August Truppen der ersten Armee, Teile des siebenten und ersten Corps, die östlich von

Metz stehenden Franzosen bei Colombey und Nouilly angriffen; sie trieben den Feind bis unter die Kanonen der Forts von Metz zurück. Diese Schlacht hatte eine Verzögerung des feindlichen Abmarsches zur Folge; nur der Kaiser Napoleon verließ die Armee Bazaines und begab sich zu Mac Mahon. Am 16. August erreichten Teile der zweiten Armee nach Überschreitung der Mosel die feindlichen Streitkräfte bei Bionville und Mars-la-Tour. Das dritte Corps, die Brandenburger unter General von Alvensleben, griff die Übermacht sofort an und behauptete auf das tapferste seine Stellung; um ½4 Uhr nachmittags kam ihm auf der linken Flanke das zehnte, hannöversche Corps zu Hilfe; zugleich übernahm Prinz Friedrich Karl den Oberbefehl. 64000 Mann standen gegen 130000, erlitten freilich schwere Verluste: die Brigade Bredow, bestehend aus den Halberstädter (7.) Kürassieren und den altmärkischen (16.) Ulanen, opferte sich, ebenso das erste Garde-Dragonerregiment; furchtbar litt besonders die 38. Brigade (v. Wedell). Beide Teile verloren je 16000 Mann.

Bazaine, am Abzug über die südliche der beiden von Metz nach Westen führenden Straßen verhindert, nahm nunmehr mit 180000 Mann, die Front nach Westen, eine starke Stellung auf den Höhen ein, die sich von St. Privat südlich bis zur Mosel hinziehen. Diese Stellung wurde, nachdem andere Corps herangezogen worden waren, am 18. August mit 180000 Mann angegriffen; so kam es zu der unter den Augen des Königs geschlagenen Schlacht von Gravelotte. Der Kampf begann in der Mitte der Schlachtreihe, wo das 9. Corps schwere Verluste erlitt; auf dem südlichen Teile des Schlachtfeldes, bei Gravelotte, wo noch am Abend das eintreffende 2., pommersche Corps unter Fransecky ins Feuer geführt wurde, gelang es nicht die von den Franzosen besetzten Pachthöfe zu erstürmen; dagegen wurde auf dem nördlichen Teile das burgartige St. Privat von dem Gardecorps, das auf völlig ungedecktem Gelände hatte angreifen müssen und über 8000 Mann verlor, und dem 12., sächsischen Corps erstürmt und die Schlacht entschieden. Die Franzosen hatten 12000, die Deutschen 20000 Mann verloren. Bazaine wurde in Metz eingeschlossen; den Oberbefehl über die aus sieben Armeecorps bestehende Einschließungsarmee übernahm Prinz Friedrich Karl, während Steinmetz bald darauf abberufen wurde; aus der Garde, dem 4. und dem 12. Corps wurde eine neue, die vierte oder Maasarmee gebildet, die dem Kronprinzen Albert von Sachsen unterstellt wurde und im Verein mit der dritten Armee gegen Mac Mahon marschierte.

Der Marschall Mac Mahon wurde indessen von der Pariser Regierung, an deren Spitze anstatt des gestürzten Ollivier Graf Palikao getreten war, bestürmt Bazaine zu Hilfe zu kommen; so schlug er denn mit der Armee, bei der sich der Kaiser selbst befand, die Richtung über Rheims nach der belgischen Grenze ein, um ihm von Norden her die Hand zu reichen. Sobald die deutsche Heeresleitung über diese Sachlage klar geworden war, wurde ein Rechtsabmarsch der dritten und vierten Armee angeordnet. Am 30. August erreichte die vierte Armee Teile der feindlichen Armee bei Beaumont und schlug sie, wobei sich das 4. Corps besonders hervorthat. Mac Mahon zog darauf sein Heer, 120000 Mann, bei Sedan zusammen, wo er am 1. September von 200000 Mann angegriffen und eingeschlossen wurde. Die Maasarmee und die beiden bayrischen Corps griffen von Osten und Südosten an und wiesen die Durchbruchsversuche des Generals Wimpffen, der, eben aus Algerien angelangt, an Stelle des verwundeten Mac Mahon den Oberbefehl übernommen hatte, zurück. Indessen erstürmten das 5. und 11. Corps, welche die Maas unterhalb Sedan überschritten hatten, die nördlich von der Stadt sich erhebenden Höhen und behaupteten sie trotz der wiederholten heldenmütigen Angriffe der feindlichen Kavallerie. Am Abend erschien ein Generaladjutant Napoleons bei König Wilhelm und überreichte ihm einen Brief, wonach dieser seinen Degen in die Hände des Königs niederlegte. In der Nacht fanden die Verhandlungen über die Kapitulation statt; am Morgen des 2. September ergab sich die ganze Armee, 83000 Mann, während 21000 bereits in der Schlacht gefangen worden waren. „Welch' eine Wendung durch Gottes Führung" telegraphierte der König an seine Gemahlin; und beim Mahle dankte er seiner Armee und den ersten Dienern des Staats mit den Worten: „Sie, Kriegsminister von Roon, haben unser Schwert geschärft; Sie, General von Moltke, haben es geleitet, und Sie, Graf von Bismarck, haben seit Jahren durch Leitung der Politik Preußen auf seinen jetzigen Höhepunkt gebracht!"

Dem Kaiser wurde Wilhelmshöhe bei Cassel zum Aufenthalt angewiesen; seine Armeen waren mit Ausnahme eines Corps, das nach Paris entkam, vernichtet oder in Metz eingeschlossen. Die Folge der Gefangennahme des Kaisers war der Ausbruch einer Revolution in Paris, das, von Truppen entblößt, ganz in der Hand der großenteils aufrührerisch gesinnten Nationalgarde war. Die Kaiserin floh nach England; an die Spitze der republikanischen „Regierung der nationalen Verteidigung" trat der General Trochu; Minister des Auswärtigen wurde Jules Favre; die hervorragendste Stelle in der Regierung nahm bald der damals zweiunddreißigjährige Leon Gambetta ein, wie Favre früher Rechtsanwalt und oppositioneller Abgeordneter. Die Losung der neuen Regierung war keine Scholle Landes und keinen Stein der Festungen abzutreten. Eine Unterredung, die Jules Favre mit Bismarck auf dem Schlosse Ferrieres hatte, verlief daher ergebnislos. Ein Versuch freilich, den Thiers machte, durch eine Rundreise an die europäischen Höfe die Intervention einer anderen Macht zu erlangen, hatte ebensowenig Folgen.

§ 136. Der Krieg gegen die Republik. So mußte denn der Krieg weitergeführt werden; er war zunächst ein Krieg der **Belagerungen**, sodann ein Krieg gegen die von der Republik aufgestellten **Provinzialarmeen**.

Paris, von 16 Forts umgeben, mit Lebensmitteln wohl versehen, von etwa 80000 Mann Linientruppen, 115000 unzuverlässigen und schlecht ausgebildeten Mobilgarden und ungezählten, überhaupt nicht ausgebildeten Nationalgarden verteidigt, war seit dem 19. September von der Maasarmee, die im Norden von der Marne bis zur Seine Stellung nahm, und der dritten Armee, die das Gelände am linken Seine- und Marneufer besetzte, eingeschlossen. Die Einschließungsarmee zählte anfangs nur 150000, später 200000 Mann. Die republikanische Regierung machte, obwohl sie mehrmals durch Aufstandsversuche des kommunistisch gesinnten Pöbels erschüttert wurde, Ausfälle und Durchbruchsversuche. Das Dorf Le Bourget im Nordosten wurde genommen, aber von der Garde wieder erobert. Der General Ducrot machte einen großen Ausfall nach Osten, nahm anfangs die nur von zwei württembergischen und einer sächsischen Brigade verteidigten Dörfer Champigny und Brie, vermochte aber, nachdem das 2. Corps herangezogen war, nicht weiter vorzubringen und mußte sie wieder räumen. Nachdem schwere Geschütze hatten herbeigeführt werden können, begann das Bombardement der Stadt. Auch der große Ausfall, den die Feinde unter dem Schutze des Mont Valerien nach Westen machten, mißlang, während zugleich die Schwierigkeiten der Verpflegung in der Stadt immer höher stiegen.

Belagerung von Paris.
19. Sept.
Ende Oft.
30. Nov.
2. Dez.
5. Jan.
19. Jan.

Die Festung **Straßburg**, in der General Uhrich befehligte, hatte sich nach starkem Bombardement dem General von Werder ergeben müssen, der sie mit der badischen Division und Landwehrtruppen eingeschlossen hatte. Die in Metz eingeschlossene Armee machte in den Tagen der Schlacht von Sedan einen Durchbruchsversuch nach Norden, wurde aber in der Schlacht bei Noisseville durch das 1. Corps und eine Landwehrdivision zurückgeschlagen; auch spätere Ausfälle mißlangen. Bazaine suchte im übrigen seine Armee zu politischen Zwecken zu erhalten, da er sie zur Herstellung des Kaisertums verwenden zu können hoffte. Indessen mußten die Belagerer durch schweren Dienst, schlechte Verpflegung, ungünstige Witterung und Krankheiten schwer leiden; endlich ergab sich Bazaine mit 173000 Mann. Damals wurden der Kronprinz und Prinz Friedrich Karl zu Generalfeldmarschällen ernannt, Moltke in den Grafenstand erhoben.

Straßburg 28. Sept.
Noisseville 30. Aug. und 1. Sept.
Fall von Metz 27. Okt.

162 Das Zeitalter d. Zerstörung d. alten Reichs u. d. Entstehung d. neuen deutschen Kaisertums.

Gambetta. Indessen hatte Gambetta, der mit dem Luftballon Paris verlassen und sich nach Tours, dem Sitz der Regierung, begeben hatte, eine außerordentliche Thätigkeit zu entfalten begonnen. Er hat, von dem Ingenieur Freycinet unterstützt, im ganzen 600000 Mann neu aufgestellt, mit Beihilfe amerikanischer und englischer Lieferanten ausgerüstet und den Volkskrieg organisiert, freilich auch vielfach sich nicht gescheut aus der Ferne in die Operationen selbst einzugreifen und diese dadurch zu schädigen.

Die Kämpfe an der Loire. Im Oktober hatte General von der Tann mit dem 1. bayrischen Corps und der 22. (hessisch-thüringischen) Division die bei Orleans stehenden feindlichen Streitkräfte besiegt und diese Stadt besetzt. Als dann der General Aurelle de Paladines mit Übermacht heranzog, trat er ihm bei Coulmiers entgegen — 15000 gegen 70000 —, mußte aber weichen. Darauf wurde aus seinen Truppen und der 17. (hanseatisch-mecklenburgischen) Division eine Armeeabteilung unter dem Großherzog Friedrich Franz von Mecklenburg-Schwerin gebildet, mit der Aufgabe die Einschließungsarmee vor Paris zu decken; zugleich nahte Prinz Friedrich Karl mit dem 3., 9. und 10. Corps heran, die durch die Übergabe von Metz frei geworden waren. Diese Truppen rückten in breiter Linie auf Orleans los und schlugen die ihnen entgegenstehenden Truppen in einer Reihe von Treffen, u. a. bei Beaune la Rolande, wo 11000 Mann vom 10. Corps gegen 55000 Feinde standen; bei Loigny-Poupry siegte indessen der Großherzog von Mecklenburg. Durch die Gefechte von **4. Dez.** Orleans wurde darauf diese Stadt zum zweiten Male eingenommen.

In weiteren Gefechten, die zu schwierigen Märschen bei schlechter Verpflegung, kaltem Wetter und mangelhafter Kleidung nötigten, wurde Chanzy, der anstatt d'Aurelles jetzt an der unteren Loire **Tours.** befehligte, zum Rückzug auf Le Mans gezwungen und Tours besetzt; die französische Regierung verlegte ihren Sitz nach Bordeaux. Als dann Chanzy seine Armee (120000 Mann) bei Le Mans neu organisierte, zog Prinz Friedrich Karl mit 74000 Mann zu Beginn des Januars gegen ihn, siegte nach mühevollen Märschen in der drei**Le Mans** tägigen Schlacht bei Le Mans und nahm die Stadt, während die **10.—12. Jan. 1871.** feindliche Armee in aufgelöstem Zustande nach Westen zurückging.

Der nördliche Kriegsschauplatz. Den Auftrag die im Norden Frankreichs sich sammelnden Streitkräfte auseinander zu treiben erhielt General von Manteuffel **27. Nov.** mit dem 1. und 8. Corps. Bei Amiens schlug er den Feind und marschierte darauf bis Rouen. Da sich aber unter Faidherbe eine neue Nordarmee bildete, so ging er zurück und siegte wieder in der **23. Dez.** Gegend von Amiens an der Hallue; nachdem General von Göben **3. Jan.** bei Bapaume einen Angriff, den der Feind mit überlegenen Streitkräften auf ihn machte, abgewehrt hatte, ergab sich auch die wichtige

Festung Péronne. Als Manteuffel auf einen anderen Schauplatz abberufen wurde, übernahm Göben den Oberbefehl der Nordarmee und trug den Sieg von St. Quentin davon. 19. Jan.

Eine große Bedeutung gewannen die Kämpfe auf dem südöstlichen Kriegsschauplatz. Hier hatte General v. Werber nach der Einnahme von Straßburg den Wasgau überschritten und zog unter fortwährenden Kämpfen gegen die dort stehenden Truppen, zu denen sich auch Giuseppe Garibaldi mit einem Corps von Abenteurern gesellt hatte, und gegen die Franctireurabteilungen, welche die ganze Gegend unsicher machten, bis Dijon, während zugleich die Belagerung der starken Festung Belfort durch General v. Tresckow begonnen wurde. Werber gab aber seine Stellung bei Dijon wieder auf, als eine neugebildete Südarmee unter Bourbaki im Felde erschien, welcher von Gambetta die Aufgabe zugewiesen war die rückwärtigen Verbindungen der Deutschen zu bedrohen, womöglich sogar einen Einfall nach Süddeutschland zu machen. Er zog seine Truppen, 43000 Mann, an der Lisaine zusammen und wies dort in dreitägigen Kämpfen bei scharfer Kälte alle Angriffe der 130000 Mann starken feindlichen Armee ab. In ihrem Bestande völlig erschüttert, zog diese ab; unfähig dem mit dem 2. und 7. Corps hereneilenden Manteuffel im Felde entgegenzutreten, ließ sie sich nach der Schweizer Grenze drängen und überschritt sie, noch 80000 Mann stark; sie wurde von den Schweizer Truppen entwaffnet. Zur Sicherung seiner rechten Flanke gegen die Garibaldianer hatte Manteuffel eine Truppenabteilung gegen die Stadt Dijon vorrücken lassen; bei den dort stattfindenden Kämpfen ging eine Fahne des 61. Regiments verloren; sie wurde unter einem Haufen von Leichen gefunden. Belfort wurde am 18. Februar von seiner tapferen Besatzung unter freiem Abzug geräumt.

Indessen hatte Paris am 28. Januar kapituliert; zugleich war ein Waffenstillstand abgeschlossen worden, von dem nur der südöstliche Kriegsschauplatz ausgeschlossen blieb. Eine neugewählte Nationalversammlung, die in Bordeaux zusammentrat und Thiers zum Haupt der Exekutivgewalt wählte, genehmigte die Bestimmungen des Präliminarfriedens, der am 26. Februar abgeschlossen wurde: der Elsaß und ein Teil Lothringens mit Metz wurden abgetreten; 5 Milliarden Francs sollten als Entschädigung für die Kriegskosten gezahlt werden; außerdem wurde am 1. März ein Teil von Paris von deutschen Truppen besetzt und blieb es bis zum 3. März.

Am 10. Mai wurde zu Frankfurt am Main von Bismarck und Favre der endgültige Friede unterzeichnet.

Gegen Ende desselben Monats gelang es der französischen Republik den greuelvollen Aufstand der Pariser Arbeiterbevölkerung

niederzuwerfen, der für Frankreich das Nachspiel des Krieges bildete. Die Nationalgarde, d. h. die bewaffnete Arbeiterschaft von Paris, hatte sich durch einen Aufstand der Stadt bemächtigt und eine "Com=
März 1871. mune" geschaffen. Als nach heftigen Kämpfen die Einnahme der Stadt durch die Truppen der Regierung von Versailles bevorstand, ließen die Führer des Aufstandes die Tuilerien, den Louvre und eine Reihe anderer hervorragender Gebäude der Stadt niederbrennen und eine Menge von Gefangenen schmachvoll niedermetzeln. Dem
Mai 1871. Siege der Regierung folgten viele Erschießungen.

§ 137. **Die Aufrichtung des neuen deutschen Kaiserreichs.** Der große und siegreiche Nationalkrieg hatte weithin in Deutschland die begeisterte Überzeugung wachgerufen, daß jetzt die Zeit gekommen sei
Verträge mit die Einheit der Nation wieder herzustellen. In den Verhandlungen,
den süddeut= welche mit den süddeutschen Staaten über ihren Beitritt zum nord=
schen Staaten. deutschen Bund zu Versailles geführt wurden, vermied Preußen jeden Druck; "wir wollen kein verstimmtes, wir wollen ein freiwilliges Bayern", sagte Bismarck. Baden erklärte zuerst seinen Anschluß,
Nov. 1870. dann Hessen. Bayern und Württemberg wurden gewisse Reservat=
rechte gewährt: u. a. wurde beiden Staaten die Selbständigkeit ihrer Post= und Telegraphenverwaltung zugestanden; Bayern behielt im Frieden fast völlig die militärische Selbständigkeit. Die Verträge wurden vom norddeutschen Reichstag und den süddeutschen Landtagen angenommen, in Bayern erst nach heftigem Widerstande der ultra=
montanen Partei.

Indessen hatte König Ludwig II. von Bayern in einem Brief den König Wilhelm aufgefordert den Namen eines deutschen Kaisers anzunehmen; dieselbe Bitte richtete an ihn der norddeutsche Reichstag. Der König erklärte sich zur Annahme bereit, und am 18. Januar
Die Kaiser= 1871 fand im Spiegelsaale des Schlosses zu Versailles die Pro=
proklama= klamation des neuen Kaiserreiches statt. Ein Gottesdienst leitete
tion die Feier ein; dann richtete der König eine Ansprache an die Ver=
18.Jan.1871. sammelten; Graf Bismarck verlas die Proklamation "an das deutsche Volk", in welcher der deutsche Kaiser versprach "allezeit Mehrer des deutschen Reichs zu sein nicht an kriegerischen Eroberungen, sondern an den Gütern und Gaben des Friedens, auf dem Gebiete nationaler Wohlfahrt, Freiheit und Gesittung"; darauf brachte der Großherzog Friedrich von Baden das erste Hoch auf den neuen Kaiser aus.

Der Traum der deutschen Einheit war in herrlicher Weise in Erfüllung gegangen; und die Kaiserkrone schmückte ein Haupt, wie es würdiger nicht gefunden werden konnte. Im Herzen Europas war ein Reich entstanden, das, gestützt auf seine starke Wehrkraft, geleitet durch eine unvergleichlich geniale Politik, von vornherein einen maßgebenden Einfluß auf das übrige Europa ausübte und sich zu einer leitenden Stellung emporschwang, seine Macht aber nicht zu einer Politik der Eroberungen mißbrauchte, sondern zu einem Hort des Friedens wurde.

2. Die Zeit des Übergewichts Deutschlands in Europa.

Die Reichsverfassung.

§ 138. Die Reichsverfassung, welche dem ersten deutschen Reichstag vorgelegt und von ihm angenommen wurde, beruht auf der Verfassung des norddeutschen Bundes. Das Bundesgebiet umfaßt vier Königreiche, sechs Großherzogtümer, fünf Herzogtümer, sieben Fürstentümer, drei freie Städte und das Reichsland Elsaß-Lothringen.¹) Es besteht ein gemeinsames Indigenat, d. h. der Angehörige eines jeden Bundesstaats ist in jedem anderen Bundesstaate als Inländer zu behandeln. Das Bundespräsidium führt der König von Preußen, der den Namen deutscher Kaiser führt. Er vertritt das Reich völkerrechtlich, erklärt im Namen des Reichs den Krieg, schließt Frieden und Verträge; er beruft und schließt den Bundesrat und den Reichstag; ihm steht die Ausfertigung und Verkündigung der Reichsgesetze zu; er ernennt die Reichsbeamten. Er befehligt ferner das Reichsheer, dessen Organisation und Verwaltung einheitlich geregelt wird, und über dessen verschiedene Teile er das Inspektionsrecht besitzt, und die Reichskriegsflotte. Er ernennt den Reichskanzler, welcher die kaiserlichen Verordnungen gegenzeichnet und dadurch die Verantwortlichkeit für sie übernimmt. Das Reich besitzt das Recht der Gesetzgebung; Heer und Marine, das bürgerliche Recht, das Strafrecht, das Handelsrecht und das gerichtliche Verfahren, Zollwesen und Handel, Maß, Münze und Gewicht, das Post- und Telegraphenwesen u. a. sind der Gesetzgebung des Reichs ausdrücklich vorbehalten. Reichsgesetze gehen den Landesgesetzen vor. Die Reichsgesetzgebung wird ausgeübt durch den Bundesrat und den Reichstag. Der Bundesrat, von dessen 58 Stimmen Preußen 17 führt, beschließt über die dem Reichstag zu machenden Vorlagen und die Beschlüsse des Reichstags sowie über die zur Ausführung der Reichsgesetze erforderlichen Verwaltungsvorschriften. Der Reichstag besteht aus 397 Abgeordneten, die nach dem allgemeinen,

April 1871.

Reichsgebiet.

Bundespräsidium.

Reichsgesetzgebung.

Bundesrat.

Reichstag.

---

¹) Seit 1879 steht an dessen Spitze ein kaiserlicher Statthalter, anfangs der Generalfeldmarschall Edwin von Manteuffel, dann Fürst Chlodwig von Hohenlohe-Schillingsfürst, heute der Fürst von Hohenlohe-Langenburg.

gleichen und direkten Wahlrecht in geheimer Abstimmung gewählt werden. Seine Verhandlungen sind öffentlich. Seine Legislaturperiode dauert heute fünf Jahre; er kann auf Grund eines Bundesratsbeschlusses unter Zustimmung des Kaisers aufgelöst werden, doch muß der neugewählte Reichstag binnen 90 Tagen versammelt werden.

Reichsfinanzen. Die Einnahmen und Ausgaben des Reiches müssen für jedes Jahr veranschlagt und auf den Reichshaushaltsetat gebracht werden. Zur Bestreitung der Ausgaben dienen die aus den Zöllen und Verbrauchssteuern und aus dem Post- und Telegraphenwesen fließenden Einnahmen; im übrigen werden die erforderlichen Mittel durch Matrikularbeiträge der einzelnen Bundesstaaten oder durch Anleihen aufgebracht.

Reichsverwaltung. An der Spitze der Reichsverwaltung steht der Reichskanzler, der zugleich preußischer Ministerpräsident zu sein pflegt;[1]) da er allein für die Reichsregierung verantwortlich ist, so sind ihm sämtliche Reichsbehörden untergeordnet. Diese werden von Staatssekretären geleitet. Zu diesen gehören das auswärtige Amt, das Reichsamt des Innern, das Reichsschatzamt, das Reichsjustizamt, das Reichspostamt, das Reichsmarineamt, das Reichseisenbahnamt. Unter Reichsaufsicht steht auch die Reichsbank, in welcher die frühere preußische Bank aufgegangen ist.

Die äußere Politik des deutschen Reiches.

§ 139. Frankreich und die deutsch-französischen Beziehungen. Für die äußere Politik des Reiches wurde in erster Linie das gespannte Verhältnis zu Frankreich bestimmend. Mit außerordentlicher Schnelligkeit gelang es diesem wohlhabenden Lande die Kriegsentschädigung von fünf Milliarden zu zahlen und sich so der deutschen Truppen, welche die östlichen Provinzen bis zur Schlußzahlung besetzt hielten, bereits im September 1873 zu entledigen. Zugleich waren die französische Regierung und die Nationalversammlung gleichmäßig bemüht *Armee.* für einen zukünftigen Revanchekrieg eine starke Armee zu schaffen. Nach deutschem Muster wurde die allgemeine Wehrpflicht eingeführt und zum Dienst in der Linie eine Dienstzeit in der Reserve und in der Territorialarmee, die der Landwehr entspricht, hinzugefügt; so wurde die Stärke der Armee soweit erhöht, daß sie heute im Frieden 544000 Mann, im Kriege etwa vier Millionen beträgt. Freilich stiegen gleichzeitig die Staatsschulden und die jährlichen Ausgaben *Finanzen.* außerordentlich: die Staatsschulden Frankreichs beziffern sich heute

---

[1]) Nur zweimal ist dies nicht der Fall gewesen: 1872, als Bismarck das Präsidium des preußischen Ministeriums an Roon, und 1892, als es Caprivi an den Grafen Eulenburg überließ.

auf mehr als 30 Milliarden Francs und erfordern zu ihrer Verzinsung jährlich über 1200 Millionen Francs; die jährlichen Staatsausgaben beliefen sich 1896 auf fast 3¹/₃ Milliarden Francs, wovon die Ausgaben für Heer und Marine rund 900 Millionen betrugen. 1871 war Thiers zum Präsidenten der französischen Republik gewählt worden. 1873, in demselben Jahre, wo Napoleon III. zu Chislehurst in England an den Folgen einer Operation starb, wurde Thiers durch eine monarchistische Kammermehrheit, die sich aus Royalisten¹) und Bonapartisten zusammensetzte, gestürzt und an seiner Stelle der Marschall Mac Mahon erhoben. In den nächsten Jahren aber erstarkte die von Gambetta geführte republikanische Partei; ein von der Umgebung des Marschalls geplanter Staatsstreich kam nicht zur Ausführung; zu Anfang des Jahres 1879 legte er sein Amt nieder. Darauf wurde Jules Grévy zum Präsidenten der Republik gewählt. Damals übernahm Gambetta das Präsidium der Kammer; als er 1882 starb, wurde er unter großen Ehren begraben. {Thiers 1871. Mac Mahon 1873. Grévy 1879.}

Während die Parteikämpfe im Innern fortdauerten, errang Frankreich auf dem Gebiete der Kolonialpolitik in den nächsten Jahren wesentliche Erfolge. 1881 wurde Tunis besetzt und ein französisches Protektorat über das Land verkündigt. Unter dem Ministerium Ferry wurde die Erwerbung von Tongking begonnen und trotz außerordentlicher Kosten und starker Menschenverluste durchgeführt. Dazu traten die kolonialen Erwerbungen am Senegal, die bis nach Timbuktu ausgedehnt wurden, und nördlich des Kongo.²) Ferry, der mehrfach mit der deutschen Regierung zusammengegangen war und auch die von Bismarck nach Berlin berufene Afrikakonferenz beschickt hatte, wurde gestürzt, ein Opfer des französischen Chauvinismus. Die politischen Beziehungen zwischen Deutschland und Frankreich verschlechterten sich außerordentlich, seit der General Boulanger Kriegsminister war, und es wäre vermutlich 1887 zum Kriege gekommen, wenn der deutsche Reichstag nicht eben damals eine starke Vermehrung der Armee beschlossen und die Reichsregierung nicht große Mäßigung gezeigt hätte. {Kolonialpolitik. 1881. Boulanger 1887.}

1887 wurde Grévy zum Rücktritt gezwungen und an seiner Stelle Carnot gewählt, der Enkel des einstigen Organisators der Revolutionsarmee. Seine Ermordung enthüllte das starke Anwachsen der anarchistischen Gefahr, während die Bestechungsskandale, die nach {Carnot 1887. 1894.}

---

1) Der bourbonische Prätendent, der Graf von Chambord, ist 1883 gestorben. Seitdem galt als Bewerber um den französischen Thron der Graf von Paris, Louis Philipps Enkel, dessen Ansprüche nach seinem Tode sein Sohn, Herzog Philipp von Orleans, aufgenommen hat.
2) Die jüngsten kolonialen Erwerbungen Frankreichs sind das Protektorat über Dahome und über Madagaskar.

dem Bankerott der von Lesseps zur Durchstechung der Panama-Enge gegründeten Gesellschaft bekannt wurden, die Korruption der herrschenden Bourgeoisie vor aller Augen klar legten. Indessen hat die Republik in den letzten Jahren durch die nahen Freundschafts-beziehungen, in die sie mit Rußland getreten ist, einen großen Erfolg errungen. Der jetzige Präsident heißt Faure.

§ 140. **Rußland und die deutsch-russischen Beziehungen.** Es ist nicht nur die Rücksicht auf Frankreich gewesen, die Deutschland zur fortwährenden Verstärkung seiner Armee nötigte, sondern auch die Rücksicht auf Rußland. Zwar hatte Preußen bisher zu Rußland in guten Beziehungen gestanden; Rußland hatte während des französischen Krieges eine wohlwollende Neutralität bewahrt, zugleich übrigens die Umstände für günstig erachtet, um sich in einem Rund-

Okt. 1870. schreiben von dem Artikel des Pariser Friedens von 1856 loszusagen, der ihm verbot größere Kriegsschiffe auf dem schwarzen Meere zu unterhalten. Auch weiter bestand das gute Verhältnis zunächst fort; und da die ebenso überlegene wie versöhnliche Staatskunst Bismarcks auch zu Österreich wieder gute Beziehungen angeknüpft hatte, so wurde

Dreikaiser-bündnis Sept. 1872. eine Zusammenkunft der drei Kaiser Wilhelm I., Franz Josef und Alexander II. und ihrer Staatsmänner Fürst Bismarck, Graf Andrassy und Fürst Gortschakow zu Berlin ermöglicht; mit ihr begann das sogenannte Dreikaiserbündnis, das als Bollwerk des Friedens gedacht war und als solches wirkte, und in dem Deutschland die führende Stellung einnahm.

Russisch-türkischer Krieg 1877—1878. Da trat eine Verschlechterung der deutsch-russischen Beziehungen ein, und zwar im Anschluß an den russisch-türkischen Krieg. *1875.* 1875 entstand ein Aufstand der Christen in der Herzegowina und in Bosnien gegen die türkische Herrschaft, der von Serbien und Montenegro aus unterstützt wurde; darauf erhoben sich auch die bulgarischen Christen. Die bulgarische Erhebung wurde unter furchtbaren Greueln niedergeworfen. Jetzt mischten sich aber die Großmächte zu Gunsten der Christen ein; und als diplomatische Verhandlungen nicht zum Ziele führten, erklärte Alexander II., beeinflußt von den Ideen der panslavistischen Partei, deren Ziel die Vereinigung aller orthodoxen Slaven unter russischer Führung war, an den Sultan den Krieg und begann zugleich in Armenien und an der Donau den Angriff. Die Türken bewiesen große Tapferkeit; Osman Pascha schlug die feindlichen Angriffe auf Plevna lange Zeit siegreich zurück und konnte erst, nachdem die rumänische Armee und russische Verstärkungen herangezogen worden waren, zur Kapitulation gezwungen werden; auch an dem über den Balkan führenden Schipka-Paß kam es zu heftigen Kämpfen. Die Russen überschritten endlich den

Balkan an mehreren Stellen und drangen im Januar 1878 bis in die Nähe von Konstantinopel vor. Hier wurde der Friede von San Stefano abgeschlossen, dessen Bedingungen für die Türkei sehr ungünstig waren.

1878.

Da aber England diesem Friedensschluß widersprach und bereits einen Teil seiner Flotte nach der Türkei entsandte, so wurde er auf einem Kongreß der Großmächte zu Berlin einer Revision unterzogen. Hier wurden Rumänien, Serbien und Montenegro für unabhängige Staaten erklärt; die ersteren beiden wurden einige Jahre später als Königreiche anerkannt. Es wurde ferner ein der Türkei tributpflichtiges Fürstentum Bulgarien geschaffen; die bulgarische Nationalversammlung wählte den Prinzen Alexander von Battenberg, den Sohn des Prinzen Alexander von Hessen. Ostrumelien blieb eine türkische Provinz, erhielt aber einen christlichen Statthalter. Rußland erhielt armenische Gebietsteile und das bisher rumänische Bessarabien; Bosnien und Herzegowina gingen in österreichische, Cypern in englische Verwaltung über; Serbien, Montenegro und auch Griechenland wurden vergrößert.

Berliner Kongreß 1878.

Fürst Bismarck, der den Kongreß leitete, hatte es sich zur Aufgabe gestellt als „ehrlicher Makler" zwischen den streitenden Parteien zu vermitteln. Trotzdem wurde ihm die Schuld dafür zugeschoben, daß Rußland von dem, was ihm der Friede von San Stefano zugestanden hatte, nicht wenig hatte aufgeben müssen. Die Beziehungen zwischen Deutschland und Rußland erkalteten merklich; die Folge war, daß Bismarck den Dreibund mit Österreich und Italien abschloß (s. § 141).

Zerfall des Dreikaiserbundes.

Indessen war in Rußland eine revolutionäre Strömung entstanden, welche als Nihilismus bezeichnet zu werden pflegt, da sie auf den Umsturz alles Bestehenden ausging. Ihre Ziele waren auf politischem Gebiete Sturz des Despotismus, Schaffung einer Volksvertretung, Durchführung der Selbstverwaltung, auf sozialem Gebiete Umformung der Volkswirtschaft in sozialistischem Sinne; ihre Mittel waren Mordthaten, welche zur Einschüchterung der Machthaber dienen sollten. Einem Dynamitattentat fiel Kaiser Alexander II., der „Zar Befreier", der die Leibeigenschaft der Bauern aufgehoben hatte, zum Opfer; wenige Stunden vorher hatte er eine Urkunde unterschrieben, welche die Berufung einer russischen Notabelnversammlung anordnete.

Nihilismus.

Ermordung Alexanders II. 1881.

Ihm folgte Alexander III., der zu einer absolutistischen Politik zurückkehrte und zugleich der panslavistischen Partei einen starken Einfluß einräumte, was sich besonders in der harten Behandlung der deutschen Ostseeprovinzen zeigte. Trotzdem trat zeitweise ein besseres Verhältnis zum deutschen Reiche ein; 1884 kam sogar eine geheime Abmachung zustande, die bis 1890 bestanden hat, und durch

Alexander III. 1881—1894.

Deutsch-russische Abmachung.

welche sich beide Staaten, falls einer von ihnen von einem anderen angegriffen würde, wohlwollende Neutralität zusicherten. Indessen entwickelten sich die Verhältnisse auf der Balkanhalbinsel nicht nach

Bulgarien. den russischen Wünschen; benn obwohl Fürst Alexander von Bulgarien, der durch einen Staatsstreich auch zum Fürsten von Ostrumelien erhoben worden war, nach seiner Entführung durch verschworene bulgarische Offiziere auf Verlangen des Kaisers Alexander abdankte, so behaupteten die Bulgaren doch unter der Führung Stam-

1886.

1887. bulows ihre Unabhängigkeit und wählten den Prinzen Ferdinand von Koburg=Kohary zum Fürsten.[1]) Rußland griff in diese Verhältnisse nicht gewaltsam ein; aber es verstärkte sein Heer außerordentlich — dessen Friedensstärke beträgt heute 750 000 Mann, die Kriegsstärke vielleicht 5 Millionen — und bereitete sich, indem es seine Garnisonen an die Westgrenze vorschob, für einen großen europäischen Krieg vor. Dazu trat seit 1891 eine wachsende Annäherung an Frankreich. Gleichzeitig trieb die Regierung eine energische asia-

Asien. tische Politik: die transkaspische Bahn wurde gebaut, die große sibirische Bahn begonnen; die zentralasiatischen Besitzungen wurden bis an die Grenze von Afghanistan und auf das Pamir=Plateau ausgedehnt, wodurch die Möglichkeit eines englisch=russischen Zusammen-

1894—95. stoßes in Asien näher gerückt worden ist. Nach dem chinesisch-japanischen Kriege mischten sich Rußland, Deutschland und Frankreich zu Gunsten des zur See und zu Lande geschlagenen China ein und zwangen Japan seine Landansprüche zu ermäßigen.

1894. Seit dem Tode Alexanders III. herrscht Nikolaus II., der mit einer hessischen Prinzessin vermählt ist.

Österreichs Verfassung. **§ 141. Österreich und Italien; der Dreibund.** In der inneren Geschichte Österreichs ist die wesentlichste Thatsache, daß es, nachdem die Versuche einer Gesamtstaatsverfassung gescheitert waren, seit 1867 in zwei staatsrechtlich getrennte, durch Personalunion verbundene Teile zerfällt, denen nur die Verwaltung der auswärtigen Angelegenheiten, des Heeres und eines Teils der Finanzen gemeinsam sind: Österreich (Cisleithanien), zu dem auch die polnischen Landesteile gehören, und Ungarn (Transleithanien); die Monarchie heißt seitdem die österreichisch=ungarische Monarchie. Beide Reichshälften haben Parlamente; dazu treten die Landtage der einzelnen österreichischen Lande. Mit dieser Regelung sind freilich die nationalen Kämpfe, denen Österreich ausgesetzt ist, nicht beendigt worden; vielmehr haben auch die Tschechen und Slovenen Ansprüche auf eine

---

1) Dieser hat heute, nachdem er sich Rußland unterworfen hat, auch die Anerkennung Europas erlangt.

nationale Sonderstellung erhoben, und das Deutschtum muß zur Behauptung seiner zentralen Stellung schwere Kämpfe führen. Die auswärtige Politik Österreich-Ungarns hat, seitdem es seine deutsche Machtstellung und seine italienischen Besitzungen verloren hat, im wesentlichen eine Richtung auf die Balkanhalbinsel angenommen; sie ist eine Balkanpolitik geworden und knüpft damit an die Überlieferung aus den Zeiten des Prinzen Eugen an. Seit 1878 stehen Bosnien und Herzegowina in österreichischer Verwaltung.

Auswärtige Politik.

1878.

Die Annäherungsversuche, welche Bismarck noch während des deutsch-französischen Krieges an Österreich machte, wurden gut aufgenommen; und so kam das Dreikaiserbündnis zustande. Als dann die Spannung zwischen Deutschland und Rußland eintrat, schlossen Deutschland und Österreich, dessen auswärtiger Minister Graf Andrassy war, 1879 einen Bund „des Friedens und der gegenseitigen Verteidigung", indem sie sich versprachen, falls eines beider Reiche durch Rußland angegriffen würde, sich mit gesamter Heeresmacht beizustehen, falls aber einer beider Teile durch eine andere Macht angegriffen würde, mindestens eine wohlwollende Neutralität zu beobachten.

Der Zweibund 1879.

Dieser Zweibund erweiterte sich durch den Beitritt Jtaliens zu einem Dreibund. Italien hatte, nachdem infolge des deutsch-französischen Krieges die französischen Besatzungstruppen aus Rom abgezogen waren, seine Truppen in den Kirchenstaat einrücken lassen und Rom besetzt; dem Papste Pius IX. wurde durch ein Garantiegesetz eine jährliche Rente, die er freilich zurückwies, und Exterritorialität für seine Paläste zugesprochen. Seitdem war Rom die Hauptstadt des geeinigten Italiens und der Quirinal die Residenz des italienischen Königshauses. Aber die Besetzung des Kirchenstaates führte eine tiefe Entfremdung zwischen Italien und Frankreich herbei, wo damals die monarchistisch-klerikale Partei die Macht hatte; und so suchte bereits Viktor Emanuel Anschluß an Deutschland und Österreich. Er starb 1878, und ihm folgte König Humbert. Als nun 1881 die Franzosen Tunis besetzten, das die Italiener immer zu ihrer Interessensphäre gerechnet hatten, schloß sich Italien mit Deutschland und Österreich zum Dreibund zusammen, der ebenfalls ein reines Verteidigungsbündnis war und als Hüter des Friedens bis heute gewirkt hat.

Italien.

Einverleibung des Kirchenstaats Sept. 1870.

König Humbert 1878.

Dreibund 1883.

Wenn sich Italien durch dies Bündnis und zugleich durch Herstellung eines guten Einvernehmens mit England nach außen gedeckt hat, so hat es im Inneren andauernd mit großen Schwierigkeiten zu kämpfen gehabt. Die schlechte Finanzlage ist erst allmählich gebessert worden; der Steuerdruck lastet schwer auf den ärmeren Volksschichten. Große Teile Mittel- und Unteritaliens, Sizilien und Sar-

Italiens innere Verhältnisse.

binien leiden auch heute an den Schäden des Latifundienwesens, wie es sich zur Römerzeit hier ausbildete, an mangelhafter Bodennutzung und Armut der ländlichen Bevölkerung: dazu wirkt die Selbstsucht der streitenden parlamentarischen Parteien lähmend auf die Entwicke‑
Kolonial‑ lung des Landes. Trotzdem hat sich Italien auf eine Kolonial‑
politik. politik eingelassen. 1885 besetzte es den Hafen Massauah am roten Meere; aber die Versuche von dort weiter ins Innere vorzubringen und Einfluß auf Abessynien zu gewinnen sind mißglückt und haben zu mehreren schweren Niederlagen der Italiener geführt.

Irland. **§ 142. England und die deutsche Kolonialpolitik.** In der inneren Politik Englands hat eine besondere Wichtigkeit die irische Frage gewonnen, eine nationale, konfessionelle, vor allem aber eine wirt‑ schaftliche Frage. Der Boden von Irland ist seit den großen Land‑ einziehungen des sechzehnten und siebzehnten Jahrhunderts Eigentum englischer Großgrundbeigentümer, die ihn pachtweise an die irischen Bauern überlassen.[1]) Zudem hat die übermäßige Zerstückelung der Pachthöfe, die im Laufe der Zeit eingetreten ist, zur Verarmung der Bevölkerung viel beigetragen; die Folge davon war eine starke Aus‑ wanderung nach Nordamerika. Seit die Iren durch die Katholiken‑ emanzipation den Zutritt zum Parlament erlangt haben, hat sich eine irische Partei gebildet, die in den Kämpfen der konservativen und liberalen Partei (früher Tories und Whigs) mehrfach eine ent‑ scheidende Rolle gespielt hat. Zugleich aber entstanden, zunächst unter den Iren Nordamerikas, geheime Bünde, die den Kampf gegen die englischen Gebieter organisierten, Mordthaten verübten und in dem Boykottverfahren ein Mittel fanden mißliebige Personen wirtschaftlich zu vernichten. Die Forderung der Iren lautet heute homerule, Selbst‑ regierung; der langjährige Führer der Liberalen, Gladstone, hat als Minister eine Homerule‑Vorlage im Parlamente eingebracht, die aber vom Oberhause abgelehnt wurde; an die Stelle des liberalen Ministeriums ist sodann ein konservatives Kabinett unter dem Prä‑ sidium Salisburys getreten.

Indessen hat England fortgefahren seine kolonialen Interessen
1878. zu fördern. Nachdem es 1878 Cypern erworben hatte, benutzte es
Ägypten 1882 eine in Ägypten ausgebrochene Militärrevolution, um dieses
1882. Land zu besetzen. Freilich konnte es nicht verhindern, daß durch die Erhebung des Machdi der ägyptische Sudan verloren ging.
Deutsche Ko‑ Das Verhältnis zum deutschen Reich wurde dadurch beein‑
lonialpolitik. flußt, daß dieses eine koloniale Politik begann. 1884 wurden die Erwerbungen des Bremer Kaufmanns Lüderitz in dem Gebiete

---

1) Die Hälfte von Irland gehört heute kaum 800 Grundbesitzern.

an der Bai Angra Pequena nördlich des Oranjestromes unter den Schutz des deutschen Reiches gestellt. Im Sommer desselben Jahres wurde von dem kaiserlich deutschen Generalkonsul Nachtigal, einem bedeutenden Afrikaforscher, die deutsche Flagge in Togoland und in Kamerun gehißt. Im nächsten Jahre wurden die Erwerbungen, welche Peters und andere im Auftrage einer deutschen Gesellschaft in Ostafrika gemacht hatten, ebenfalls unter den Schutz des Reiches gestellt. Durch die in Berlin unter Bismarcks Vorsitz stattfindende Afrikakonferenz wurde eine Verständigung der Kolonialmächte, die in Afrika Besitzungen hatten, erzielt und die Unabhängigkeit und Neutralität des Kongostaates anerkannt, dessen Souverän König Leopold II. von Belgien ist. Ein Aufstand der arabischen Sklavenhändler in Deutsch-Ostafrika wurde durch den Reichskommissar v. Wißmann niedergeschlagen. Mit England wurde 1890 ein Vertrag abgeschlossen, wodurch die Grenzen der beiderseitigen ostafrikanischen Besitzungen festgesetzt wurden; England übernahm das Protektorat über den Sultan von Sansibar und überließ Helgoland an das deutsche Reich.

1885 war auch der Neu-Guinea-Compagnie für ihre Besitzungen auf Neu-Guinea und im Bismarck-Archipel ein kaiserlicher Schutzbrief erteilt und bald darauf auch ein Teil der Salomonsinseln und die Marschallinseln unter deutschen Schutz gestellt worden.

Innere Politik im deutschen Reiche und in Preußen.

§ 143. **Der kirchliche Streit.** Für die innere Geschichte des neuen deutschen Reiches war zunächst die Entstehung einer neuen politischen Partei bedeutsam, die auf konfessionellem Grunde ruht, des katholischen Centrums, mit dem der Staat in einen heftigen, hartnäckig geführten Kampf geriet. Das Papsttum hatte unter Pius IX., in denselben Jahren, wo es seiner weltlichen Herrschaft verlustig ging, infolge des wachsenden Einflusses der jesuitischen Partei eine Richtung des Kampfes eingeschlagen. In der Encyklika von 1864 und dem ihr angehängten Syllabus erneuerte es seine alten Herrschaftsansprüche gegenüber dem Staat; und 1870 erklärte das vatikanische Konzil, daß der Papst, wenn er ex cathedra spräche, unfehlbar sei. Die Minderheit, welche gegen die Verkündigung dieses Dogmas gewesen war, unterwarf sich zum größten Teile; nur eine verhältnismäßig kleine Gruppe deutscher Katholiken fügte sich nicht und bildete eine eigene, altkatholische Kirche.

Die katholische Partei, die unter dem Namen des Centrums jetzt im Reichstage sowohl wie im preußischen Abgeordnetenhause erschien, erhob die doppelte Forderung, daß die Kirche von der Aufsicht des Staats befreit würde, und daß das Reich für die vernichtete weltliche Herrschaft des Papstes eintreten solle. Ihr bedeutendster Führer war Windthorst, der frühere Minister des letzten Königs von Hannover. Die scharfe Opposition, welche die neue Partei der Regierung machte, hatte zur Folge, daß diese den Kampf aufnahm und mit Gegenmaßregeln antwortete; so entstand der sogenannte

Kulturkampf. „Kulturkampf". Damals sprach Bismarck die Worte: „Nach Canossa gehen wir nicht;" und der Kaiser lehnte den in einem Briefe des Papstes enthaltenen Anspruch, daß jeder, welcher die Taufe empfangen habe, in irgend einer Beziehung dem Papste angehöre, mit ruhiger

1872. Würde ab. Durch ein Reichsgesetz wurde der Jesuitenorden und die ihm verwandten Orden aus dem Reichsgebiet ausgeschlossen. In Preußen, wo damals Falk zum Kultusminister ernannt wurde, wur-

Mai 1873. den die Maigesetze erlassen, welche von dem Grundsatz ausgingen, daß die Kirche den Staatsgesetzen und der gesetzlich geordneten Aufsicht des Staates unterworfen bleibe, und die Vorbildung und Anstellung von Geistlichen, die kirchliche Disziplinargewalt und andere Verhältnisse regelten. Weitere kirchliche Gesetze folgten, u. a. das Sperrgesetz, welches wegen des Widerstandes der preußischen Bischöfe die Einstellung der Leistungen aus Staatsmitteln anordnete, und ein Gesetz, welches alle kirchlichen Genossenschaften mit Ausnahme derer, die der Krankenpflege gewidmet seien, vom Gebiete der Monarchie ausschloß. Im Anschluß an diese Gesetzgebung wurde das Reichs-

Civilehe Civilehegesetz erlassen, das die Beurkundung der Geburten, Heiraten
1874. und Sterbefälle den Geistlichen nahm und Standesbeamten zuwies.

1874. Der Kampf zwischen Staat und Kirche, in dessen Verlauf auf den Reichskanzler zu Kissingen ein Attentat verübt wurde, steigerte sich zu großer Heftigkeit und hatte die Absetzung mehrerer preußischer Bischöfe und die Verwaisung einer großen Zahl von Pfarrstellen zur Folge. Er wurde erst beigelegt, nachdem Pius IX. ge-

1878. storben und an seine Stelle Papst Leo XIII. getreten war; unter ihm wurden auch die abgebrochenen diplomatischen Beziehungen zu dem päpstlichen Stuhle erneuert. Gegen einige Zugeständnisse, die

Herstellung von kirchlicher Seite gemacht wurden, insbesondere das Zugeständnis
eines modus der Anzeigepflicht bei der Besetzung erledigter kirchlicher Stellen, wurde
vivendi der größere Teil der Kampfgesetze wieder aufgehoben; die Orden wur-
1886. den außer dem Jesuitenorden wieder zugelassen und die gesperrten Gelder zurückgegeben.

§ 144. **Der Ausbau des Reichs.** Das neue Reich befriedigte in ganz anderem Sinne als der deutsche Bund das Verlangen der Nation nach Einigung: als ein Bundesstaat, nicht als ein Staatenbund, als Wehreinheit, als Rechtseinheit, als Wirtschaftseinheit trat es von vornherein in die politische Welt ein. Und trotz schwerer Parteikämpfe gelang es den Bau des Reiches wesentlich zu vervollständigen und zu erweitern. Die wichtigste Stütze der Regierung war anfangs die von Rudolf von Bennigsen, Miquel, Lasker u. a. geführte nationalliberale Partei, die demgemäß auch einen bedeutenden Einfluß auf die Gesetzgebung jener Jahre ausgeübt hat.

Dem Heere zunächst wurde eine ganz besondere Sorgfalt zugewandt. Die Möglichkeiten zukünftiger Kriege zu erwägen, für dessen erste Bedürfnisse 120 Millionen Mark in barem Gelde aus der französischen Kriegsentschädigung im Spandauer Juliusturm bereit gelegt wurden, war eine der wichtigsten Aufgaben des Generalstabes; dessen Chef blieb bis 1888 Generalfeldmarschall Graf Moltke; er starb am 24. April 1891. Für die Bewaffnung des Heeres wurden alle Fortschritte der Technik nutzbar gemacht. Durch scharfe Aufsicht, fortwährende Übung, jährliche Manöver suchte man seine Kriegstüchtigkeit zu erhalten. Die Verstärkung der Armee, die heute aus 20 Armeecorps besteht, wurde nötig durch die allgemeinen politischen Verhältnisse. „Ein großer Staat besteht nur durch sich selbst und aus eigener Kraft", erklärte Moltke 1874 im Reichstag; „was wir in einem halben Jahre mit den Waffen errungen haben, das mögen wir ein halbes Jahrhundert mit den Waffen schützen, damit es uns nicht wieder entrissen wird; wir haben seit unseren glücklichen Kriegen an Achtung überall, an Liebe nirgends gewonnen". Die Friedensstärke des Heeres, die 1871 auf 401 000 Mann festgesetzt wurde, beträgt heute 557 000 Mann, die Kriegsstärke vielleicht 4 300 000 Mann. Die aktive Dienstzeit beträgt heute 2 Jahre, für die Kavallerie und die reitende Artillerie 3 Jahre; darauf folgen 5 (bezw. 4) Jahre Dienstzeit in der Reserve und 5 Jahre in der Landwehr ersten Aufgebots; bis zum 39. Lebensjahre bleibt der Dienstpflichtige bei der Landwehr zweiten Aufgebots, bis zum 45. Lebensjahre im Landsturm, der im Kriegsfalle zur Landesverteidigung herangezogen werden kann.

Heer und Flotte.

Dem Heere zur Seite steht die Flotte, in welcher die Seeleute von Beruf ihre Dienstpflicht ableisten. Kiel und Wilhelmshaven sind Reichskriegshäfen. Um die Gründung der Reichsflotte hatte der Minister v. Stosch große Verdienste.

Nicht minder wurde die Rechtseinheit ausgebaut. Das Strafgesetzbuch wurde von dem norddeutschen Bunde übernommen; ein bürgerliches Gesetzbuch, das der Verschiedenheit der in den einzelnen Landschaften geltenden Rechte ein Ende machen soll, ist nunmehr fertiggestellt und wird im Jahre 1900 in Kraft treten. Durch die Justizgesetze von 1876 wurde eine Civil- und Straf-

Das Recht.

prozeßordnung und eine einheitliche Gerichtsverfassung geschaffen. Die Gerichte zerfallen in Amtsgerichte, Landgerichte und Oberlandesgerichte; ihre Spitze bildet das Reichsgericht, welches in Leipzig seinen Sitz hat. Alle Gerichtsbarkeit wird vom Staate ausgeübt; die Patrimonialgerichtsbarkeit, wie sie z. B. früher von den Rittergutsbesitzern ausgeübt wurde, hat aufgehört. Die Richter werden auf Lebenszeit ernannt und können nur kraft richterlicher Entscheidung abgesetzt werden. Leichtere Straffälle werden von den Schöffengerichten, die aus einem Richter und zwei Laienbeisitzern bestehen, schwerere von den Strafkammern, die nur aus Berufsrichtern zusammengesetzt sind, bestimmte Gruppen von Verbrechen von den Schwurgerichten, die nur aus Laien bestehen, abgeurteilt.

Wirtschaftseinheit. 1873.

Zur Vervollständigung der wirtschaftlichen Einheit des Reichs diente die Herstellung eines einheitlichen Reichsmünzwesens, das auf der Goldwährung beruht, die Silberthaler aber als gesetzliches Zahlungsmittel zuläßt, und die Schaffung eines einheitlichen Maßes und Gewichtes. Das vom Reich geleitete Post= und Telegraphenwesen hat unter der Leitung des ersten Generalpostmeisters v. Stephan, des Gründers des Weltpostvereins, einen mächtigen Aufschwung genommen.

Wirtschaftspolitischer Umschwung.

Seit 1879 leitete Fürst Bismarck einen Umschwung in der Zollpolitik ein, bei welchem sein Ziel war, die deutsche Volkswirtschaft mächtig zu fördern und zugleich das Reich finanziell auf eigene Füße zu stellen. Dem Reich beabsichtigte er eigene Einnahmequellen zu schaffen, damit es, anstatt von den Einzelstaaten Matrikularbeiträge zu fordern, ein „lästiger Kostgänger", ein „mahnender Gläubiger" für die Einzelstaaten zu sein, vielmehr zu ihrem „freigebigen Versorger" werde; andrerseits wünschte er „der einheimischen nationalen Arbeit und Produktion im Felde sowohl wie in der Stadt, in der Industrie sowohl wie in der Landwirtschaft Schutz zu gewähren". Er verlangte demnach Erhöhung der indirekten Steuern, Aufgabe des grundsätzlichen Freihandelssystems, das in der letzten Zeit die Regierung beobachtet hatte, und Schaffung von Industriezöllen zum Schutze der heimischen Industrie gegen den Wettbewerb vorzugsweise Englands, von Kornzöllen zum Schutze der heimischen Landwirtschaft gegen die wachsende, den Preis drückende Einfuhr überseeischen Getreides. Solche Pläne konnte Bismarck, da außer der Fortschrittspartei, die nachher den Namen „deutsch=freisinnige Partei" angenommen hat, auch die Mehrheit der Nationalliberalen gegen ihn waren, nur mit Hilfe der Konservativen und des Centrums durchführen.

Die deutsche Volkswirtschaft hatte in den siebziger Jahren eine schwere Krise durchzumachen gehabt. Die Überflutung des Landes mit nach Anlage verlangenden Kapitalien, welche infolge der beschleunigten Zahlung der französischen Milliarden eintrat¹), dazu das plötzlich gewachsene Vertrauen auf die eigene Leistungsfähigkeit und andere Ursachen riefen damals eine ungeheure Unternehmungslust hervor, die sich in wilder Spekulation, schwindelhaften „Gründungen", übermäßigem Börsenspiel äußerte, bis der große „Krach" eintrat, der zahllose Vermögen vernichtete und viele Arbeiter ins Elend stürzte. Nachdem sich aber die deutsche Industrie von diesen Schlägen erholt hatte, nachdem sie ferner unter den Schutz eines nationalen Wirtschaftssystems getreten war, hat sie einen Aufschwung genommen, der Deutschland zu der Stellung der zweiten Industrie- und Handelsmacht der Welt erhoben hat, so daß es auf wichtigen Gebieten des Welthandels selbst England ernstliche Konkurrenz macht. Die Warenausfuhr betrug im Jahre 1895 3318 Millionen, die Wareneinfuhr 4120 Millionen.²) Die deutsche Handelsflotte zählte am 1. Januar 1896 3592 Schiffe mit einer Tragfähigkeit von 1½ Millionen Tons, wovon 1068 Dampfer waren mit 880000 Tons.³)

Die deutsche Volkswirtschaft.

1873.

Der Staatshaushalt des deutschen Reiches berechnete für das Finanzjahr 1896/97 die Einnahmen und Ausgaben auf 1255 Millionen Mark. Davon beliefen sich die Einnahmen aus den Zöllen (356 Millionen) und den Verbrauchssteuern auf Bier, Branntwein, Zucker, Salz und Tabak (278 Millionen), von denen ein bestimmter Teil an die Einzelstaaten abgeführt wird, auf 634 Millionen, die Einnahmen aus den Reichsstempelabgaben, wie sie z. B. von Kaufverträgen, Wertpapieren, Wechseln, Spielkarten erhoben werden, auf 61 Millionen, von der Post und Telegraphie auf 34, von den elsaß-lothringischen Reichseisenbahnen auf 23 Millionen; die Matrikularbeiträge der Einzelstaaten betrugen 410 Millionen.

Staatshaushalt des Reichs.

---

1) Eine Folge davon war auch die jähe Steigerung aller Preise.
2) Die englische Warenausfuhr betrug 1895 5720, die Wareneinfuhr 8340 Millionen Mark, die französische Warenausfuhr in demselben Jahre 2700 Millionen, die Wareneinfuhr gegen 3 Milliarden Mark. Daß bei allen diesen Staaten die Einfuhr die Ausfuhr übersteigt, sie also eine scheinbar ungünstige Handelsbilanz haben, erklärt sich vornehmlich daraus, daß sie alle, und ganz besonders England, große Kapitalien in auswärtigen Unternehmungen angelegt haben, für die sie die Zinsen in Form von Waren beziehen.
3) Die deutsche Handelsflotte steht hinsichtlich der Tragfähigkeit unter den Handelsflotten der Erde an vierter Stelle. Die bei weitem größte ist die englische mit über 20000 Schiffen und einer Tragfähigkeit von fast 9 Millionen Tons; ihr folgt die der Vereinigten Staaten mit über 23000 Schiffen und über 4½ Millionen Tons; die norwegische mit 7300 Schiffen und 1600000 Tons, welche die deutsche nur wenig übertrifft. Die französische Handelsflotte zählt 15600 Schiffe, hat aber nur einen Gehalt von gegen 900000 Tons.

Die Ausgaben für das Heer waren für dasselbe Jahr auf 542, die für die Marine auf 86 Millionen veranschlagt. Die Reichsschuld belief sich zu Ende 1894/95 auf 2230 Millionen Mark.

Durchführung der Selbstverwaltung.

§ 145. **Verwaltungs- und Finanzreform in Preußen.** Gleichzeitig mit dem Ausbau des Reiches vollzog sich in Preußen eine wichtige Reform der Verwaltung, welche an die Ideen des Freiherrn vom Stein anknüpfte. 1872 ist eine Kreisordnung, sodann eine neue Provinzialordnung, 1891 eine Landgemeindeordnung für die östlichen Provinzen geschaffen und damit das System der Selbstverwaltung vorläufig abgeschlossen worden.

Land- und Stadtgemeinden.

Die Landgemeinden zunächst verwalten ihre Angelegenheiten selbst unter Aufsicht der Regierung. An ihrer Spitze steht ein Gemeindevorsteher oder Schulze, ihm zur Seite einige Schöffen; sie werden von der Gemeindevertretung auf sechs Jahre gewählt. Mehrere Landgemeinden oder Gutsbezirke bilden zusammen einen Amtsbezirk; der Amtsvorsteher ist vornehmlich mit der Handhabung der Polizei betraut. Für die städtische Verwaltung gilt im wesentlichen die revidierte Steinsche Städteordnung. Ihre Organe sind der Magistrat, der aus ein oder zwei vom König bestätigten Bürgermeistern und den in der Mehrheit unbesoldeten Stadträten besteht, und dessen Mitglieder auf sechs oder zwölf Jahre gewählt werden, und die Versammlung der nach dem Dreiklassensystem gewählten Stadtverordneten. Den Land- und Stadtgemeinden fällt u. a. die Ortspolizei, die Sorge für das Schulwesen, den Wegebau, das Armenwesen, die Erhebung der Steuern zu. Wie umfangreich und vielverzweigt die Aufgaben einer städtischen Verwaltung sein können, beweist der Stadthaushalt von Berlin, der für das Jahr 1896/97 auf fast 90 Millionen Mark veranschlagt wurde, 17 Millionen mehr, als der Staatshaushalt des Königreichs Württemberg betrug.

Kreise.

An der Spitze des Kreises steht der Landrat, der auf Vorschlag des Kreistages vom König ernannt wird, ihm zur Seite der vom Kreistag gewählte Kreisausschuß, der aus sechs Mitgliedern besteht. Der Kreistag beschließt über die Kreisangelegenheiten. Städte von mehr als 25000 Einwohnern können einen besonderen Stadtkreis bilden. Die Selbstverwaltung der Provinzen wird durch den Provinziallandtag, dessen Abgeordnete teils von den Kreistagen teils von den Städten gewählt werden, beim von ihm gewählten Provinzialausschuß und beim ebenfalls von ihm gewählten, vom König bestätigten Landesdirektor ausgeübt.

Provinzen.

Staatsbehörden.

Diese Selbstverwaltungsbehörden stehen neben den staatlichen Behörden. Die oberste Centralbehörde, das Staatsministerium, zerfällt in neun Ministerien: die des Auswärtigen — dieses fällt mit dem auswärtigen Amt des deutschen Reichs zusammen —, des Krieges, der Justiz, der Finanzen, des Inneren, der geistlichen, Unterrichts- und Medizinalangelegenheiten, des Handels, der öffentlichen Arbeiten, der landwirtschaftlichen, Domänen- und Forstangelegenheiten. An der Spitze der zwölf Provinzen, zu denen als besondere Verwaltungsbezirke die Stadt Berlin und die hohenzollernschen Lande treten, stehen Oberpräsidenten, an der Spitze der von den Regierungen verwalteten Regierungsbezirke die Regierungspräsidenten.

Die Finanzen des preußischen Staates haben in der letzten Zeit wesentliche Umwandlungen erfahren. Zunächst sind durch Kauf fast sämtliche Eisenbahnen in den Besitz des Staates übergegangen, und die aus ihnen fließenden Einkünfte bilden einen wichtigen Teil der Staatseinnahmen. Ferner sind durch den Finanzminister Miquel die direkten Steuern reformiert worden: die Einkommensteuer ist **progressiv** gestaltet worden (von 0,62% für ein Einkommen von 900—1050 Mk. bis 4% für ein Einkommen von 100000 Mk. und mehr); die Pflicht der Selbsteinschätzung ist eingeführt worden; die kleinsten Einkommen hat man von jeder Steuer befreit; für das aus Vermögen, nicht aus Arbeit stammende Einkommen ist eine Ergänzungssteuer (½ pro mille des Vermögens) eingeführt worden. Da nunmehr die Staatseinnahmen aus der Einkommensteuer bedeutend stiegen, war es möglich auf die bisher ebenfalls vom Staate erhobenen Ertragssteuern, die Grund-, Gebäude- und Gewerbesteuer, zu verzichten und diese Einnahmequellen den Gemeinden zuzuweisen.

Der preußische Staatshaushalt berechnete für das Rechnungsjahr 1896/97 die Brutto-Einnahmen auf 1939 Millionen Mark, die Netto-Einnahmen nach Abzug der Betriebskosten auf 1080 Millionen. Davon bildet der Ertrag der Domänen und Forsten, die einst eine der wichtigsten Einnahmequellen des preußischen Staates waren, nur einen verhältnismäßig geringen Teil; sie bringen (82—41) 41 Millionen ein. Desto mehr wirft der Staatsbetrieb der Eisenbahnen ab, dessen Ertrag in jenem Jahre auf (1027—589) 438 Millionen veranschlagt wurde; dazu treten die Einnahmen der Bergwerke, Hütten und Salinen mit (121—109) 12 Millionen. Die direkten Steuern brachten (158—14) 144, indirekte Steuern (68—31) 37, die Lotterie (82—72) 10 Millionen ein. Dazu kamen die Einnahmen, welche Preußen wie die anderen Bundesstaaten aus den indirekten Steuern des Reichs bezieht; die Staatsverwaltungseinnahmen betrugen 98 Millionen.

Von den Ausgaben beanspruchte die Verzinsung der Staatsschuld 278, die Ausgaben für die allgemeine Staatsverwaltung 476, die Beiträge für die Ausgaben des Reichs 243 Millionen; zum Kronfideikommißfonds, für den aus den Einnahmen der Staatsdomänen eine Summe von 7,7 Millionen Mark ausgesondert wird, leistet der Staat einen Zuschuß von 8 Millionen.

Die Staatsschuld beträgt annähernd 6½ Milliarden. Doch steht dieser Schuldenlast ein bedeutendes Vermögen des Staats gegenüber; allein der Wert der Staatseisenbahnen wird auf 6 Milliarden geschätzt.

Die soziale Gefahr und die soziale Gesetzgebung.

§ 146. Die soziale Gefahr. Die ungeheure Entwickelung der Industrie, der kapitalistischen Großbetriebe, des Fabrik- und Maschinenwesens, der Arbeitsteilung, wie sie einerseits eine Folge der Fortschritte der Naturwissenschaften und der Technik, andrerseits der die wirtschaftlichen Kräfte entfesselnden Gewerbefreiheit, des wirtschaftlichen Individualismus, war, hat den allgemeinen Wohlstand unseres Volkes, das Nationalvermögen sehr gehoben; sie hat aber zugleich zu einer Umwälzung, teilweise Zerrüttung unserer bisherigen sozialen Verhältnisse geführt, welche die weitere Kulturentwickelung mit großen Gefahren bedroht.

Soziale Gefahren der Weltwirtschaft. Der Weltwirtschaft zunächst, die heute auf wichtigen Gebieten die nationale Wirtschaft durchbrochen hat oder zu durchbrechen droht, verdanken wir ein Wachstum der Ausfuhr, welches zahlreichen Unternehmern und Arbeitern Beschäftigung und Verdienst gewährt, und zugleich eine Entwickelung der Einfuhr, welche uns die Erzeugnisse der fernsten Länder als Genuß- oder Produktionsmittel zur Verfügung stellt. Die Gefahren dieser Wirtschaft aber liegen darin, daß wichtige Produktionszweige durch den Wettbewerb des Auslandes, durch die billigere Einfuhr fremder Erzeugnisse in ihrer Existenz bedroht werden können, beispielsweise die Landwirtschaft; daß bedeutende Zweige der Exportindustrie durch das Erstarken fremder Industrien, Zollerhöhungen, auswärtige Verwickelungen den schwersten Schaden erleiden und dadurch ganze Scharen von Arbeitern brotlos werden können; überhaupt daß unsere Volkswirtschaft abhängig wird von den Konjunkturen des Weltmarkts und ihre Selbständigkeit verliert.

Das Übergewicht der Industrie. Die mächtige Entwickelung der Industrie sodann kann zur Folge haben und hat zur Folge gehabt, daß der Landwirtschaft Arbeitskräfte entzogen werden und ein durch die gesetzliche Freizügigkeit ermöglichter Zug nach den Städten entsteht, der das flache Land entvölkert, in den Städten dagegen ein zahlreiches, von der heimischen Scholle und heimischen Sitte losgelöstes, besitz- und zusammenhangloses Arbeiterproletariat schafft.

Der moderne Kapitalismus endlich, ohne den die ungemeine Entwickelung unsers Handels und Gewerbes und auch unsrer Landwirtschaft undenkbar ist, hat zu einem Übergewicht der Kapitalkräftigen über die wirtschaftlich Schwachen, der Großbetriebe über die Kleinbetriebe geführt, das für viele bisher selbständige wirtschaftliche Existenzen verhängnisvoll oder doch bedrohlich geworden ist; insbesondere können manche Zweige des Handwerks, das nicht oder doch nur in geringem Maße mit Maschinen arbeitet, sich des Wettbewerbs mit der Großindustrie kaum erwehren. Damit hängt zusammen, daß die kapitalistische Wirtschaft die Ansammlung großer Vermögen in wenigen Händen begünstigt und dadurch den Gegensatz von Reich und Arm verschärft. Da das Kapital ferner immer neue Gelegenheiten zur Anlage sucht und daher immer von neuem große Mengen von Waren auf den Markt geworfen werden, so tritt häufig Überproduktion ein, welche Rückgang der Preise, Handelsstockungen, Krisen und in deren Gefolge Vermögensvernichtung und Arbeitslosigkeit heraufführt. Endlich aber beruht die kapitalistische Produktionsweise auf dem Zusammenwirken einer Minderheit, die im Besitze des Kapitals ist, und der großen Mehrheit besitzloser Arbeiter, welche gegen Lohn ihre Arbeitskraft zur Verfügung stellen. So hat sie zur Entstehung eines Arbeiterstandes geführt, der ohne eigenen Besitz, oft — infolge der fortschreitenden Arbeitsteilung — nur einseitig ausgebildet, unsicher in seiner Existenz, meist unfähig sich auf eine höhere wirtschaftliche Stufe zu erheben, nur selten in der Lage etwas für sein Alter zu sparen, in eine ähnliche Abhängigkeit von den industriellen Unternehmern geriet, wie die Bauern des Mittelalters von den großen Grundbesitzern; der andrerseits die Volksschule besucht und durch Bücher und Zeitungen einen Anteil an der allgemeinen Bildung gewonnen hat, der sodann die Schule der allgemeinen Wehrpflicht durchgemacht hat, der endlich das politische Wahlrecht besitzt und insofern weit über den Handarbeitern früherer Jahrhunderte steht. Er war zunächst der leidende Teil, wenn manche Unternehmer unter dem Drucke des Wettbewerbs, um möglichst billig zu produzieren, seine Arbeitskraft übermäßig anspannten, die Frauen und Kinder zur Fabrikarbeit heranzogen, die Wohlfahrtseinrichtungen vernachlässigten. Daß er sich allmählich mit lebhaftem Klassenbewußtsein erfüllte, daß zu der Feindschaft gegen die bestehende Wirtschaftsordnung sich die zuversichtliche Hoffnung gesellte, es könne durch „Vergesellschaftung der Produktionsmittel" eine bessere Organisation der Gütererzeugung erzielt werden, daß er sich zu genossenschaftlichen Verbänden zusammenschloß, welche in gemeinsamen Arbeitseinstellungen eine Waffe gegen die Unternehmer sahen, das ist vornehmlich das Werk der sozialdemokratischen Partei, deren bedeutendste Führer bisher Liebknecht und Bebel waren, und die heute zur stärksten unter den bestehenden Parteien herangewachsen ist.

Vorläufer der Sozialdemokratie in Frankreich.

§ 147. **Die Sozialdemokratie.** Einen sozialistischen Charakter hatte bereits die Staatsordnung gehabt, welche Robespierre und St. Just im Auge hatten; das Programm Babeufs sodann (s. § 76) entsprach in wesentlichen Dingen dem der heutigen Sozialdemokraten. Frankreich brachte auch in der ersten Hälfte des 19. Jahrhunderts mehrere sozialistische Theoretiker hervor, z. B. Fourier, der die Organisation der Menschheit in kommunistischen Gemeinden forderte. Gleichzeitig entstanden zur Zeit des Julikönigtums sozialistische Bewegungen und Verschwörungen. Die provisorische Regierung, die nach der Februarrevolution erhoben wurde, erkannte das Recht auf Arbeit an; aber der Versuch Nationalwerkstätten einzurichten mißglückte und ein großer Aufstand des Proletariats wurde in der Junischlacht zu Boden geworfen (s. § 110). Frankreich hat auch den anderen großen Arbeiteraufstand dieses Jahrhunderts erlebt, den der Commune.

In England.

Die Ziele des Chartismus, der ersten großen Arbeiterbewegung Englands, waren weniger sozial als politisch. Nachher hat hier die Arbeiterbewegung durch die englischen Gewerkvereine einen friedlicheren Charakter angenommen.

Die deutsche Sozialdemokratie. Lassalle.

In Deutschland begann die soziale Bewegung, nachdem früher hier und da Arbeiterunruhen stattgefunden hatten, z. B. die Weberunruhen in Schlesien, mit dem Auftreten Lassalles, eines höchst begabten und zugleich höchst ehrgeizigen Mannes, eines glänzenden Agitators, der 1863 in Leipzig den allgemeinen deutschen Arbeiterverein gründete. Er war demokratisch, aber national gesinnt; damit der Arbeiter in den Besitz der Produktionsmittel komme und den vollen Ertrag seiner Arbeit erhalte, forderte er, daß der Staat an die Lösung der sozialen Frage heranträte und die Mittel zur Gründung von Produktiv-Assoziationen hergäbe. Er starb 1864 an einer im Duell erhaltenen Wunde. Seine Theorien wurden überwunden durch das

Marx.

System von Karl Marx, welcher, der Sohn eines Rechtsanwalts, wegen politischer Umtriebe aus Preußen ausgewiesen wurde und von 1849 an bis zu seinem Tode (1883) in London lebte; er ist neben Engels der geistige Vater der heutigen Sozialdemokratie. Nach seiner Theorie besteht unsere ganze wirtschaftliche Entwickelung in der Aufsaugung der Kleinbetriebe durch den kapitalistischen Großbetrieb und kann kein anderes Ergebnis haben, als daß das Privateigentum durch das Kollektiveigentum und der Zustand des freien wirtschaftlichen Wettbewerbs durch den der gesellschaftlichen Organisation der Gütererzeugung ersetzt wird. Als Aufgabe der sozialen Bewegung bezeichnet er, die Arbeiter zum Klassenkampf zu sammeln, sie zu organisieren und so zu befähigen die politische Macht zu gewinnen. Durch Marx, der sein „kommunistisches Manifest" mit den Worten schloß: „Proletarier aller Länder, vereinigt euch!", hat die sozialistische Bewegung einen internationalen und antinationalen Charakter erhalten; sie ist antimonarchisch und republikanisch; sie hat außerdem einen durchaus unkirchlichen und irreligiösen Charakter angenommen.

Nun ist es unrichtig, daß unsere Entwickelung auf die Auf-Aufsaugung der Kleinbetriebe hinauslaufen muß; im Gegenteil überwiegen in wichtigen Zweigen des Gewerbes und in der Landwirtschaft auch jetzt noch die Kleinbetriebe; es ist ferner bewiesen, daß der Mittelstand bei uns trotz aller Anfechtungen im ganzen sich nicht vermindert, sondern sich immer wieder erneuert. Es ist sodann gewiß, daß die Institution des Privateigentums nicht nur unter den Antrieben zum Erwerb und zur Produktion an erster Stelle steht, und daß bei ihrem Fortfall die allgemeine Gütererzeugung, statt größer zu werden, vielmehr bedeutend sinken würde; sondern daß dieses überhaupt zu den wichtigsten Mitteln gehört, wodurch sich der Mensch dem ihm innewohnenden Ideale individueller Ausbildung und persönlicher Selbständigkeit zu nähern vermag, und daher von der sittlichen Natur des Menschen gefordert wird. Der sozialistische Zukunftsstaat würde ein Zwangsstaat sein, auf Gewalt gestützt, nicht auf freie Hingabe an das Gemeinwohl, auf Vernichtung der Persönlichkeiten, nicht auf freie Entfaltung individueller Kräfte; er würde nach Bismarcks Ausdruck „ein von inappellablen Demagogen regiertes Zuchthaus" sein.

Der sozialistische Staat.

Während der Sozialismus die Heilung der sozialen Schäden von einer Organisation der Wirtschaft erwartet, welche das freie Handeln möglichst beschränkt, so erhofft sie der Anarchismus von der Beseitigung jeder staatlichen Organisation: wenn erst dem einzelnen nach Vernichtung jedes staatlichen Zwanges und nach Aufhebung des Privateigentums unbedingte Freiheit gegeben sei zu produzieren und sich mit anderen zur Produktion in freien Gruppen zusammenzuschließen, so werde ein Zustand des Friedens und der Glückseligkeit eintreten. Der erste Theoretiker des Anarchismus war Proudhon, von dem das Wort herrührt: la propriété c'est le vol. Der heutige Anarchismus kennzeichnet sich durch die „Propaganda der That", durch die er seine Lehre zu verbreiten und seine Gegner einzuschüchtern hofft, und die in der Verübung von Morden und Dynamitattentaten besteht.

Der Anarchismus.

§ 148. **Die soziale Gesetzgebung.** Im Mai und im Juni 1878 wurden auf den einundachtzigjährigen Kaiser Wilhelm Attentate verübt, deren erstes erfolglos war, während ihn das zweite auf ein

Die Attentate auf den Kaiser 1878.

schmerzvolles Krankenlager warf; es war wie ein Wunder, daß der Greis wieder genas. Die Folge davon war, daß sich die Reichsregierung zum Einschreiten gegen die zügellose sozialistische und anarchistische Agitation entschloß und ein Ausnahmegesetz gegen die gemeingefährlichen Bestrebungen der Sozialdemokratie im Reichstag einbrachte, das bis 1890 bestanden hat. Auch nach 1878 haben anarchistische Attentate stattgefunden; das furchtbarste würde, wenn es zur Ausführung gekommen wäre, das Dynamitattentat auf die zur Einweihung des Niederwaldbenkmals vereinigten deutschen Fürsten gewesen sein.

Sozialistengesetz.

1883.

Sozialreform.

Während aber der Staat die sozialistische Agitation in Schranken zu halten suchte, erkannte er es zugleich für seine Pflicht, soweit er könne, in die sozialen Verhältnisse einzugreifen und die Verhältnisse der Arbeiterschaft zu bessern. Indem er dies that, verließ er die Theorien der Manchesterschule, wonach der Staat nur die Aufgabe hat die Ordnung und das Recht aufrecht zu erhalten und das übrige der freien Thätigkeit der Individuen zu überlassen, auf allgemein sozialem Gebiete, wie er sie vor kurzem durch die Zollreform (f. § 144) auf dem des Außenhandels verlassen hatte; er erinnerte sich daran, daß er positive sittliche Pflichten hat. Der greise Kaiser Wilhelm I. bekannte sich zu einem christlich-sittlichen Staatsideal, als er in der „Kaiserlichen Botschaft" vom 17. November 1881 dem Reichstage die Aufgabe der positiven Förderung des Wohles der Arbeiter ans Herz legte, um dadurch „dem Vaterlande neue und dauernde Bürgschaften seines inneren Friedens und den Hilfsbedürftigen größere Sicherheit und Ergiebigkeit des Beistandes, auf den sie Anspruch haben, zu hinterlassen", und es für „eine der höchsten Aufgaben eines jeden Gemeinwesens, welches auf den sittlichen Fundamenten des christlichen Volkslebens steht", bezeichnete, „für diese Fürsorge die rechten Mittel und Wege zu finden".

17. Nov. 1881.

Krankenkassengesetz 1883.

Das erste der sozialpolitischen Gesetze war das Krankenkassengesetz, welches die unselbständigen gewerblichen Arbeiter nötigt sich für den Krankheitsfall zu versichern und zu diesem Zwecke die Bildung von Orts-, Fabrik-, Innungs-Krankenkassen u. a. angeordnet hat; die Beiträge werden zu zwei Dritteln vom Arbeitnehmer, zu einem Drittel vom Arbeitgeber aufgebracht; dafür wird dem Versicherten freie ärztliche Behandlung und Arznei sowie eine Krankenunterstützung gewährt. Die Krankenversicherung umfaßte bereits 1895 über acht Millionen Arbeiter; für fast drei Millionen erkrankter Personen wurden in diesem Jahre mehr als 115 Millionen Mark aufgewendet.

Es folgte 1884 das Unfallversicherungsgesetz, das sich zunächst auf die Industriearbeiter bezog, in den nächsten Jahren aber

auch auf die Arbeiter in der Landwirtschaft und in anderen Pro= **Unfallver-**
duktionszweigen ausgedehnt wurde. Es sichert jedem Arbeiter, der **sicherungs-**
in seinem Beruf während des Betriebes einen Unfall erleidet, eine **gesetz 1884.**
Entschädigung zu, die in den Kosten des Heilverfahrens und für den
Fall der Erwerbsunfähigkeit in einer Rente besteht. Die Kosten
werden von den Arbeitgebern getragen, welche sich zu diesem Zweck
zu Berufsgenossenschaften vereinigen. Die Unfallversicherung umfaßt
heute über 18 Millionen Versicherte; im Jahre 1895 wurden gegen
400000 Personen mit 50 Millionen Mark entschädigt.

Das Invaliditäts- und Altersversicherungsgesetz end= **Invaliditäts-**
lich sichert allen Arbeitern, auch abgesehen von Krankheit und Be= **und Alters-**
triebsunfällen, für den Fall eintretender Erwerbsunfähigkeit und für **versicherungs-**
den Eintritt des siebzigsten Lebensjahres eine jährliche Rente zu. Der **gesetz 1889.**
Versicherungsbeitrag wird zur Hälfte von den Arbeitgebern, zur Hälfte
von den Arbeitnehmern getragen; dazu tritt ein Reichszuschuß. Der
Beitrag stuft sich je nach der Höhe des jährlichen Arbeitsverdienstes
in vier Klassen ab. Die jährliche Altersrente beträgt 106 bis 191 Mk.;
die Invalidenrente ist nach der Zahl der Beitragsjahre verschieden
und beträgt im Mindestfalle 115 bis 141 Mk., im Höchstfalle 162
bis 448 Mk. Die Invaliditäts- und Altersversicherung ist nach
Staaten und Provinzen organisiert. 1895 umfaßte sie 11¹/₂ Mil=
lionen Versicherte; ihr Vermögen betrug in diesem Jahre über 400
Millionen, und fast 350000 Renten wurden gezahlt.

In den wenigen Jahren, seit diese sozialen Gesetze bestehen,
ist 1¹/₄ Milliarde Mark bereits den Arbeitern zu Gute gekommen, wo=
von annähernd die Hälfte von den Arbeitgebern aufgebracht worden
ist. Wenn so eine großartige Fürsorge für die arbeitende Bevölkerung
begonnen hat, die sich innerhalb der bestehenden Wirtschaftsordnung
abspielt, so ist zugleich bemerkenswert, daß die Form, in der sie
vor sich geht, die der genossenschaftlichen Organisation ist; **Genossen-**
wie denn überhaupt der gewaltige Aufschwung des Genossenschafts= **schaftswesen.**
wesens in jüngster Zeit, wohin u. a. die Gründung landwirtschaft=
licher Darlehnskassen, der angestrebte genossenschaftliche Zusammen=
schluß des Handwerks, das gesamte Versicherungswesen gehören, ein
Kennzeichen dafür ist, daß an Stelle des solange allein herrschend
gewesenen Individualismus allmählich eine mehr soziale Auffassung
der Beziehungen von Mensch zu Mensch Boden gewinnt.

Zu der Arbeiterversicherung ist ferner, besonders durch die **Arbeiterschutz**
1891 getroffenen gesetzlichen Bestimmungen, eine Arbeiterschutz= **1891.**
gesetzgebung getreten; die Sonntagsarbeit ist verboten oder doch
stark beschränkt worden. Die Arbeitgeber sind verpflichtet worden die
für die Gesundheit der Arbeiter, für ihre Sicherung gegen Gefahren,
für die Aufrechterhaltung der guten Sitte erforderlichen Maßregeln

zu treffen. Die Arbeitszeit der Arbeiterinnen und der jugendlichen Arbeiter ist bestimmten Beschränkungen unterworfen und die Zahl der Fabrikinspektoren, welche die Durchführung dieser Bestimmungen beaufsichtigen, vermehrt worden.

Das Ende Kaiser Wilhelms I. und Kaiser Friedrichs.

Wilhelm 1. und Bismarck. § 149. Noch siebzehn Jahre nach dem Friedensschluß mit Frankreich stand das deutsche Reich unter der Herrschaft des greisen Monarchen, der durch die milde Hoheit, die klare und ruhige Harmonie seines Wesens, seine Gerechtigkeit und Güte, sein herzliches und unbedingtes Gottvertrauen, seine peinliche Pflichttreue sich aller Herzen gewann und wie von der göttlichen Fügung auserkoren zu sein schien, als erster Kaiser des neuen Friedensreiches das übrige Deutschland mit der preußischen Führung, das widerstrebende Europa mit der neugegründeten deutschen Einheit zu versöhnen und zugleich das monarchische Bewußtsein nicht in Deutschland allein, sondern weit über die Grenzen Deutschlands hinaus zu erneuern. Ihm zur Seite stand der gewaltige Staatsmann, dessen Abschiedsgesuch der Monarch 1877 mit einem „niemals" beantwortet hatte; der mit überlegener Schärfe des Verständnisses und Tiefe der Auffassung, mit sicherem Blick für das Thatsächliche alle Verhältnisse der äußeren und inneren Politik beherrschte und mit unerschütterlicher Furchtlosigkeit an sie herantrat; der durch seine sittliche Größe, die Stärke und Lauterkeit seines Wollens, die Wahrhaftigkeit und Frömmigkeit seines Wesens nicht minder als durch die Genialität seiner politischen Gedanken einem immer größeren Teile der Nation die Überzeugung einflößte, daß in ihm nicht nur der größte Staatsmann des Jahrhunderts, sondern zugleich ein nationaler Heros erstanden sei.

Rückblick auf die innere Politik. Geleitet von dem großen Kaiser und dem großen Kanzler, hatte sich das Reich unter schweren inneren Kämpfen zu einem Wohlfahrtsstaate entwickelt. Gegen äußere Feinde durch eine Heeresorganisation gesichert, die zum Muster für Europa wurde, beschränkte es sich nicht darauf das Recht zu schützen, der Persönlichkeit des einzelnen die Möglichkeit freier Bethätigung ihrer Kräfte zu gewähren und durch das allgemeine Wahlrecht einen Einfluß auf die Reichsgesetzgebung zuzugestehen; sondern es war zu positiver Förderung der nationalen Arbeit und zur Fürsorge für das Los der gedrückten Volksschichten fortgeschritten; es war zugleich ein Kolonialstaat geworden, der in fremden Erdteilen den Schutz des deutschen Unternehmungs-

auf die äußere Politik. geistes übernahm. Nach außen sodann hatte das deutsche Reich, obwohl es sich von jeder gewaltsamen Politik fernhielt und die Sicherung des Friedens auf sein Panier schrieb, eine glanzvolle Rolle gespielt; es nahm eine führende Stellung unter den europäischen Nationen ein, wie es z. B. durch die Berufung des Kongresses zur Beratung der Orientfrage und der Afrikakonferenz nach Berlin anerkannt wurde; und die Reichsregierung wußte durch Abschluß von Bündnissen und kluge Benutzung der auswärtigen Lage, zugleich aber auch durch Stärkung der inneren Kräfte des Reiches diese Stellung zu behaupten.

In glänzenden Festen hatte die gehobene Stimmung der Nation ihren Ausdruck gefunden; das Kölner Dombaufest, das Fest der Einweihung des Niederwaldbenkmals, die Feier des siebzigsten Geburtstags des Fürsten Bismarck, die des neunzigsten Geburtstags des von Gott sichtlich gesegneten Kaisers selbst hatten Zeugnis abgelegt von der stolzen und dankbaren Freude einer großen, geeinigten Nation. *Nationale Feste. 1880. 1883. 1885. 1887.*

Da traf den greisen Kaiser und mit ihm das gesamte Volk der schwere Schlag, daß sein heldenhafter Sohn, der Kronprinz Friedrich Wilhelm, von einer tückischen Halskrankheit befallen wurde, von der er vergeblich in San Remo an der Riviera Heilung suchte. Am 9. März 1888 starb der Kaiser selbst nach kurzem Unwohlsein zum tiefen Schmerz des deutschen Volkes, unter der Teilnahme der ganzen zivilisierten Welt. „Die heldenmütige Tapferkeit", sagte damals Fürst Bismarck im Reichstage, „das nationale, hochgespannte Ehrgefühl und vor allen Dingen die treue, arbeitsame Pflichterfüllung und die Liebe zum Vaterlande, die in unserem dahingeschiedenen Herrn verkörpert waren, mögen sie ein unzerstörbares Erbteil unserer Nation sein, das der aus unserer Mitte geschiedene Kaiser uns hinterlassen hat." *1887. Tod Kaiser Wilhelms I. 9. März 1888.*

In schwerer Zeit bestieg, ein sicher Mann, Kaiser **Friedrich** III. den deutschen und preußischen Thron. Fürst Bismarck blieb auch unter ihm an der Spitze der Regierung. Am 15. Juni verschied der zweite deutsche Kaiser. *Kaiser Friedrich. 15. Juni 1888.*

So übernahm denn die Regierung Kaiser Wilhelm II., von dem festen Willen erfüllt, das Erbe einer großen Zeit, insonderheit den friedlichen Charakter des deutschen Reiches zu wahren. Er ist geboren am 27. Januar 1859, erhielt zuerst Privatunterricht und besuchte sodann von 1874—1877 das Gymnasium zu Cassel, wo er die Reifeprüfung bestand. Darauf trat er als Premierlieutenant beim ersten Garderegiment zu Fuß ein, unterbrach aber die militärische Dienstzeit durch einen zweijährigen Studienaufenthalt in Bonn vom Herbst 1877 bis zum Herbst 1879. Seit 1881 ist er vermählt mit Auguste Viktoria, Prinzessin von Schleswig-Holstein-Sonderburg-Augustenburg. Am 20. März 1890 trennte er sich von dem Fürsten Bismarck; an seiner Stelle wurde der General der Infanterie v. Caprivi zum Reichskanzler ernannt, dem 1894 der Fürst von Hohenlohe-Schillingsfürst, bisher Statthalter des Reichslandes, folgte. *Wilhelm II. 1890. 1894.*

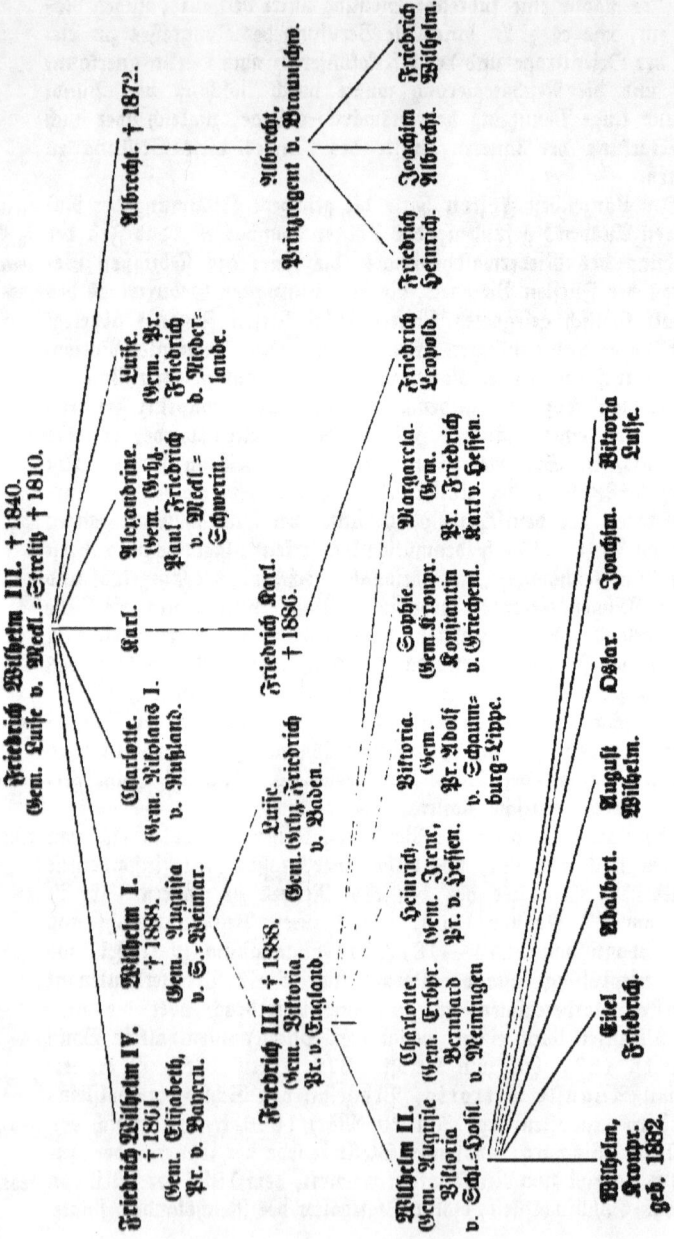

Regententafel.

Deutsches Reich.

1438—1740	Das Haus Habsburg.
1637—1657	Ferdinand III.
1658—1705	Leopold I.
1705—1711	Josef I.
1711—1740	Karl VI.
1742—1745	Karl VII. (Wittelsbach).
1745—1806	Das Haus Habsburg-Lothringen.
1745—1765	Franz I.
1765—1790	Josef II.
1790—1792	Leopold II.
1792—1806	Franz II.

Österreich.

1804—1835	Franz I.
1835—1848	Ferdinand I.
seit 1848	Franz Josef.

Brandenburg-Preußen.

1640—1688	Friedrich Wilhelm der große Kurfürst.
1688—(1701)1713	Friedrich (III.) I.
1713—1740	Friedrich Wilhelm I.
1740—1786	Friedrich II. der Große.
1786—1797	Friedrich Wilhelm II.
1797—1840	Friedrich Wilhelm III.
1840—1861	Friedrich Wilhelm IV.
1861—1888	Wilhelm I.
1888	Friedrich III.
seit 1888	Wilhelm II.

Die Könige von Bayern.

1806—1825	Maximilian I. Josef.
1825—1848	Ludwig I.
1848—1864	Maximilian II.
1864—1886	Ludwig II.
seit 1886	(Otto) Prinzregent Luitpold.

Frankreich.

1589—1792	Das Haus Bourbon.
1589—1610	Heinrich IV.
1610—1643	Ludwig XIII.
1643—1715	Ludwig XIV.
1715—1774	Ludwig XV.
1774—1792	Ludwig XVI.
1792—1804	Die erste Republik.
1804—1814	Kaiser Napoleon I.
1814—1824	Ludwig XVIII. (Bourbon).
1824—1830	Karl X.
1830—1848	Louis Philipp (Orleans).
1848—1852	Die zweite Republik.
1852—1870	Kaiser Napoleon III.
seit 1870	Die dritte Republik.

England.

1603—1625	Jakob I. (Stuart).
1625—1649	Karl I.
1649—1660	Republik.
1660—1685	Karl II. (Stuart).
1685—1688	Jakob II.
1689—1702	Wilhelm III. von Oranien.
1702—1714	Anna.
seit 1714	Das Haus Hannover.
1714—1727	Georg I.
1727—1760	Georg II.
1760—1820	Georg III.
1820—1830	Georg IV.
1830—1837	Wilhelm III.
seit 1837	Viktoria.

Rußland.

1613—1762	Das Haus Romanow.
1689—1725	Peter I. der Große.
1741—1762	Elisabeth.
seit 1762	Das Haus Holstein-Gottorp.
1762	Peter III.
1762—1796	Katharina II.
1796—1801	Paul.
1801—1825	Alexander I.
1825—1855	Nikolaus I.
1855—1881	Alexander II.
1881—1894	Alexander III.
seit 1894	Nikolaus II.

Italien.

(1849) 1861—1878	Viktor Emanuel.
seit 1878	Humbert.

Geschichtliche Tabellen.

1648—1786	**I. Das Zeitalter des Emporkommens Preußens.**
	1. Die englische Revolution.
1603—1625	Jakob I. Stuart.
1625—1649	Karl I.
1625—1629	Kämpfe mit dem Parlament.
1629—1640	Regierung ohne Parlament.
1640—1649	Die Revolution. Das lange Parlament.
	Karls Versuch eines Staatsstreichs.
	Bürgerkrieg.
	Long-Marston-Moor und Naseby.
1649	Hinrichtung des Königs.
1649—1660	Die Republik.
1649—1653	Das lange Parlament.
	Niederwerfung der Iren und Schotten (Dunbar, Worcester).
	Navigationsakte. Krieg mit Holland.
	Das Barebone-Parlament.
1653—1658	Oliver Cromwells Protektorat.
	Krieg mit Spanien.
1658—1660	Richard Cromwell. Militärherrschaft. Monk.
1660—1685	Karl II.
	Abhängigkeit von Frankreich.
	Kämpfe mit dem Parlament. Testakte, Habeascorpusakte, Ausschließungsbill.
1685—1688	Jakob II.
1688	Sturz durch Wilhelm III. von Oranien.
	2. Die Vorherrschaft Frankreichs in Europa.
1589—1610	Heinrich IV.
1610—1643	Ludwig XIII.

1628	Richelieu. Niederwerfung der Hugenotten, des Adels, der Parlamente. Einnahme von La Rochelle. Teilnahme am dreißigjährigen Krieg und Krieg mit Spanien.
1643—1715	Ludwig XIV.
	Mazarin. Kampf mit der Fronde.
1648	Westfälischer Friede. Gewinn des Elsaß. Der Rheinbund.
1659	Pyrenäischer Friede. Gewinn von Roussillon und Artois.
1661	Mazarins Tod. Ludwigs Selbstregierung. Louvois, Colbert (Merkantilsystem).
1667—1668	Der erste Raubkrieg (Devolutionskrieg) gegen Spanien.
1668	Die Tripelallianz. Friede von Aachen: Abtretung niederländischer Grenzplätze an Frankreich.
1672—1679	Der zweite Raubkrieg.
1672	Überfall von Holland. Eingreifen Friedrich Wilhelms von Brandenburg.
1675	Fehrbellin. Saßbach.
1678/79	Friede von Nymwegen: Abtretung der Franche Comté und niederländischer Grenzplätze an Frankreich.
1679	Friede von St. Germain. Die Reunionen.
1681	Überfall von Straßburg.
1685	Aufhebung des Edikts von Nantes. Die Réfugiés.
1683—1699	Türkenkrieg.
1683	Die Türken vor Wien. Starhemberg. Schlacht am Kahlenberge. Angriffskrieg der Österreicher unter Ludwig von Baden (Salankemen) und Eugen von Savoyen (Zenta).
1699	Friede von Karlowitz. Eroberung von Ungarn.
1688—1697	Der dritte Raubkrieg. Der Pfälzer Erbfolgestreit und der Kölner Kurstreit. Verwüstung der Pfalz, Kämpfe in den Niederlanden (Neerwinden), Oberitalien, Katalonien, zur See (la Hogue), in Irland (Boynefluß).

1697	Friede von Ryswick. Rückgabe der Reunionen.
1701—1714	Der spanische Erbfolgekrieg.
	Die Teilungsverträge Wilhelms von Oranien mit Ludwig XIV.
1704	Höchstädt. Eroberung von Oberdeutschland.
1706	Turin. Eroberung von Italien.
1706	Ramillies. Eroberung der Niederlande.
1708	Oudenarde. Behauptung der Niederlande.
1709	Malplaquet.
1710	Karl III. zieht in Madrid ein und wird wieder von dort vertrieben.
1710	Sturz der Whigs und Marlboroughs.
1711	Tod Josefs I. Karl VI.
1713/14	Friedensschlüsse zu Utrecht, Rastatt, Baden.
1715	Tod Ludwigs XIV.

3. Die Entstehung der russischen Großmacht.

1613—1762	Das Haus Romanow.
1689—1725	Peter I. der Große.
1700—1720(21)	Der nordische Krieg. Karl XII. von Schweden.
1700	Friede von Travendal.
1700	Narwa.
1706	Friede von Altranstädt.
1709	Poltawa.
	Türkisch-russischer Krieg; Rückgabe Asows an die Türkei.
1714	Teilnahme Preußens am Kriege.
1718	Tod Karls XII.
1720 u. 1721	Friedensschlüsse von Stockholm und Nystad.
1741—1762	Elisabeth.
seit 1762	Das Haus Holstein-Gottorp.
1762	Peter III.
1762—1796	Katharina II.
1772, 1793, 1795	Die erste, zweite und dritte Teilung Polens.
	Türkenkriege; Erwerbung der Nordküste des schwarzen Meeres.

4. Brandenburgisch-preußische Geschichte.

1134—1320	Die Askanier in der Mark.
	Albrecht der Bär. Otto mit dem Pfeile. Waldemar.

1324—1373	Die Wittelsbacher. Ludwig (der falsche Waldemar).
1356	Die goldene Bulle.
1373—1415	Die Luxemburger. Karl IV. Sigismund. Jobst.
1411	Sendung des Burggrafen Friedrich von Nürnberg nach der Mark.
1415—1701	Die Hohenzollernschen Kurfürsten.
1415—1440	Friedrich I.
1440—1470	Friedrich II. der Eiserne.
1470—1486	Albrecht Achilles. Das achilleische Hausgesetz.
1486—1499	Johann Cicero.
1499—1535	Joachim I.
1525	Säkularisation von Preußen durch Albrecht von Brandenburg.
1535—1571	Joachim II. und Hans von Küstrin.
1539	Übertritt Joachims zur Reformation.
1571—1598	Johann Georg.
1598—1608	Joachim Friedrich.
1608—1619	Johann Sigismund.
1613	Übertritt zur reformierten Kirche.
1614	Erwerbung von Cleve, Mark und Ravensberg.
1618	Erwerbung Preußens.
1619—1640	Georg Wilhelm.
1640—1688	Friedrich Wilhelm der große Kurfürst.
1648	Erwerbung von Hinterpommern, Cammin, Minden, Halberstadt und der Anwartschaft auf Magdeburg (1680).
1655—1660	Der schwedisch-polnische Erbfolgekrieg.
1656	Schlacht bei Warschau. Vertrag von Labiau.
1657	Vertrag von Wehlau.
1658	Friede von Roeskild.
1660	Friedensschlüsse von Kopenhagen und Oliva; Anerkennung der Souveränität in Preußen.
	Niederwerfung der Stände und Gründung eines stehenden Heeres.
1672—1679	Der zweite Raubkrieg Ludwigs XIV.
18. (28.) Juni 1675	Sieg von Fehrbellin über die eingefallenen Schweden.
	Eroberung von Schwedisch-Pommern.
1678/79	Zurückweisung des schwedischen Einfalls in Ostpreußen.
1679	Friede von St. Germain; Rückgabe der Eroberungen.

1685	Das Edikt von Potsdam; Aufnahme der Réfugiés.
1688—1713	Friedrich (III.) I.
18. Jan. 1701	Königskrönung zu Königsberg.
	Teilnahme an den Kriegen gegen Ludwig XIV.
	Erwerbung von Mörs, Lingen, Neuenburg aus der oranischen Erbschaft, von Tecklenburg durch Kauf.
	Gründung der Universität Halle und der Sozietät der Wissenschaften.
1713—1740	Friedrich Wilhelm I.
1713	Erwerbung von Obergeldern im Frieden von Utrecht.
1720	Erwerbung von Schwedisch-Pommern bis zur Peene im Frieden von Stockholm.
	Ansprüche auf Berg.
	Begründung der preußischen Verwaltung und Organisation des preußischen Heeres.
	Wirtschaftliche Hebung des Landes. Die allgemeine Schulpflicht.
1730	Fluchtversuch des Kronprinzen.
1740—1786	Friedrich II. der Große.
1740—1742	Der erste schlesische Krieg.
1741	Mollwitz.
1742	Chotusitz.
1741—1748	Der österreichische Erbfolgekrieg.
1742—1745	Karl VII.
1743	Schlacht von Dettingen.
1744—1745	Der zweite schlesische Krieg.
1744	Friedrichs Einfall nach Böhmen. Rückzug.
1745, 4. Juni	Hohenfriedberg.
	Kath. Hennersdorf. Kesselsdorf. Soor.
	Friede von Dresden.
1756—1763	Der siebenjährige Krieg.
1756	Eroberung von Sachsen. Sieg bei Lobositz.
	Kapitulation von Pirna.
1757	Einfall nach Böhmen, Sieg bei Prag.
18. Juni	Niederlage bei Kolin; Rückzug.
	Sieg der Franzosen über den Herzog von Cumberland bei Hastenbeck und Kapitulation von Kloster Zeven.
	Sieg der Russen über Lehwaldt bei Großjägersdorf.

5. Nov.	Sieg Friedrichs über Soubise und die Reichsarmee bei Roßbach;
5. Dez.	über die Österreicher bei Leuthen.
1758	Einfall nach Mähren; vergebliche Belagerung von Olmütz.
25. Aug.	Sieg über die Russen bei Zorndorf.
14. Okt.	Niederlage bei Hochkirch (Daun).
	Sieg Ferdinands von Braunschweig bei Crefeld.
1759	Niederlage Ferdinands bei Bergen, Sieg bei Minden.
12. Aug.	Niederlage Friedrichs durch Laudon und Soltikow bei Kunersdorf.
	Einnahme von Dresden durch Daun. Kapitulation Fincks bei Maxen.
1760	Niederlage Fouqués bei Landeshut.
	Siege Friedrichs bei Liegnitz über Laudon, bei Torgau über Daun.
1761	Das feste Lager von Bunzelwitz.
	Sturz Pitts.
1762	Peter III. von Rußland; Katharina II.
	Siege Friedrichs bei Burkersdorf, des Prinzen Heinrich bei Freiberg.
1763	Friedensschlüsse von Hubertusburg und Paris.
1772	Die erste Teilung Polens.
1778—1779	Der bayrische Erbfolgekrieg.
1785	Der Fürstenbund.
1786, 17. Aug.	Tod Friedrichs des Großen.
1775—1783	Der Befreiungskrieg der nordamerikanischen Kolonien.
1776	Erklärung der Unabhängigkeit.
1783	Friede von Versailles.
	Begründung des englischen Kolonialreichs in Ostindien.
	Lord Clive. Warren Hastings.

1786—1888	**II. Das Zeitalter der Zerstörung des alten Reichs und der Entstehung des neuen deutschen Kaisertums.**
1789—1815	A. Die Zeit der französischen Revolution und der napoleonischen Weltherrschaft.
1789—1799	1. Die französische Revolution.
1715—1774	Ludwig XV.
1774—1792	Ludwig XVI. Turgot, Necker, Calonne; Neckers zweites Ministerium.
Mai 1789	Zusammentritt der Generalstände.
1789—1791	Die konstituierende Versammlung. Die Abgeordneten des dritten Standes erklären sich als Nationalversammlung.
14. Juli 1789	Erstürmung der Bastille; Umsturz der feudalen Rechte.
5. Okt. 1789	Zug der Weiber nach Versailles; der König sowie die Nationalversammlung siedeln nach Paris über.
	Schaffung einer neuen Verfassung (Ohnmacht des Königtums, Herrschaft des Parlaments), einer neuen Verwaltung (Selbstverwaltung der Departements und Gemeinden, Wahl der Beamten durch das Volk), Umsturz der Privilegien, Einziehung des Kirchenguts (Assignaten).
1791	Fluchtversuch des Königs.
1791—1792	Die gesetzgebende Versammlung (Gironde und Montagne).
10. Aug. 1792	Erstürmung der Tuilerien; Suspension des Königs; die Septembermorde.
1792	Die preußisch-österreichische Campagne in Frankreich. Karl von Braunschweig. Valmy. Eroberung von Belgien, Mainz, Savoyen durch die Franzosen.
1792—1795	Der Konvent.
	Erklärung der Republik.
Jan. 1793	Hinrichtung des Königs.
	Wohlfahrtsausschuß. Sturz der Girondisten. Jakobinische Schreckensherrschaft. Umsturz der Verfassung, Diktatur der Konventskommissare.

	Verhaftung der Verdächtigen, Hinrichtungen (u. a. der Königin Marie Antoinette); Kultus der Göttin der Vernunft; Preismaxima, Brandschatzung der Besitzenden, Vermögenseinziehungen.
	Aufstände der königstreuen Bauern in der Vendée, der gemäßigten Republikaner in Lyon und Toulon (Einnahme unter Beihilfe Bonapartes).
1794	**Sturz Dantons**; Herrschaft Robespierres.
9. Thermidor	**Sturz Robespierres.**
1795	Niederwerfung eines Aufstandes der Gemäßigten durch Bonaparte.
1795—1799	**Das Direktorium.**
1793	Die zweite Teilung Polens.
	Aufstand Kosciuszkos; Suworow erstürmt Praga.
1795	Die dritte Teilung Polens.
1793—1797	Der erste Koalitionskrieg (Preußen, Österreich, England, Holland, Spanien, Sardinien).
	Kämpfe der Preußen bei Kaiserslautern.
	Zweite Eroberung der österreichischen Niederlande durch die Franzosen; Eroberung von Holland und Gründung der batavischen Republik.
1795	Preußen schließt den Frieden von Basel; auch Spanien schließt Frieden.
1796	Erzherzog Karl siegt bei Amberg und Würzburg.
	Bonaparte (geb. 1769) siegt bei Lodi und erobert Mailand; er nimmt nach den Siegen von
1797	Castiglione, Arcole und Rivoli die Festung Mantua und bringt unter Kämpfen mit Erzherzog Karl in die Alpen ein.
1797	Präliminarfriede von Leoben; Friede von Campoformio: Österreich willigt in die Abtretung des linken Rheinufers, tritt die Niederlande an Frankreich, Mailand an die cisalpinische Republik ab und wird durch Venetien entschädigt. Kongreß von Rastatt.
1798—1799	Bonapartes Feldzug nach Ägypten. Malta. Sieg bei den Pyramiden.
	Vernichtung der französischen Flotte bei Abukir durch Nelson.

	Einfall Bonapartes nach Syrien; Besiegung der Türken bei Abukir.
1799, 18. Brumaire	Napoleons Staatsstreich.
1799—1812	2. Die Weltherrschaft Napoleons.
1799—1804	Napoleon als erster Konsul.
1798—1801	Der zweite Koalitionskrieg (England, Österreich, Rußland).
1799	Siege Suworows in Oberitalien. Alpenübergang Suworows. Rücktritt Rußlands von der Koalition.
1800	Siege Napoleons bei Marengo, Moreaus bei Hohenlinden.
1801	Friede von Lunéville mit Österreich; endgültige Abtretung des linken Rheinufers.
1802	Friede von Amiens mit England.
1803	Reichsdeputationshauptschluß. Entschädigung der weltlichen Fürsten für ihre Verluste am linken Rheinufer durch Säkularisation der geistlichen Reichsstände und Mediatisierung der Reichsstädte (außer sechs).
1804—1814	Napoleon als Kaiser.
2. Dez. 1804	Kaiserkrönung.
1805	Krönung zum König von Italien; Vicekönig Eugen Beauharnais.
1803	Wiederausbruch des Krieges mit England.
1805	Der dritte Koalitionskrieg (England, Österreich und Rußland).
	Kapitulation Macks bei Ulm.
2. Dez. 1805	Dreikaiserschlacht bei Austerlitz.
	Friede von Preßburg: Österreich tritt Venetien an das Königreich Italien, Tirol an Bayern, Vorderösterreich an Baden und Württemberg ab und erhält Salzburg. Bayern und Württemberg werden Königreiche.
	Ernennung Josef Bonapartes zum König von Neapel, Ludwig Bonapartes zum König von Holland, Murats zum Großherzog von Berg.
	Vertrag von Schönbrunn (Haugwitz). Preußen tauscht für Ansbach und das rechtsrheinische Cleve Hannover ein.
1806	Vertrag von Paris: Schutz- und Trutzbündnis zwischen Frankreich und Preußen.

1806—1807	Rheinbund unter Napoleons Protektorat. Mediatisierung einer großen Anzahl deutscher Fürsten. Preußisch-französischer Krieg. Tod des Prinzen Louis Ferdinand bei Saalfeld.
14. Okt. 1806	Niederlage Hohenlohes bei Jena, des Herzogs Karl von Braunschweig bei Auerstädt. Kapitulation Hohenlohes bei Prenzlau. Kapitulation Blüchers bei Lübeck. Übergabe der Festungen. Verteidigung von Colberg durch Gneisenau, von Graudenz durch Courbière, von Glatz durch Graf Götzen. Festlandsperre gegen England. Eingreifen der Russen.
Febr. 1807	Unentschiedene Schlacht bei Preußisch-Eylau.
Juni 1807	Niederlage bei Friedland. Tilsiter Friede: Abtretung der linksrheinischen Besitzungen Preußens (Königreich Westfalen unter Jerôme) und der polnischen Erwerbungen außer Westpreußen (Herzogtum Warschau, das der König von Sachsen erhält). Bündnis zwischen Napoleon und Alexander. Aussaugung Preußens durch die französische Armee.
1808	Entthronung der spanischen Bourbonen zu Bayonne; Erhebung Josefs zum König von Spanien, Murats zum König von Neapel. Spanischer Krieg.
1808	Erfurter Kongreß. Landung Wellingtons in Portugal.
1809	Österreichischer Krieg. Tiroler Aufstand. Schill. Dörnberg. Friedrich Wilhelm von Braunschweig. Regensburger Feldzug.
Mai 1809	Sieg des Erzherzogs Karl bei Aspern.
Juli 1809	Niederlage bei Wagram. Friede von Wien: Österreich tritt die illyrischen Provinzen an Frankreich, Westgalizien an Warschau ab.
1810	Vermählung Napoleons mit Marie Luise, der Tochter Franz' I. Vereinigung Hollands, der deutschen Nordseeküste, Lübecks sowie Toskanas und des Kirchenstaats mit Frankreich.

1812	Russischer Feldzug Napoleons. Bündnis Preußens und Österreichs mit Napoleon. Bündnis Schwedens (Bernadotte) mit Alexander. Smolensk (Barclay de Tolly). Borodino (Kutusow); Brand Moskaus. Rückzug und Vernichtung der großen Armee; der Übergang über die Beresina.
30. Dez. 1812	Yorks Konvention mit Diebitsch.
1813—1815	3. Die Befreiungskriege.
	Der Neubau Preußens.
1807—1808	Staatsverwaltung des Freiherrn vom Stein. Befreiung des Grundeigentums; Befreiung der Bauern. Reform der Staatsverwaltung. Städteordnung.
1810	Gründung der Universität Berlin. Hardenberg Staatskanzler. Finanzreform; Gewerbefreiheit; Regelung der bäuerlichen Verhältnisse. Reform des Heeres durch Scharnhorst, Gneisenau u. a. Abschaffung der Werbung, der entehrenden Strafen, Neuordnung des Eintritts in das Offiziercorps; Krümpersystem.
	Die Befreiung Deutschlands.
Febr. 1813	Aufruf zur Bildung freiwilliger Jägercorps; Aufhebung aller Befreiungen von der Dienstpflicht. Preußisch-russisches Bündnis.
März 1813.	Stiftung des eisernen Kreuzes; Kriegserklärung; „Aufruf an mein Volk". Frühjahrsfeldzug.
2. Mai 1813	Großgörschen.
21./22. Mai	Bautzen. Waffenstillstand. Prager Kongreß. Abschluß der Bündnisse mit England, Schweden, Österreich. Bildung dreier Armeen. Herbstfeldzug. Zurückweisung der französischen Angriffe auf die
23. Aug.	Nordarmee (Oudinot, Bülow) bei Großbeeren;

26. Aug.	auf die schlesische Armee (Macdonald, Blücher) an der Katzbach;
26./27. Aug.	Sieg Napoleons über die böhmische Armee bei Dresden;
29./30. Aug.	Niederlage und Ergebung Vandammes bei Kulm.
6. Sept.	Zurückweisung des Angriffs Neys auf die Nordarmee bei Dennewitz.
	Überschreitung der Elbe bei Wartenburg durch York.
16.—19. Okt.	Schlacht bei Leipzig. Wachau und Mödern; Probstheida; Erstürmung von Leipzig.
	Sieg Napoleons bei Hanau über den bayrischen General Wrede.
	Auflösung des Rheinbundes. Centralverwaltung des Freiherrn vom Stein.
1814	Der erste Zug nach Paris.
	Rheinübergang Blüchers bei Caub, Schwarzenbergs bei Basel. Eroberung Hollands durch Bülow.
	Unentschiedene Schlacht bei Brienne (Blücher). Sieg Blüchers bei La Rothiere.
Febr. 1814	Unglückliche Gefechte der Blücherschen Armee. Rückzug.
März 1814	Vereinigung Blüchers mit Bülow und Sieg bei Laon.
	Sieg Schwarzenbergs bei Arcis-sur-Aube.
	Einnahme von Paris. Absetzung Napoleons und Erhebung Ludwigs XVIII. Erster Pariser Friede: Frankreich behält Landau und das Saarbecken.
1815	Der zweite Zug nach Paris.
März 1815	Napoleons Landung bei Cannes. Die hundert Tage.
16. Juni	Sieg Napoleons bei Ligny über Blücher, Wellingtons bei Quatrebras über Ney.
18. Juni	Sieg Blüchers und Wellingtons bei Belle-Alliance.
	Abdankung Napoleons, der nach St. Helena gebracht wird und dort 1821 stirbt.
	Der zweite Pariser Friede. Frankreich tritt das Saarbecken und Landau ab, zahlt Kriegskosten und giebt die geraubten Kunstschätze zurück.

1814/15	Der Wiener Kongreß. Vierte Teilung Polens. Wiederherstellung Preußens, das Posen, seine früheren westelbischen Lande außer Ostfriesland, Hildesheim und Ansbach-Bayreuth, halb Sachsen, die Rheinprovinz, Schwedisch-Pommern erhält. Wiederherstellung Österreichs, das außer Tirol, Salzburg und Illyrien Venetien und die Lombardei erhält. Gründung des deutschen Bundes.
1815—1866	**B. Die Zeit des deutschen Bundes.**
1815—1840	1. Die letzten fünfundzwanzig Jahre Friedrich Wilhelms III.
1815	Die Gründung der heiligen Allianz; beherrschender Einfluß Metternichs. Südeuropäische Revolutionen: in Neapel, Spanien, Griechenland.
1827	Vernichtung der türkisch-ägyptischen Flotte bei Navarino.
1828—1829	Russisch-türkischer Krieg. Friede von Adrianopel. Gründung eines griechischen Königreichs unter Prinz Otto von Bayern.
1817	Wartburgfest der deutschen Burschenschaft.
1819	Ermordung Kotzebues durch Sand. Die Karlsbader Beschlüsse. Entstehung von Verfassungen in Süddeutschland, von Provinzialständen in Preußen.
1828	Preußisch-hessische Zolleinigung, der Anfang des Zollvereins.
	Katholikenemanzipation in England. Parlamentsreform.
1837	Thronbesteigung der Viktoria. Trennung Hannovers (Ernst August) von England. Chartismus. Aufhebung der Kornzölle.
	Die letzten Bourbonen in Frankreich: Ludwig XVIII. und Karl X.

1830	**Julirevolution.** Sturz Karls X., Erhebung Louis Philipps, Herzogs von Orleans. Lostrennung Belgiens von den Niederlanden; Erhebung Leopolds I., Prinzen von Sachsen-Koburg. Polnische Revolution. Nationale und republikanische Bewegung in Italien (Mazzini). Republikanische Bewegungen in Deutschland.
1840—1861	**2. Die Zeit Friedrich Wilhelms IV.**
1847	Der vereinigte Landtag.
1848	Die französische Februarrevolution; Begründung der zweiten französischen Republik. Märzministerien in Deutschland. Revolution in Wien.
18. März	Revolution in Berlin.
1848—1849	Das deutsche Parlament in Frankfurt.
1848—1850	Erster schleswig-holsteinischer Krieg (Friedrich VII. von Dänemark).
1848	Waffenstillstand von Malmö. Niederwerfung der Aufstände in Prag und Wien. Österreichisch-sardinischer Krieg (Radetzky); Custozza. Ungarischer Aufstand. Thronentsagung Ferdinands I. Franz Josef. Auflösung der preußischen Nationalversammlung und Oktroyierung einer Verfassung.
1849	Kaiserwahl und Ablehnung Friedrich Wilhelms IV.; Auflösung des Frankfurter Parlaments. Republikanische Aufstände in Sachsen, der Pfalz und Baden, durch Preußen niedergeworfen. Beendigung des österreichisch-sardinischen Krieges nach der Schlacht von Novara. Ungarischer Aufstand, durch Nikolaus I. von Rußland niedergeworfen. Friedrich Wilhelms IV. Unionspläne.
1850	Das Erfurter Unionsparlament. Sieg der Dänen über die Schleswig-Holsteiner bei Idstedt. Bundesexekution in Hessen. Gefecht von Bronnzell. Olmützer Punktation.

	Wiederzusammentritt des Bundestags.
1851	Staatsstreich Louis Napoleons.
1852—1870	Napoleon III. Kaiser der Franzosen.
1853—1856	Krimkrieg. Sewastopol. Pariser Friede.
1859	Französisch-italienisch-österreichischer Krieg. Magenta und Solferino. Friede von Villafranca.
1860	Sturz der Bourbonen in Neapel durch Garibaldi.
1861	Entstehung des Königreichs Italien.
1861—1888	**C. Das Zeitalter Kaiser Wilhelms I.**
1858	Beginn der Regentschaft des Prinzen von Preußen.
1861	Beginn des Verfassungskonflikts in Preußen.
1862	Ernennung Ottos von Bismarck zum Ministerpräsidenten.
1863	Frankfurter Fürstentag, von Franz Josef berufen.
1863	Einverleibung Schleswigs in Dänemark; Christian IX.
1864	Der dänische Krieg.
18. April.	Erstürmung der Düppeler Schanzen.
	Londoner Konferenz.
28./29. Juni	Übergang nach Alsen.
	Friede von Wien.
1865	Konvention von Gastein.
1866	Der deutsche Krieg.
Juni	Niederlage der Italiener bei Custozza.
	Langensalza.
	Gefechte der ersten und der Elbarmee bei Podol, Münchengrätz, Gitschin, der zweiten bei Trautenau, Nachod, Skalitz, Schweinschädel.
3. Juli	Sieg bei Königgrätz.
Juli	Siege der Mainarmee bei Kissingen, Aschaffenburg, an der Tauber, bei Würzburg.
	Niederlage der Italiener zur See bei Lissa.
	Vorfriede zu Nikolsburg.
August	Friede von Prag. Schutz- und Trutzverträge mit den süddeutschen Staaten.
1866—1870	Der norddeutsche Bund.
	Das Zollparlament.
1867	Der luxemburgische Handel.
1870—71	Der deutsch-französische Krieg.
19. Juli 1870	Die französische Kriegserklärung.
2. Aug.	Besetzung von Saarbrücken.

4. Aug.	Weißenburg.
6. Aug.	Wörth und Spicheren.
14. Aug.	Colombey-Nouilly.
16. Aug.	Mars-la-Tour.
18. Aug.	Gravelotte und St.-Privat.
	Beaumont.
1. Sept.	Schlacht bei Sedan.
2. Sept.	Kapitulation Napoleons und der franzöf. Armee.
	Sturz des Kaisertums und Erklärung der Republik in Paris.
	Einzug der Italiener in Rom.
28. Sept.	Übergabe von Straßburg.
27. Okt.	Übergabe von Metz.
	Kämpfe an der Loire (b'Aurelle, Chanzy).
Dez. 1870— Jan. 1871	Coulmiers (v. d. Tann); Beaune-la-Rolande; Orleans, Le Mans (Prinz Friedrich Karl).
Dez. 1870 Jan. 1871	Kämpfe in Nordfrankreich (Faidherbe). Amiens (Manteuffel), St. Quentin (Göben).
	Kämpfe im Südosten. Belagerung von Belfort.
15.—17. Jan.	Zurückwerfung Bourbakis an der Lisaine (Werder). Manteuffel drängt ihn nach der Schweiz.
18. Jan.	Kaiserproklamation zu Versailles.
28. Jan.	Übergabe von Paris.
Febr.	Präliminarfriede von Versailles.
	Die Commune zu Paris.
Mai.	Friede von Frankfurt.
1873	Die Maigesetze. Kulturkampf.
1878	Zwei Attentate auf Kaiser Wilhelm I.
1881	Die kaiserliche Botschaft. Beginn der Sozialreform.
1884	Erwerbung der ersten deutschen Kolonien.
1872	Dreikaiserzusammenkunft in Berlin.
1877—1878	Russisch-türkischer Krieg.
1878	Berliner Kongreß.
1879	Bund zwischen Deutschland und Österreich.
1881	Ermordung Alexanders II. von Rußland.
1883	Abschluß des Dreibundes durch Beitritt Italiens.
9. März 1888	Tod Kaiser Wilhelms I.
15. Juni 1888	Tod Kaiser Friedrichs.

Geschichts-Kalender.

15.—17. Januar 1870	Die Kämpfe Werbers an der Lisaine.
18. „ 1701	Königskrönung Friedrichs I. von Preußen.
18. „ 1871	Kaiserproklamation zu Versailles.
24. „ 1712	Geburt Friedrichs des Großen.
27. „ 1859	Geburt Kaiser Wilhelms II.

18. Februar 1546 — Tod Luthers.

9. März 1888 — Tod Kaiser Wilhelms I.
18. „ 1848 — Berliner Revolution.
22. „ 1797 — Geburt Kaiser Wilhelms I.
22. „ 1832 — Tod Goethes.

1. April 1815 — Geburt Ottos von Bismarck.
18. „ 1417 — Belehnung Friedrichs I. von Hohenzollern mit der Mark.
18. „ 1864 — Erstürmung von Düppel.

2. Mai 1813 — Schlacht bei Großgörschen.
9. „ 1805 — Tod Schillers.

4. Juni 1745 — Sieg bei Hohenfriedberg.
15. „ 1888 — Tod Kaiser Friedrichs.
16. „ 1815 — Niederlage bei Ligny.
18. „ 1757 — Niederlage bei Kolin.
18. „ 1815 — Sieg bei Belle-Alliance.
18./28. „ 1675 — Sieg bei Fehrbellin.
28./29. „ 1864 — Übergang nach Alsen.

3. Juli 1866 — Sieg bei Königgrätz.
19. „ 1810 — Tod der Königin Luise.
19. „ 1870 — Übergabe der französischen Kriegserklärung.

4. August	1870	Sieg bei Weißenburg.
6. „	1870	Siege bei Wörth und Spicheren.
12. „	1759	Niederlage bei Kunersdorf.
14. „	1870	Sieg bei Colombey-Nouilly.
16. „	1870	Sieg bei Mars-la-Tour.
17. „	1786	Tod Friedrichs des Großen.
18. „	1870	Sieg bei Gravelotte.
25. „	1758	Sieg bei Zorndorf.
26. „	1813	Sieg an der Katzbach.
28. „	1749	Geburt Goethes.
2. September	1870	Kapitulation Napoleons III.
28. „	1870	Übergabe von Straßburg.
14. Oktober	1758	Niederlage bei Hochkirch.
14. „	1806	Niederlage bei Jena und Auerstädt.
16.—19. „	1813	Schlacht bei Leipzig.
18. „	1831	Geburt Kaiser Friedrichs.
22. „	1858	Geburt der Kaiserin Auguste Viktoria.
27. „	1870	Übergabe von Metz.
31. „	1517	Luthers 95 Thesen.
5. November	1757	Sieg bei Roßbach.
6./16. „	1632	Tod Gustav Adolfs bei Lützen.
10. „	1483	Geburt Luthers.
10. „	1759	Geburt Schillers.
5. Dezember	1757	Sieg bei Leuthen.

Übersichten
zur Staats- und Wirtschaftskunde.

1. Die Staaten.

1. Der **Geschlechterstaat**; z. B. des indogermanischen Urvolks und der arabischen Beduinen.
2. Der **Völkerschaftsstaat**; z. B. der alten Germanen.
3. Der **Stadtstaat**; z. B. der Griechen und Römer, der deutschen und italienischen Städte im Mittelalter.
4. Der **dynastische Territorialstaat**; z. B. die deutschen Territorialfürstentümer.
5. Der **nationale Staat**; vgl. die modernen Staatswesen.
6. Das **Weltreich**; vgl. die Reiche der Perser, Alexanders, der Römer, Karls des Großen und der deutschen Kaiser, Karls V., Napoleons.

2. Die Verfassungsentwickelung
a) Im Altertum.

1. Das **patriarchalische Königtum**; z. B. der homerischen Zeit.
2. Die **Adelsrepublik** (Aristokratie); z. B. in Athen und Rom nach dem Untergang des Königtums.
3. Die **Tyrannis**, d. h. die ungesetzlicherweise angemaßte Monarchie innerhalb des Stadtstaates; z. B. die des Peisistratos.
4. Die **timokratische Republik**, welche auf der Abstufung der politischen Rechte nach dem Vermögen beruht; vgl. die solonische und servianische Verfassung.
5. Die **demokratische Republik**; z. B. in Athen seit Perikles (ἰσονομία καὶ ἰσηγορία, gleiches Recht und gleiche Redefreiheit) und in Rom im letzten Jahrhundert v. Chr.
6. Der **Cäsarismus**, d. h. der mit Heeresgewalt geschaffene, auf die Gleichheit aller sich stützende Despotismus, der auf eine innerlich unhaltbar gewordene Demokratie zu folgen pflegt; vgl. Cäsar und Augustus; Napoleon.

b) In der Geschichte der germanisch-romanischen Völker.
1. Die Volksgemeinde der altgermanischen Zeit.
2. Das germanische Königtum des Mittelalters, das sich seit Karl und Otto dem Großen zum universalen, theokratisch gefärbten Kaisertum erweitert, zugleich aber durch die Ausbildung des Lehnswesens und Lehnsadels sich zersetzt (Lehnsstaat). Aus ihm entwickelt sich
3. die ständisch beschränkte Monarchie; z. B. das deutsche, französische, englische Königtum des Mittelalters und die deutschen Territorialstaaten.
4. Die absolute Monarchie der Neuzeit, die sich auf eine ständisch gegliederte Gesellschaftsordnung stützt; z. B. Ludwigs XIV. (l'État c'est moi), Friedrichs des Großen (le souverain est le premier domestique de l'État; der aufgeklärte Absolutismus).
5. Die konstitutionelle (verfassungsmäßig beschränkte) Monarchie der neuesten Zeit; z. B. Preußen und das deutsche Reich.
6. Die parlamentarische Monarchie; z. B. England (vgl. Thiers' Wort: le roi règne, mais il ne gouverne pas).
7. Die Republik; z. B. Frankreich und die Vereinigten Staaten von Nordamerika.

3. Die Organe des Staats.
(Die ausübende, die gesetzgebende, die richterliche Gewalt.)

1. Die fürstliche Gewalt, an deren Stelle in Republiken die Präsidentschaft tritt. Der König der homerischen Zeit ist oberster Feldherr, Richter und Priester. Der heutige konstitutionelle König ist Inhaber der ausübenden Gewalt, insbesondere oberster Kriegsherr und Haupt der Civilverwaltung; in seinem Namen wird Recht gesprochen; er teilt die gesetzgebende Gewalt mit der Volksvertretung.
2. Der Staatsrat, welcher die Gesetzentwürfe herstellt und die Verwaltung leitet oder beaufsichtigt; vgl. die spartanische Gerusia, den Rat in Athen, den Senat in Rom, den geheimen Rat in Brandenburg, das Generaldirektorium Friedrichs Wilhelm I., die modernen Ministerien.
3. Das Beamtentum.
    a) Das lebenslängliche, oft erbliche Beamtentum des naturalwirtschaftlichen Staats, dem zum Unterhalt Staatsländereien zugewiesen werden; vgl. die Grafen des fränkischen Reiches, die geistlichen Reichsbeamten seit Otto dem

Großen, die hohenstaufischen Ministerialen, aus denen sich die Stände der weltlichen und geistlichen Fürsten und der Reichsritter entwickeln.

b) Das auf kurze Zeitdauer beschränkte, im Altertum und teilweise auch heute unbesoldete Wahlbeamtentum des **Stadtstaats**; vgl. die Beamten der antiken und mittelalterlichen Städte und der heutigen kommunalen Selbstverwaltung.

c) Das lebenslängliche, besoldete, durch eine Ämterlaufbahn abgestufte, für seinen Beruf in entsprechender Weise vorgebildete Beamtentum des **modernen Staats** (vgl. bereits das Beamtentum der römischen Kaiserzeit). Es gliedert sich in das Beamtentum des Heeres, der Civilverwaltung und des Gerichtswesens.

4. Die Volksversammlung oder Volksvertretung. Vgl. die athenische, spartanische, römische Volksversammlung; die germanische Volksgemeinde; das karolingische Maifeld; das englische Parlament; die heutigen Volksvertretungen, welche das Recht der Steuerbewilligung (das sich in Preußen nur auf die Bewilligung neuer Steuern bezieht) und das Recht der Teilnahme an der Gesetzgebung, in parlamentarisch regierten Staaten auch ein Aufsichtsrecht über die Verwaltung besitzen.

4. Die Finanzen des Staats.

Die Einnahmequellen des Staates:

1. Die **Domänen**, vgl. das Krongut der homerischen Könige, den römischen ager publicus, das fränkische und deutsche Reichsgut im Mittelalter, den Domänenbesitz der deutschen Territorialfürstentümer und der modernen Staaten.

2. Die **Regalien**, d. h. finanziell nutzbare staatliche Hoheitsrechte; vgl. die Einkünfte aus gerichtlichen Bußen, das Münzregal, das Zollregal (portoria der Römer, Finanzzölle des Mittelalters und der Neuzeit), das Postregal u. a.

3. **Andere privatwirtschaftliche Einnahmequellen des Staates**, z. B. aus Monopolen, aus Staatseisenbahnen und anderen staatlichen Industriebetrieben.

4. Die **Steuern**:
   a) **direkte Steuern**, bei denen der Steuerzahler auch der Steuerträger ist:
      1. **Ertragssteuern:**
         Die Grund= (und Gebäude=)steuer, z. B. die in den römischen Provinzen erhobene Grundsteuer, die

Bede der deutschen Territorialstaaten, die brandenburgische Kontribution, die Taille des ancien régime, die heutige preußische (den Gemeinden überlassene) Grund- und Gebäudesteuer.

Die **Gewerbesteuer**, die heute in Preußen ebenfalls den Gemeinden zu Gute kommt.

2. die **Einkommensteuer**; z. B. in Athen ($εἰσφορά$), Rom (tributum) und im heutigen Preußen (in Verbindung mit einer das Vermögen treffenden Ergänzungssteuer).

b) **indirekte Steuern**, bei denen der Steuerzahler nicht der Steuerträger ist: **Zölle** (Finanz- und Schutzzölle) und **Verbrauchsabgaben**. Vgl. die vom großen Kurfürsten geschaffene Accise, die Regie Friedrichs des Großen und die indirekten Abgaben des heutigen deutschen Reichs.

5. Die Produktion.

1. Die **Faktoren der Produktion**:
   a) die Natur.
   b) die menschliche Arbeitskraft (in physischem, geistigem, sittlichem Sinn).
   c) das Kapital, d. h. in weitestem Sinne das zu weiterer Produktion aufgesparte Produkt menschlicher Arbeit.

   Auf minder entwickelten Kulturstufen überwiegt die Arbeit als Produktionsfaktor; auf höheren Kulturstufen pflegt das Kapital eine überwiegende Geltung zu gewinnen (kapitalistische Produktion).

2. Die **Zweige der Produktion**:
   a) die Urproduktion, welche Rohstoffe erzeugt (Ackerbau, Viehzucht, Bergbau u. s. w.).
   b) die Gewerbe der Stoffveredelung (Handwerk, Industrie).
   c) der Handel, welcher die wirtschaftlichen Güter verteilt und dadurch auch seinerseits werterhöhend wirkt.

6. Die Wirtschaftsstufen.

1. Die **Zeit der Naturalwirtschaft**, d. h. die Zeit, welche des Geldes entbehrt, und in welcher der Handel selten ist und sich auf Austausch der Naturalien beschränkt.

   Jäger- und Fischervölker.

   Viehzucht- und ackerbautreibende Völker, wie die Griechen zur homerischen Zeit oder die Deutschen im früheren Mittelalter. Auf dieser Stufe kann bereits eine weitgehende Arbeitsteilung ausgebildet werden; vgl. die Gutswirtschaft auf den Domänen Karls des Großen oder in mittelalterlichen Klöstern.

In dieser Zeit ist alle Produktion an den Boden gefesselt; wer keinen Grundbesitz hat, wird unfrei.

2. **Die Zeit der Geldwirtschaft**, d. h. die Zeit, in der man sich allgemein des Metallgeldes als Wertmaßes, Tauschmittels und Sparmittels bedient.

Ihr Aufkommen ist vielfach von unheilvollen Folgen für die ärmeren Bevölkerungsklassen begleitet, die, an Naturalwirtschaft gewöhnt und nicht im Besitze von Geld, Schulden machen und durch den hohen Zinsfuß wirtschaftlich vernichtet werden (vgl. die solonische Zeit, die Zeit der römischen Ständekämpfe).

In ihrer weiteren Entwickelung fördert die Geldwirtschaft den Handel; sie bildet vom Grundbesitz unabhängige Gewerbe aus; sie begünstigt die Arbeitsteilung, deren Ergebnisse gesteigerte Leistungsfähigkeit des Arbeiters und erhöhte Produktivität der Arbeit sind, und in ihrem Gefolge die Ausbildung **sozialer Berufe und Klassen**; sie gestattet die Ansammlung von **Kapitalien** in größtem Maßstabe. Sie steigert durch alles dies den Wohlstand, aber auch die Bedürfnisse.

Freilich ist die Entstehung eines kapitalistischen Zeitalters auch von Gefahren begleitet: dazu gehören Überproduktion und Handelskrisen, die Vernichtung der kleinen wirtschaftlichen Existenzen, die Ansammlung großer Vermögen in wenigen Händen und demgegenüber die Entstehung eines neuen Standes, eines besitzlosen Arbeiterstandes.

Die Geldwirtschaft ist von größter Bedeutung für die Entwickelung des Staats, denn sie die Auflegung von Steuern, die Aufstellung eines besoldeten, stehenden Heeres und die Ausbildung eines besoldeten Beamtentums ermöglicht.

Das Kreditwesen, dessen Ausbildung unsere Zeit kennzeichnet, wirkt förderlich auf die Produktion, indem es den Verkehr erleichtert, die Verwertung von Kapitalien, die sonst brach lägen, und solche Unternehmungen ermöglicht, die über die Kräfte des einzelnen gehen würden, und den Spartrieb weckt; es verstärkt andrerseits das Übergewicht der Großbetriebe über die Kleinbetriebe und kann unreelle Spekulation und einen wirtschaftlichen Zusammenbruch zur Folge haben.

Nach der Abgrenzung der Wirtschaftsbezirke kann man folgende Wirtschaftsstufen unterscheiden:

1. Die Zeit der geschlossenen Hauswirtschaft (Eigenwirtschaft), welche etwa mit der Zeit der Naturalwirtschaft zusammenfällt,

b. h. die Zeit, in welcher jede Hausgemeinschaft (Familiengemeinschaft, Gutsgemeinschaft) möglichst selbst erzeugt, was sie bedarf, und nur ausnahmsweise kauft.

2. Die Zeit der Stadtwirtschaft, in welcher sich der Kreislauf zwischen Produktion und Konsumtion möglichst innerhalb der Grenzen des Stadtbezirks abspielt; vgl. die Städte des Mittelalters.

3. Die Zeit der Volkswirtschaft, in welcher der sich entwickelnde Staat die bisherigen örtlichen Wirtschaftsgebiete zu einem nationalen Wirtschaftsgebiete vereinigt, dies aber seinerseits gegen das Ausland abzuschließen und die Einfuhr solcher Waren, die auch im Inlande erzeugt werden können, zu verhindern sucht.

4. Die Weltwirtschaft, welche heute eine gewisse Ausbildung erreicht und bis zu einem gewissen Grade eine internationale Arbeitsteilung heraufgeführt hat, aber an den nationalen Bedürfnissen und dem nationalen Selbstbestimmungsrecht immer ihre Schranke findet.

7. Die Stände.

Die erste soziale Scheidung entsteht, seit besiegte Feinde nicht mehr erschlagen, sondern zu dienstpflichtigen, unfreien Knechten gemacht werden: die Scheidung von Freien und Sklaven.

Weitere soziale Bildungen erfolgen, seit die wachsende wirtschaftliche Ungleichheit zur Entstehung eines Großgrundbesitzes führt; es erhebt sich über den Freien ein ritterlicher Adel, der im Waffenhandwerk seinen Beruf findet, während zugleich ein großer Teil der Freien wirtschaftlich abhängig von den Adligen wird und zu der Stellung von Hörigen hinabsinkt, die im Mittelalter mit den Unfreien verschmelzen.

Mit der Ausbildung der Geldwirtschaft, des Handels und Gewerbes, des Städtewesens erhebt sich ein neuer, freier Stand, das Bürgertum, das sich zwischen Adel und hörige Bauern einschiebt.

In dem absoluten Staat der neueren Zeit bleibt die ständische Gliederung des Volkes in Adel, neben dem in katholischen Ländern auch die Geistlichkeit eine bevorrechtete Klasse bildet, Bürger- und Bauernstand bestehen. Infolge der freiheitlichen Bewegung, die mit der französischen Revolution anhebt, sind die politischen Vorrechte einzelner Stände aufgehoben. Indessen haben sich die sozialen Unterschiede infolge der wirtschaftlichen Entwickelung unsers Jahrhunderts verschärft: es hat sich einerseits aus dem kapitalkräftigsten Teile des Bürgertums ein Stand industrieller Unternehmer, eine

Geldaristokratie, entwickelt; andrerseits hat die Ausbildung des Fabrikwesens die Entstehung eines Standes industrieller, abhängiger Arbeiter, des sogenannten vierten Standes, zur Folge gehabt.

8. Das Heerwesen.

1. Die Stufe der **allgemeinen Wehrpflicht** der Freien; eine Zeit der Vorherrschaft des Fußvolks; vgl. Sparta, Rom bis auf die Zeit des Marius, die Germanen, Franken, Deutschen bis in die Zeit der Salier.
2. Die Stufe der **ritterlichen Heere**, welche auf der Scheidung der Nation in einen herrschenden, die Waffen tragenden Adel und einen abhängigen Bauernstand beruht; eine Zeit der Vorherrschaft der Reiterei; vgl. Griechenland zur homerischen Zeit, das Abendland im Zeitalter des Lehnswesens.
3. Die Stufe der **geworbenen Heere**, deren Aufkommen durch die Ausbildung der Geldwirtschaft ermöglicht wird:

    a) die Zeit der je nach Bedarf geworbenen Söldnerheere, welche zumeist zu Fuß kämpften; vgl. das Söldnerwesen in der Zeit des Verfalls von Hellas, das Landsknechtswesen;

    b) die Zeit der stehenden Söldnerheere; vgl. die Heere der römischen Kaiserzeit, die Heere Ludwigs XIV. und Friedrichs des Großen.

4. Die Stufe der **nationalen Heere**, welche wiederum auf der allgemeinen Wehrpflicht beruhen.

9. Grundbesitz und Ackerbau.

1. Die **Feldgemeinschaft**, wie sie bei den alten Germanen herrschte, verbunden mit Feldgraswirtschaft (extensiver Wirtschaft) und schlechter Bodennutzung.
2. Die Entstehung des **Privatgrundbesitzes** am Ackerboden durch Aufteilung der Ackerflur, von der Wald und Weide ausgeschlossen bleiben; vgl. die Germanen zur Zeit der Völkerwanderung. Später fällt die Ausbildung der Dreifelderwirtschaft mit Gemenglage der Äcker und Flurzwang. Ihr zur Seite geht die fortschreitende Rodung des Waldes.
3. Die Ausbildung eines **Großgrundbesitzes**. Vgl. die Latifundien (landwirtschaftlichen Großbetriebe) und die Vernichtung des kleinen und mittlern Bauernstandes in der späteren Zeit der Römer, die Adelsherrschaft und die Unfreiheit des Bauernstandes in der karolingischen Zeit und den folgenden Jahrhunderten.

4. **Die Blüte des deutschen Bauernstandes,** die um das dreizehnte Jahrhundert infolge der höheren Bodenerträge eintrat, Hand in Hand mit der Verarmung des Grundadels, der den landwirtschaftlichen Eigenbetrieb meist aufgab und von den Renten lebte, welche die Bauern zahlten. Gleichzeitig ist die bäuerliche Kolonisation der ostelbischen Gebiete; dorthin und in die aufblühenden Städte fließt der Überschuß der bäuerlichen Bevölkerung ab.

5. **Der Niedergang des Bauernstandes,** der durch die Zerteilung der Bauernhöfe, die Erhöhung der Frondienste und Abgaben durch die Gutsherrn, die Abwälzung eines großen Teils der Steuern auf die bäuerliche Bevölkerung u. a. eintrat. Der Bauernkrieg führte zu einer Verschlechterung der bäuerlichen Verhältnisse; der dreißigjährige Krieg hatte vielfach eine völlige Vernichtung des ländlichen Wohlstandes zur Folge. Dazu kam, daß die Gutsbesitzer jetzt den landwirtschaftlichen Eigenbetrieb wieder aufnahmen und, zumal in den ostelbischen Gebieten, sich mit Erfolg bemühten die Bauern an die Scholle zu binden, ihre Leistungen für den Gutshof zu erhöhen und ein Obereigentumsrecht des Gutsherrn an dem Bauernhofe auszubilden.

6. **Die Befreiung des Bauernstandes** seit Stein und Hardenberg geht Hand in Hand mit der „Mobilisierung" des Bodens, für den sich der Grundsatz der ungeschmälerten Verläuflichkeit durchsetzt. Seit der Mitte des neunzehnten Jahrhunderts hat sich der landwirtschaftliche Betrieb durch die Anwendung von Maschinen und künstlichen Düngemitteln sehr verbessert; die Äcker sind von Staats wegen zusammengelegt worden. Andrerseits wird die Landwirtschaft bedroht durch die Einfuhr billigeren, überseeischen Getreides, welche durch die Ausbildung der Transportmittel ermöglicht wird.

10. Das Gewerbe.

1. **Die Stufe des Hausfleißes (Hauswerks),** die der geschlossenen Hauswirtschaft entspricht. Kleider, Geräte, Waffen u. s. w. werden zunächst im Kreise der Familie, dann der durch Sklaven, Hörige, Diener erweiterten Hausgemeinschaft angefertigt. Die erste Arbeitsteilung geschieht zwischen Männern und Frauen; es folgt eine weitere Teilung der Arbeit in verschiedene gewerbliche Thätigkeiten (vgl. die Sklavenwirtschaften der antiken Welt und die Fronhöfe des Mittelalters).

2. **Die Stufe des Handwerks.** Auf dieser Stufe sind die gewerblichen Produzenten frei, im eigenen Besitz der Werkstatt und der Produktionsmittel und verkaufen die fertigen Erzeugnisse

ihrer Arbeit für Geld an die Konsumenten. Die Entstehung des freien Handwerks ist erst in einer geldwirtschaftlichen Zeit möglich. Die zünftige Organisation hat den Zweck, fremden Wettbewerb möglichst auszuschließen, innerhalb der Zunft den Wettbewerb einzuschränken und die gewerbliche Produktion zu beaufsichtigen.

Eine Vorstufe des Handwerks ist diejenige Form des Gewerbebetriebs, in welcher der Produzent, ohne Besitz der Produktionsmittel, seine Arbeitskraft zeitweilig gegen Lohn an den Konsumenten vermietet (Lohnwerk).

Hausindustrie dagegen ist diejenige Stufe des gewerblichen Betriebes, auf welcher der Handwerker nicht mehr unmittelbar für die Konsumenten, sondern für Unternehmer arbeitet, welche ihrerseits den Verkauf an die Konsumenten übernehmen, und bildet den Übergang zum Fabriksystem.

3. Die Stufe des Fabrikwesens ist erst einem kapitalkräftigen Zeitalter möglich, in welchem ein Unternehmerstand entsteht und zwischen Produzenten und Konsumenten tritt. Es beruht auf der Zusammenfassung einer Mehrzahl von Arbeitern, welche im Dienste eines Unternehmers stehen und von ihm Lohn erhalten, in einem Gebäude; so entstehen Großbetriebe, welche eine weitgehende Arbeitszerlegung und Massenfabrikation gestatten. Das Altertum kannte Fabriken, in welchen Sklaven arbeiteten. In der neueren Zeit ist die ausgedehnte Anwendung der Maschinen für die Fabrik charakteristisch geworden.

Das Fabrikwesen hat heute eine gewaltige Entwickelung genommen; doch bestehen daneben Hausfleiß, Lohnwerk, Handwerk und Hausindustrie fort.

11. Der Handel.

Die ursprüngliche Form des Handels ist der Tausch. Die Erfindung des Metallgeldes (in Vorderasien im Laufe des zweiten Jahrtausends v. Chr.) und der Münzprägung (durch die Lyder oder die ionischen Griechen) förderte den Handel im höchsten Maße. Einen weiteren Fortschritt bildet die Ausbildung des Kreditwesens. Dessen Träger sind heute die Banken; sie wurden zuerst in Oberitalien ausgebildet und gingen vom Geldwechselgeschäft aus; ihre Thätigkeit besteht heute vorzugsweise in der Aufbewahrung und Nutzbarmachung anvertrauten Geldes, Vermittelung von Geldzahlungen (Giroverkehr), An- und Verkauf von Wechseln, Gewährung von Darlehen, Aushilfe mit Geldsurrogaten (Banknoten) in Zeiten eines erhöhten Bedarfs an Umlaufsmitteln.

Im Zeitalter der **Eigenwirtschaft** ist der Handel beschränkt auf Luxuswaren, Metalle, Salz und dergl. Nachdem sich in Vorderasien zuerst ein internationaler Handel von größerer Bedeutung entwickelt hat, gewinnt das **Mittelmeer** für den Handel und die Kultur die größte Bedeutung (Phöniker, Karthager und Etrusker, Griechen, Römer); in dem **römischen Kaiserreich** entsteht ein Welthandelsgebiet, das von Britannien bis zum Euphrat reicht und mit Süd- und Ostasien Beziehungen hat. Durch den Einbruch der Germanen werden große Teile des Abendlandes auf die Stufe der Naturalwirtschaft zurückgeworfen, während andrerseits ein **arabisch-mohamedanisches** Handelsgebiet entsteht. Im späteren Mittelalter steht ein **italienisch-levantinischer** Mittelmeerhandel neben dem **hansisch-nordeuropäischen** Handel. Seit den großen Entdeckungen zu Beginn der Neuzeit gewinnt der ozeanische Handel eine überragende Bedeutung. Auf eine spanisch-portugiesische Periode folgt die kommerzielle Vorherrschaft der Niederländer; in dem darauf entstehenden Wettkampfe zwischen Engländern und Franzosen tragen erstere den Sieg davon und gewinnen für längere Zeit die Herrschaft auf den Meeren, die sie erst in neuster Zeit mit den Deutschen, Franzosen, Nordamerikanern und andern Völkern teilen müssen.

12. Die Kolonien.

Die wichtigsten **Gründe** für Anlegung von Kolonien sind:
1. relative **Übervölkerung** des Mutterlandes (Einengung des Nahrungsspielraums), welche den Wunsch nach höherem Arbeitsertrag und einer gesicherteren wirtschaftlichen Existenz erweckt;
2. relative **Überfüllung** des Mutterlandes mit **Kapital**, welche den Wunsch nach höherem Zinsertrag erweckt;
3. politische oder auch religiöse **Unzufriedenheit**.

Die wichtigsten **Arten** von Kolonien sind:
1. **Eroberungskolonien**, die mit Waffengewalt erworben sind, und deren Eigentümlichkeit in der Ausbeutung der Arbeit der Eingeborenen durch die Eroberer besteht (vgl. die Kreuzfahrerkolonien, die spanisch-portugiesischen Kolonien, auch die römischen Eroberungen);
2. **Handelskolonien**, Niederlassungen von Kaufleuten in meist minder zivilisierten Ländern, um Rohstoffe von dort auszuführen und gewerbliche Erzeugnisse des Mutterlandes einzuführen (vgl. die Ansiedlungen der Phöniker, der italienischen Kaufleute in der Levante, der Hanseaten, englischer, deutscher und anderer Kaufleute an der afrikanischen Küste);

3. **Ackerbaukolonien,** deren Ansiedler hinausgezogen sind, um eine neue Heimat zu gewinnen, und sich durch eigene Arbeit, unter der zunächst naturgemäß der Ackerbau obenansteht, eine wirtschaftliche Existenz schaffen; diese Kolonien entwickeln sich meist zu selbständigen Staaten (vgl. die griechischen Kolonien, die deutsche Kolonisation östlich der Elbe im Mittelalter, die französischen Ansiedlungen in Kanada, die englischen und deutschen in Nordamerika und Australien);

4. **Pflanzungskolonien,** deren Zweck die Produktion tropischer Kolonialerzeugnisse für den Weltmarkt ist; mit europäischem Kapital gegründet, werden sie entweder von Sklaven oder für Lohn arbeitenden Eingeborenen bearbeitet (vgl. das tropische Amerika, Asien, Afrika).

13. Volkswirtschaftliche Theorien.

1. **Das Merkantilsystem,** welches zeitlich dem Absolutismus des siebzehnten und achtzehnten Jahrhunderts entspricht (Colbert; Friedrich Wilhelm I. und Friedrich der Große). Seine Grundzüge sind Herstellung eines möglichst freien Verkehrs im Innern, möglichster Ausschluß fremden Imports, um das Geld im Lande zu halten, und fremden Wettbewerbs, Förderung der Industrie und des Exports industrieller Erzeugnisse und Erreichung einer günstigen Handelsbilanz, Bevormundung der Produktion durch den Staat.

2. **Die individualistischen Systeme:**

    a) **das physiokratische System** (Turgot), das mit den Worten laissez faire, laissez passer Freiheit der Produktion und des Verkehrs verlangt;

    b) **das Industriesystem des Adam Smith** (gest. 1790), so benannt, weil er die Arbeit (industry) als die Quelle des Nationalreichtums bezeichnete. Er erklärte für die Hauptbedingungen der Produktivität der Arbeit einerseits die Arbeitsteilung, andrerseits den freien, individuellen Wettbewerb, dessen möglichste Herstellung auf gewerblichem und kommerziellem Gebiete (Gewerbefreiheit, Freihandel) er forderte.

    c) **die Manchesterschule,** nach der Stadt Manchester benannt, welche um 1840 den Mittelpunkt der Agitation gegen die englischen Kornzölle bildete, hat die individualistischen Grundsätze auf wirtschaftlichem Gebiete am schärfsten ausgeprägt und die These aufgestellt, daß sich aus dem Kampf der einander widerstreitenden egoistischen Interessen eine allgemeine Harmonie des wirtschaftlichen Lebens ergeben müsse.

3. Die sozialistischen Systeme (Lassalle, Marx) gehen von der Thatsache aus, daß sich diese Harmonie der wirtschaftlichen Einzelinteressen nicht ergeben hat, und fordern Beseitigung des individuellen Wettbewerbs und der individualistischen, „anarchischen" Produktion durch Überführung der Produktionsmittel in den Allgemeinbesitz der Gesellschaft, d. h. Aufhebung des Privateigentums, der freien Berufswahl, der freien Arbeit. Marx, der geistige Vater der modernen Sozialdemokratie, glaubt erwarten zu dürfen, daß die fortschreitende kapitalistische Entwickelung von selbst eine sozialistische Staats- und Gesellschaftsordnung heraufführen wird.

4. Die vermittelnde sozialpolitische Richtung, als deren größter Vertreter in der Praxis Fürst Bismarck erscheint, erkennt, gegenüber den Lehren der Sozialdemokratie, Eigentum und freie wirtschaftliche Bethätigung des Individuums als von der sittlichen Natur des Menschen gefordert an, spricht aber dem Staat das Recht und die Pflicht zu, zum Schutze der wirtschaftlich Schwachen und zur Förderung ihrer Wohlfahrt in das Wirtschaftsleben durch Zwangsmaßregeln einzugreifen. Den Lehren der Freihändler gegenüber erklärt sie die Förderung der nationalen Produktion, gegebenenfalls ihren Schutz gegen übermäßigen fremden Wettbewerb, für die Aufgabe einer nationalen Wirtschaftspolitik.

www.ingramcontent.com/pod-product-compliance
Lightning Source LLC
Chambersburg PA
CBHW021839230426
43669CB00008B/1022